春秋五霸

宋福聚 毛颖 著

英雄豪气与尔虞我诈相互偏重，纵步天下的筹谋与思量，错进、情怀、壮烈与血腥，五则时间，娓娓道来……

华文出版社
SINO CULTURE PRESS

图书在版编目（CIP）数据

春秋五霸 / 宋福聚，毛颖著. —— 北京：华文出版社，2019.7
　　ISBN 978-7-5075-5130-3

　Ⅰ. ①春… Ⅱ. ①宋… ②毛… Ⅲ. ①中国历史－春秋时代－通俗读物 Ⅳ. ①K225.09

中国版本图书馆CIP数据核字(2019)第124674号

春秋五霸
CHUNQIUWUBA

作　　　者：	宋福聚　毛　颖
策划编辑：	胡　子
责任编辑：	南　洋
出版发行：	华文出版社
地　　　址：	北京市西城区广安门外大街305号8区2号楼
邮政编码：	100055
网　　　址：	http://www.hwcbs.com.cn
电　　　话：	总编室 010-58336239　发行部 010-58336212 58336238
	责任编辑 010-58336251
经　　　销：	新华书店
印　　　刷：	北京明恒达印务有限公司
开　　　本：	710×1000　1/16
印　　　张：	19.5
字　　　数：	280千
版　　　次：	2019年7月第1版
印　　　次：	2019年7月第1次印刷
标准书号：	ISBN 978-7-5075-5130-3
定　　　价：	48.00元

版权所有，侵权必究

目　录

序　　章／1

第 一 章　小白诈死得君位　庄公鲁莽动干戈／9
第 二 章　失势公子枉送死　落魄贤士露端倪／22
第 三 章　桓公放手创伟业　管仲理财施奇计／34
第 四 章　尊王初显奇效　攘夷乍遇凶险／51
第 五 章　轰轰烈烈占尽风光　凄凄惨惨空留长恨／67
第 六 章　叔兴一言成谶语　襄公拥立初扬名／79
第 七 章　尴尬人偏逢尴尬事　虎狼国包藏虎狼心／87
第 八 章　欲逞强再举盟会　施奸计一击得手／98
第 九 章　仁义大战遭惨败　霸主伟业成画饼／107
第一〇章　联姻求贤谋大志　平乱安邻渡河东／123
第一一章　恩怨交织偿旧愿　仁威并举谱新篇／134

第一二章	誓崤山责己警人　定百戎称霸图强 / 152
第一三章	废立太子酿祸端　刺杀重耳起变乱 / 164
第一四章	两公子同落一下场　一国丧连杀两国君 / 177
第一五章	丑人偏有丑福　蠢人又办蠢事 / 189
第一六章	磨难漫漫流亡路　坚韧拳拳赤子心 / 199
第一七章	重情义齐心合力　树雄心大国崛起 / 217
第一八章	舍妻奉子图登天　独断轻言酿剧变 / 233
第一九章	狡商臣伐谋纵横　勇芈侣历雨经风 / 245
第二〇章	平叛逆定国立身　佯昏乱一鸣惊人 / 256
第二一章	问鼎除奸逞英豪　绝缨舍威仁心昭 / 274
第二二章	任贤兴邦败宿敌　称霸自谨远逸趣 / 287

"春秋五霸"竟系何人？（代后记）/ 302

序　　章

　　周武王灭亡了商朝，建立周朝。为了不重蹈商朝的覆辙，巩固王朝的统治，周天子采取了分封制，对王族、功臣等权门分别授予公、侯、伯、子、男五个爵位(后泛称为"诸侯")，把国家的土地划分给他们，让他们在各自的土地上建设封国，这就是诸侯国。

　　诸侯国君不仅掌控国政、百姓，还拥有自己的军队，可以征收赋税，任命国内各级官员，但同时，诸侯必须服从周天子的命令，向朝廷缴纳贡赋，国家有难时，各诸侯国要听从周天子的调遣出兵作战。但随着诸侯日渐"独立"，周天子越发坐立不安了……

　　周武王之后近三百年，公元前781年，周幽王继位。他非但没有奋发图强，挽狂澜于既倒，反而比父辈更加作威作福，重用佞臣，盘剥百姓，纵情声色，以致民不聊生，怨声载道，诸侯更加张狂，大周江山社稷风雨飘摇。

　　周幽王四年(公元前778年)，他意外地得到了一位绝色美女褒姒。褒姒娇艳至极，让周幽王如痴如醉，宠爱到无以复加的地步。只是那褒姒虽然姿容艳如桃李，性情却冷若寒冰严霜，进宫后竟没露过一次笑容。这令周幽王耿耿难眠。为了能看到美人一笑，周幽王竟然公开悬赏：谁能引得褒姒一笑，赏赐千金。

　　佞臣，往往就在这个时候派上用场。虢石父献计说："或许是深宫大院过于冷清，要是能来一场场面壮观的大热闹，娘娘一定会愁眉舒展，格外开心。而最热闹的，莫过于点燃镐京附近的烽火台，让诸侯们带领千军万马从四面八方齐聚城下,那会是何等景象……"

周穆王时,西北的少数民族犬戎势力渐强,对周朝形成威胁。为了防备犬戎的侵扰,周穆王特传旨在镐京附近骊山一带的山峦之巅,修筑了二十多座烽火台,一旦犬戎进袭,哨兵们就点燃烽火,向诸侯报警。诸侯见烽火燃起,便知天子有难,要立即起兵救驾。故此,"点燃烽火"是关乎国祚的大事,可周幽王为讨好美人竟然答应下来。

这天,周幽王带褒姒到骊山游玩,傍晚时分,周幽王同褒姒一起登上骊山。看着云蒸霞蔚的天边,夜幕降临,他命令守兵点燃骊山烽火!很快,熊熊大火在夜色中燃起。远近其他烽火台的守兵见状,以为犬戎侵入,也赶紧点燃烽火。一时间,绵延无尽的二十座烽火台火光冲天,照彻天际。附近的诸侯们见到镐京方向的火光信号,慌忙起兵勤王。

当他们汗流浃背地连夜赶到骊山时,却见骊山行宫灯火辉煌,周幽王正和褒姒坐在高台上饮酒行乐,管弦歌舞不绝于耳。褒姒眼见二十余座烽火台的火焰次第燃起绵延而去,烽烟弥天煞是壮观,又见山下忽然从各个方向涌上来无数人马,他们个个气喘吁吁,仓促行军中盔甲歪斜,狼狈不堪,乱糟糟的场面,人喊马嘶,果然是从未有过的热闹!褒姒见这么多兵马如耍猴玩把戏一般,不禁嫣嫣然笑出声来。周幽王一见,期待已久的幸福感立刻充满全身。他大大咧咧地命人传话说:"国家太平,无甚警情,有劳各位了,大家都回去吧。"

诸侯们明白被戏弄了,大家牢骚满腹,愤愤不平,却又无可奈何,只好怏怏而去,暗中咬牙:"只此一回!"

周幽王见美人终于笑了,笑颜如花,比平时更娇媚了许多倍,一时间高兴得忘乎所以了,当即兑现诺言,赏赐虢石父千金。

后来,周幽王干脆废黜了王后申氏和王后所生的太子宜臼,立褒姒为王后,立褒姒生的儿子伯服为太子。宜臼被迫逃到外祖父申侯那里去避难。

申侯得知女儿和外孙被废黜,气愤地上疏周幽王,不要宠信奸邪小人,勿因耽于美色而危害国家。已经完全被褒姒和虢石父左右的周幽王勃然大怒,废去申侯的爵位,并任命虢石父为大将,要讨伐这个前岳丈。

申侯深知申国国小兵弱,无力抵挡王室军队,便联合西北的犬戎部落,抢先下手,攻打镐京。

周幽王闻讯顿时脸色灰黑,手足无措。

虢石父提醒他说:"大王快命人点燃骊山烽火,诸侯肯定会来勤王,到时候内外夹攻,何愁不胜?"

周幽王立刻派人传令,所有烽火台一起点燃,向天下诸侯告警。

烽火台的狼烟火光蓦然冲天而起,焦急地烧着,不论是红光还是黑烟,都迟迟引不来救兵的踪影。周幽王并不知道,此刻,他正咀嚼着"烽火戏诸侯"的苦果。京畿附近的众诸侯眼见烽火台浓烟大作,不约而同地袖手旁观,谁还会再上一次当呢?

镐京城下,犬戎和申侯的兵马越攻越猛。周幽王眼看镐京失守已成定局,急命虢石父为大将,率领城内兵卒保护自己突围出城,投奔临近的诸侯。虢石父搬弄口舌是把好手,但领兵作战却是外行。可他纵然胆怯,也只好硬着头皮率兵杀出城去,周幽王和众多嫔妃、随从以及大臣们紧随其后。

犬戎兵马见城内的人杀出来,立刻如同蚂蚁一般密密麻麻地围攻上去。虢石父平素养尊处优,哪里见过这等阵势,片刻工夫,周兵就被犬戎兵将刀枪齐上砍杀得七零八落,虢石父一头栽倒在战车下,被乱兵踩踏成肉酱。周幽王面对汪洋大海般的敌军,禁不住和褒姒呜呜哭出声来,浑身颤抖得几乎在战车上坐不住。

在这个危急关头,在朝廷担任司徒的郑国国君郑伯友从城中冲杀出来,他飞快地赶到周幽王的马车旁边,急切地说:"大王莫慌,臣誓死护驾!"看看围攻上来的犬戎兵马,郑伯友提议说:"大王,臣率领本部兵马抵挡叛军,护佑大王杀出重围,先到臣的封国去暂时躲避,再联合诸侯收复镐京。"

周幽王满心只想活命就行,此刻根本顾不了那么多,忙连声答应。为了让郑伯友安心保护自己,他还煞有介事地自责说:"唉,当初若要事事都听从郑伯友的,何至于到这个地步。"

郑伯友昂立在战车上一马当先,指挥残部突围。只见他手中长矛上下翻飞,接连把几员犬戎大将挑落马下。见郑伯友如此勇猛,犬戎兵卒纷纷躲闪。郑伯友拼死苦战,杀开一条血路,护着周幽王和褒姒等一班人绝尘而去。

好容易走出几里路,敌军渐渐稀少,大家都松下一口气。周幽王半是高兴半是感激地对郑伯友说:"难得卿如此忠心,日后朕一定重重封赏。"

话音未落,一阵马蹄声呼啸着席卷而来,犬戎先锋大将孛丁率领上千精兵追到跟前。郑伯友一边喝叫着让人保护周幽王等人先走,一边迎上去断后。犬戎大多是骑兵,利刀快马,来去如风,很快把郑伯友的周兵冲截为两段,郑伯友被围困在最中间。郑伯友大喝一声,手中长矛舞动得更加神勇,犬戎兵将死伤无数,根本近不到跟前。孛丁从没见过这么勇猛的将领,忙令兵卒散开,从四面放箭。可怜郑伯友纵然勇猛超群,也难以抵挡密如飞蝗的箭镞,眨眼间惨死在乱军之中。

没了郑伯友的保护,周幽王一行顿时成了任人宰割的羔羊。孛丁等人追上周幽王的车驾,见车子装饰华美,车上坐在正中间的人衮服玉带,被男男女女簇拥着,知道一定是大周天子了,也不多问,更不顾周幽王哆嗦着嘴唇哀告解释,一刀把他劈成两段。其他人统统被斩,只有褒姒被带到兵营毡帐中,被肆意玩弄取乐。

进入到镐京的犬戎兵将,更是肆无忌惮,大肆抢掠,华美的宫殿被纵火烧毁,壮年男子大半被杀,年轻女子则被掳掠而去。周代立国几百年来,皇皇国都就这样湮没在滚滚黑烟和猩红的血泊之中……

消息传到郑国,二十三岁的郑国世子掘突,正是血气方刚的时候,听说父亲战死,悲痛万分,即率战车三百乘,清一色雪素战袍,星夜赶奔镐京复仇。正所谓哀兵必胜,加之秦国和晋国闻听镐京生变,也赶来救援。三军合兵一处,对盘踞在镐京的犬戎发起猛攻。犬戎军猝不及防,被三路兵将杀进城中,双方混战一场,犬戎弃城而逃……

赶走犬戎,天下似乎又恢复太平。郑国世子掘突继位,是为郑武公。由于郑伯友为保幽王舍命战死,郑武公又有勤王大功,一时间郑武公掘突成为当朝的执牛耳者。在郑武公的主持下,诸侯推立逃亡到申国的太子宜臼继位,是为周平王。

周平王当然向着他的外公,引狼入室的申侯因拥立新主有功,恢复了爵位,仍是申国国君。不仅如此,周平王还额外赐予申侯许多土地,派镐京的百姓迁移过去戍守,这让刚刚经历动乱之苦的百姓怨声载道,大家对这个新立的周王充满了怨恨。前来勤王的诸侯均有封赏。郑武公除了加封土地千顷外,还被留在朝中担任卿士,帮助天子处理政务。一时间,诸侯坐大之势更加明显。

镐京遭受犬戎洗劫之后,到处是残垣颓壁,一派凄凉。而犬戎熟悉了进军路线,也摸清了周王老底,时不时就来骚扰抢掠一通,京畿百姓人心惶惶。周平王也深知没力量应付犬戎。很快,他不顾大臣们的阻拦,决意把都城东迁至洛邑。

"平王东迁"成为周朝历史上一道醒目的界碑,此前的周朝被称为"西周",东迁之后史称"东周"。

周平王东迁洛邑,镐京的百姓唯恐以后更加无人保护,纷纷追随着前往。一时间大路上成千上万的百姓扶老携幼,哭哭啼啼声不绝于耳,到处弥漫着背井离乡的悲哀。秦国国君秦襄公主动率兵护送,总算让周平王平安到达洛邑。由于秦襄公护驾有功,更由于京畿一带其实已经没法控制,作为奖赏,周平王允诺秦君:可自行进攻犬戎,所得土地,皆归秦人所有。

不久,秦国打退犬戎,岐山以西的地区都成为秦国的领土,秦国从此成为西部最强盛的诸侯国。而东迁以后的周王朝,失去了大片故土,实际管辖的范围,东到荥阳,西到潼关,南接汝水,北到沁水河南岸,方圆只有六百余里,面积也只相当于一个小诸侯国。洛邑地势平坦,无险可守,处于四战之地,东周再也没有当年周朝的雄风,国力迅速衰落,而与此同时,郑国、晋国、齐国、鲁国、宋国、燕国和南方的楚国,乘势崛起,他们不再慑于周天子的威严,越发无所顾忌,为争夺土地和人口,相互攻伐,兵戈不断,天下大乱。面对此情此景,周天子也只能哀叹连连、听之任之,虽然自己要每日小心翼翼,甚至有时还要看几个大国国君的脸色,但只要诸侯们还能照旧进奉些贡品,只要诸侯还不至于发兵攻打自己,只要他还能勉强维持住天子的威严,也就心满意足了。

一枝独秀的郑武公,乘着混乱,依仗权势,大量兼并土地,扩大了郑国的地盘。郑武公去世后,他的儿子继位,这就是郑庄公。

郑庄公承袭了父亲在周朝所担任的卿士职位,同时也继承了父辈的余威,不断扩张势力,在诸侯中的影响越来越大。随着郑国的国力日益雄厚,在争夺利益中,和周王室的摩擦也就越来越多。周平王唯恐郑庄公操纵朝政,便趁郑国国内生事而庄公无暇到朝廷公干的口实,打算撤掉他的卿士职位。郑庄公得讯,马上赶到洛邑,当面摆出郑国的功劳和对当朝的维护之力,向周平王施压。周平王这才意识到郑庄公已经尾大不掉了,又想到许多事情必须仰仗强有力的诸侯支持才能维持,他不得不低下高贵的头颅,向郑庄公赔礼道歉。

为了弥合这次不快,周郑双方还互换太子作为人质,以示诚心。这件看似并不十分显眼的事情,却彻底昭示出,周王室已经衰微到和臣子讨价还价的地步,诸侯争霸竞雄的时代到来了。

周平王去世后,他那个在郑国做人质的儿子没来得及登基就病死了,在郑庄公和周王室权臣的推举下,平王之孙姬林继位,是为周桓王。周桓王虽然对郑庄公又恨又怕,他把温这个地方赏赐给郑国,作为拥立之功的奖赏。如此一来,周王室控制的地盘又缩小了,更重要的是进一步丧失了天子在诸侯心中的威严。

按照以往的规矩,诸侯作为臣子,去世之后他的儿子继承国君,必须要亲自到京城去接受周天子的册封。而不久之后,鲁国和卫国都发生了公子杀死君主的事件,他们并没谋求得到周天子的允许和册封,就堂而皇之地自立为国君。对此,周桓王竟也只能睁一只眼闭一只眼,听之任之。自此,诸侯由天子册封的制度被完全破坏,连这个可怜的形式都被取消了。此后没过几年,南方的楚国授意随国的国君向周桓王上奏,请求提高楚国国君的爵位等级。周桓王断然拒绝了这个无理要求,但他的拒绝非但没有提高天子的威信,反而使得楚国国君在口无遮拦地痛骂了周天子一通之后,自己把自己加封为王,成为楚武王。

周桓王气愤难当、羞惭交加,但堂堂天子地位的尴尬却已经再也难以化解了。周桓王不甘心受郑庄公的摆布，最终鼓起勇气，把他给排挤出朝廷。郑庄公当然不会听从这个没落天子的安排，他借机到朝廷拜见天子，利用诸侯不太清楚拜见天子细节的契机，公然假传王命，打着"天子授命"的幌子，高举"奉天讨罪"大旗，招呼其他诸侯，合力攻打和自己有过节的宋国。结果宋国大败，郑国兼并了大量的土地和军队。消息传到朝廷，周桓王十分愤怒，下令罢免了郑庄公的卿士职位。此后，郑庄公则一连五年都不去洛邑朝见天子，以此表明自己根本没把他这个天子放在眼里。最终，周桓王按捺不住愤懑，深知如果不给郑庄公一点颜色看看，其他诸侯就会效法，这样下去，国将不国！

他似乎还没完全意识到，其实，国早已经不国了。

盛怒之下的周桓王不顾大臣的极力反对，亲率王室有限的兵将，气势汹汹向郑国进发。而各大诸侯国几乎没有随行的军队，换言之，周天子在孤军作战。

对王室底细非常了解的郑庄公立刻起兵迎战，两军相遇在繻葛这个地方。一场奇异的君臣决战就此展开。闻听郑庄公竟然目无君上，真的敢来抵挡，周桓王震惊而气愤，亲自催动兵马掩杀过去。但经验丰富又老谋深算的郑庄公采取疲敌之计，最初一味坚守，任凭对方怎样冲击就是按兵不动。这样，既可挫伤周军锐气，也可表明自己是被动挨打不得已才自卫。等到周桓王连续进攻无果，军心懈怠之时，郑军突然反击，没费多少力气，周军已是大败而逃。

周桓王被乱军冲撞着，高喊着号令却没人听从，只好随着溃退的士兵向后方逃窜。郑国大将祝聃远远看见前边一辆竖立着黄伞盖的战车，料想车上的人定是周王无疑。他瞄准了天子一箭射去，正中桓王左肩。好在桓王身上裹着铠甲，伤势并不严重，在众人保护下，仓皇撤退。此时的周桓王怒气早已消散在九霄云外，留下的只有后怕和泄气。箭伤在肩，痛却彻入骨髓，他无奈地仰天长叹一声，叹息消散在蓝天白云中，立刻没了声息。他浑身哆嗦着扬一扬手中缰绳，马车趔趄着逃奔在漫天黄尘中。

祝聃还要逞能去抓活的。郑庄公唯恐抓住这样一个特殊人物，反而不好处置,赶忙鸣金收兵,算是给了周王一次狠狠的教训,点到为止。

这场旷古未有的君臣大战结束后,郑庄公又耍弄外交手段,派使臣到朝廷向周桓王赔罪,说自己本来只打算自卫,没想到部下莽撞,竟然擅自发动攻击,以至于冒犯了天子,请天子恕罪。事情已经到了这个地步,周桓王再没有任何办法,只好忍辱含羞,借着人家这个台阶给自己找回一点可怜的脸面,宣布赦免郑庄公的罪过。

繻葛一战,使周天子的威严彻底丧失,诸侯们大多不再理会周天子受命于天的名义,我行我素,完全成了一个个独立的王国。而周王室经历这次惨败之后,对诸侯无礼犯上之举,再也做不出什么强硬的反应。天下明白无误地进入到一个新的时代——"春秋"。

春秋时代最突出的本质在于,旧秩序已无可挽回地轰然崩塌,新秩序的建立还遥遥无期,天下陷入一片迷惘和混乱的局势。另一方面,由于铁制农具日益增多,生产力不断提高,人口迅速膨胀,导致土地资源日趋紧张。各诸侯国都想争取更大的生存空间,相互间的战争也就纷纭丛生。而对外战争,也直接酝酿、导致了诸侯国内部的各种斗争。西周时期所矜持的礼仪道德已经沦丧不再,社会急剧动荡不安,生灵横遭涂炭。在接下来的三百年中,东周天下乱象横生。东周之初,共有大小诸侯国一百七十多个,经过一系列兼并战争之后,到春秋结束时,只剩下了十多个,其惨烈情状,可见一斑。而各诸侯国内部,权臣谋弑或驱逐国君,王室内部相互倾轧杀戮,更如同家常便饭。这就是后世每每慨叹的"礼崩乐坏""人心不古"的最表象的缘由。

正所谓不遇盘根错节,无以辨利器。正是在这种内忧外患的风雨飘摇中,一个个卓越的英雄人物脱颖而出,他们成为万民所念的佳音,他们就是"霸主"。当周天子已经无力收拾残局,当最高强权无法依靠时,当社会充斥着毫无秩序、赤裸裸的弱肉强食时,一个个强者挺身站出,以他们胸怀天下的雄心或者坚忍不拔的人格魅力,使社会趋向秩序井然,实在是万民翘首、众望所归的胜景。

好了,随着郑庄公"小霸"局面的灰飞烟灭,东周舞台上更具气势声威,更加汹涌澎湃,也更具历史分量的"春秋五霸",接踵出场了!

第一章 小白诈死得君位 庄公鲁莽动干戈

齐国的逃亡公子小白,这几天心底暗流涌动,翻滚着不可名状的激动、期待,抑或还有恐惧和迷茫。

近来连续得到消息,齐国国君齐襄公在外出打猎途中被叛乱士兵所杀,叛乱士兵拥立齐襄公叔叔的儿子公孙无知做了国君。这个消息来得很突然,但却在意料之中。小白心里清楚,自己这个大哥齐襄公,是不可能活到寿终正寝的,他有太多该死的理由。然而继承王位的,却不应该是公孙无知,他只不过是个亲戚而已。继承王位的,应当是自己,或者,小白极不情愿地想到,他还有一个二哥叫公子纠,他们从一开始就注定要被淘汰一个,他们是不可调和的死对头,而最有可能被淘汰的,则是他,公子小白。

来莒国避难已经足足有八年之久了。自从大哥做了齐国的国君之后,小白和二哥公子纠就本能地感到了潜藏的危险。大哥生性凶残而多疑,他不会允许有威胁他国君地位的人存在。没敢过多踌躇,小白和二哥不约而同地选择了逃亡。二哥公子纠逃亡到了他母亲的娘家——鲁国。而小白自己,原本也可以逃亡到卫国,卫国的国君是小白的亲娘舅,各方面要更为方便。但跟随自己一起逃亡的大夫鲍叔牙却提议,不能到偏远的卫国,最好临时蜷缩在莒国,这里虽然是个不起眼的小国,但距离齐国却最近,一旦齐国那边有风吹草动,可以很快做出反应。

公子小白当然会听从鲍叔牙的安排,他是自己最信任的人。而且,自己身边,也只有他能为自己出谋划策。

公子小白身材高挑消瘦,八年的抑郁让他面色略显苍白,散发着文弱和优雅的气息。他衣着整洁讲究,上身宽大的袍袖和下身略微有些收紧的袍摆浑然一体,十分协调,淡雅的颜色更显其落落大方,五色丝绦整齐地束在腰间,接口处别着一个洁白如玉的象牙带钩,带钩上还挂有两块晶莹剔透的玉佩,光洁鲜亮,给原本就文静淡雅的小白增色不少。

小白此刻正低头徘徊在厅堂内。他的脚步很轻盈,腰间带钩上挂的两块玉佩没有发出丝毫响声。这是一个标准贵公子所应该具有的风度。

门被轻轻推开,一个体态微胖的中年男人站在门外。

"啊,是先生。"小白停下脚步,满怀期待而又不敢有所希望地看着他。

鲍叔牙身穿一件蓝色大衫,宽大臃肿,使他看起来比实际年龄更老些。他跨过门槛,小心翼翼地说:"公子,听说了吗?公孙无知仅仅做了几天的国君,已经被那些不满的大臣给除掉了。"

小白一愣:"这么快?"

鲍叔牙点点头:"快些总归没有坏处。我们已经等得够长了。"

小白抬起脸,目光穿过开着的窗户,向西望去,那个方向延伸几百里,就是鲁国。他沉吟道:"那边……"

"公子纠必然也会很快得到消息,他一定会尽快回国抢占王位,这个是一定的。"鲍叔牙的话让小白收回了目光,"所以,公子必须尽快做准备。我们目前唯一的优势在于,我们距离临淄更近,这是当初就打算好了的。"

小白的脸色更加苍白,他想走到桌案旁坐下,腰间玉佩这时发出清脆的撞击声。小白不禁脸色微微一红,玉佩暴露了自己的心事。

"公子不必紧张,更不必担心有生命危险。"鲍叔牙明白公子的意思,"君位的接替,当然是以年长者为优先选择。不过,只要我们能赶在公子纠之前回到齐国,我就有办法让大臣们接受公子。而公子一旦登上君位,即使公子纠回到齐国,也只能徒叹奈何了。"鲍叔牙十足把握地提高了声音。

对于鲍叔牙的能力,小白是毫不怀疑的。沉思片刻,小白重重地点点头:"那,我们即刻就赶回齐国,如何?"

位于齐国西南的鲁国,自从周王分封诸侯开始,就是皇皇大国,而且由于和王室有着斩割不断的亲缘关系,比起其他诸侯国来更显高贵。然而,在都城曲阜的王宫,此刻正弥漫着紧张和骚动的气息。

鲁庄公脸色阴沉,换上了一身较为轻便的服装。公子纠跟在鲁庄公身后,不均匀的呼吸让他腰身有些佝偻。公子纠身后,是一个身材不是很高却很匀称的中年人,他的眼光在鲁庄公和公子纠身上来回游走,若有所思。

"好了,一切都准备好了。"鲁庄公迈着大步走到宫院外边的场地中,这里全用石板铺成,宏伟平整,一队一队的战士和战车正逐渐往这边汇拢。"公子,寡人这次要亲自送公子回国继承王位。从此以后,鲁国和齐国就更是一家人了。公子将来莫要忘了今日的兴师动众啊!"鲁庄公没什么表情,话语却含义丰富。

公子纠慌忙上前一步,拱手回答:"那是。主君今日之恩,他年当以十倍相报。"

"那就好,那就好。"鲁庄公依旧矜持着,并没显出有多么高兴,只是微微点一点头。

公子纠身后的那个中年人悄悄扯一把公子纠的袍袖。然而公子纠并没理解他的意思,扭过脸问:"怎么,管仲,你有什么话要说吗?"

鲁庄公闻声也转过身,看看他们。

管仲的名字叫夷吾,仲是他的字。他是公子纠的师傅,如今正追随着公子纠避难鲁国。看到鲁庄公盯着自己,管仲脸色有些不大自然,他很快稳定一下情绪,拱手对鲁庄公说:"主君亲率大军,护送公子回国继位,我家公子当然感激不尽。不过,夷吾忽然想到,齐国三公子小白眼下正在莒国避难,那里距离齐国更近,倘若小白抢先赶回去,我们就会被动许多。可否不出动大军,只派少许精兵护送,火速赶回国内?"

鲁庄公忽然哈哈大笑:"太多虑了,太多虑了。有二公子在,焉能轮得到三公子?就是小白抢先回去,寡人也要把他拉下来,然后把二公子推到国君位子上去。"笑完了，他又顿一顿说，"既然是送公子回国继位，一定要隆重，不然就显示不出国君的威严。君无威严，如何服众？各项礼仪还是少不得的。"

管仲无奈地点点头，又不十分甘心地补充一句："那，不如让夷吾带几个人骑快马抄近路，于中途拦截住小白，这样万无一失，总是踏实些。"

鲁庄公已经明显不耐烦了："据说你是公子的智囊，考虑得当然会多一些。若是你觉得很有必要，也可以跑一趟。一个变成尸体的公子，总比活蹦乱跳的公子少些麻烦。"

管仲立刻再拱一拱手："很有必要！"想一想又赶紧说，"请主君拨给夷吾三十匹快马和三十名精兵就足够了。莒国是小国，能派出护送小白的兵丁，一定不会很多。"

直到满眼都是已经开始有枯黄迹象的麦田，小白才轻轻长舒口气。坐在马车上，挺直了上身，望着一块一块井字形田地快速掠过，他的脸色泛起潮红。"看，那边就是齐国了！"小白手指远处一片郁郁苍苍的树林，惊喜地叫嚷。他乘坐的马车前后总共有百余名士兵，手持长戟，盔甲整齐，一个个迈着大步，气喘吁吁。

"只要进入到齐国境内，我们就稳操胜券了！"坐在小白身后的鲍叔牙也是精神一振，手搭凉棚四下张望。忽然他脸上的肌肉轻微抽搐一下，他看见远处扬起一阵烟尘，似乎有车马之类的东西。而且，那股烟尘正向这边冲过来。

小白也发现了这一异常情况，他下意识地挥挥手，马上告诫前后的士兵，做好应急准备。然而烟尘来得比预料的还要快，没等他再说什么，被那股烟尘包裹的人马已经来到跟前。马嘶鸣着在小白的车边停下。

看到对方汗流浃背风尘仆仆，虽然个个精壮彪悍，但人数并不是很多，小白和鲍叔牙暗自松了一口气。接着，不等对方开口，鲍叔牙忽然惊喜地叫喊一声："夷吾，是你？"

看看眼前这支规模不算大但也不算很小的队伍，人数已经超出了自己的设想，管仲显然有些失落，他在马背上随着坐骑的晃动摇摆不已，一边冲小白和鲍叔牙拱拱手："公子,叔牙兄,别来无恙?这么着急,是去哪里?"

鲍叔牙眼光异样地盯住管仲看了片刻,低声对小白说:"公子,这就是我的那位老朋友,管仲管夷吾,我给您说过的。他突然到来,怕是为了公子纠。公子要小心应对。"

小白面色阴沉地点了点头,提高声音冲管仲说:"国内发生巨变,加之兄长大丧,本公子正要赶回去奔丧。怎么,我家二哥和管大夫尚不知晓?"

管仲不动声色地笑笑:"这么大的事情,我家公子怎么会不知道呢?微臣正是奉了我家公子之命,特意赶来禀告公子,国靠大臣,家凭长子,国内丧葬事宜,自有我家公子负责安排妥当,公子您就不必劳神费力,还是请暂时返回莒国,等候我家公子召唤就是。"说着还冲远处眺望一下,似乎他说的自己的公子很快就会赶过来。

小白的脸色更加阴沉了,挺直的上身忍不住微微颤抖。鲍叔牙紧张地看看他,随即把眼光定在管仲身上,缓慢地说:"夷吾,你这是什么话!家凭长子,并不是不要其他幼子。齐国有大丧,你家公子是国君兄弟,我家公子也是国君兄弟,何以连回去吊唁都不成了?"

管仲依旧不动声色,但他的眼神开始慌乱起来。他看见,就在鲍叔牙说话的时候,公子小白冲左右挥了挥手,马车前后左右的士兵开始把手中长戟横在胸前,而公子小白,也慢慢把手伸向腰间的剑柄。气氛在不经意间陡然紧张起来。管仲下意识地环顾一下自己四周,三十名骑兵虽然剽悍,但连续奔波,已经累得够呛。真要混战一场,杀掉小白的把握不是很大,而自己能否回去,都很难说。他忽然语气一转,冲小白和鲍叔牙拱手说:"既然叔牙兄也是这样认为,在下自然不敢多说什么。在下只不过是奉命而已,那就请公子和叔牙兄多保重。在下先回去复命了!"说着掉转马头,跟在三十名骑兵后边,原路折了回去。

小白长舒口气,顿时眉开眼笑:"先生,你经常说这个管仲才智过人,好似天人一般。现在看来,也不过如此嘛。有道是千哄不如一唬,费那么多口舌干什么,不行就灭了他!"

然而话音未落,鲍叔牙在身后忽然大叫一声:"公子小心!"

小白愣怔一下,立刻也看清楚,跑出一丈开外的管仲忽然在马上扭转身子,拉弓张箭,瞄准了自己。电光石火的一瞬间,箭已经带着凄厉的响声迎面疾飞而来。

"哎呀!"嘣的一声轻响,小白大叫着,双手捂住插在腰间的箭杆,口吐一口鲜血,扑通倒在车厢中。

"公子,公子!"鲍叔牙被这一连串迅疾的变故弄懵了,停顿片刻才扑到小白身上,大声叫喊。可是小白嘴角口水混着血水不断涌出,紧闭着双眼已经没了反应。周围的百余名士兵见状,不等鲍叔牙下令,呐喊着冲向前边管仲的马队。

管仲并不慌张,他瞪大眼睛,把小白的情况看得格外清楚之后,才如释重负地冲鲍叔牙大声喊:"叔牙兄,人各为其主,请谅解小弟今日之举。小弟在齐国等着叔牙兄!"这才打马飞速跑开,把追上来的士兵抛在一片烟尘之中。

鲍叔牙并没听清楚管仲的喊话,他惊慌失措地晃动着小白的身体,希望他能睁开眼睛说句话。本指望护送着小白抢先回国,把齐国国君的位子弄到手,没料到到底还是没能斗过管仲。现在公子死了,自己回到齐国自然是没了指望,就是返回莒国,那个小小的莒国,在没了公子的情况下,还能收留自己吗?或许莒国会迫于压力,把自己给杀掉,这是很可能的事情。万千心绪一起笼罩过来,鲍叔牙几乎想一头撞死在车帮上,追随公子而去,倒是省心省力了。

正在鲍叔牙万念俱灰的当口,奇迹发生了。小白忽然翻身坐起来,看看远处已经消散的烟尘,再看看满脸泪水的鲍叔牙,笑嘻嘻地问:"你那个什么狗屁朋友走了?"

鲍叔牙泪眼迷离中还以为自己看错了,呆愣片刻,痴痴地问:"怎么,公子,你,没死?"

小白不屑地冷笑一声:"要是这么快就死了,留下一大摊子事情,让谁做去?放心,本公子福大命大,是不会轻易死掉的。"说着摊开捂住箭杆的手,让鲍叔牙看。原来那支箭不偏不倚,正巧射在小白腰间的带钩上,象牙带钩被震开一条裂痕,人却丝毫没有损伤。"呸!"小白不无得意地吐一口带血的唾沫,"倒是咬破舌头的滋味不大好受!"

"哎呀!公子,"鲍叔牙半是惊喜半是激动,忘情地抱住小白的肩膀使劲晃晃,"公子能有如此过人机智,正是为人君、霸天下的绝好资质。微臣舍命辅佐,得其所,得其所啊!"

两人对视片刻,忍不住哈哈大笑起来。小白拍着身旁的轵木叫嚷:"那还等什么,快走,快走!兵将们,等到了齐国,本公子一定对你们重赏,保管你们后半辈子不用四处奔忙!"

士兵们知道他们这次护送的不是普通人,这个公子极有可能是要当齐国国君的。人家当了国君,要想让自己半辈子花销有着落,绝不是什么难事。大家立刻增添了无穷的力气,迈开脚步飞奔起来。

穿过大块平整的麦田,翻越几座并不太险峻的小山,第二天正午时分,当人人都咬紧牙关也累得吃不消时,一座雄伟的城池出现了,青黑冷峻的城墙突兀在眼前,让人不由得心生仰慕。齐国都城临淄到了。

按照预先合计好的,鲍叔牙先进到城中,依靠过去的老关系,找到齐国最有发言权的两位大臣,上卿高傒和国懿仲。这两位大臣不但是齐国的上卿,而且是周天子亲自任命到齐国的上卿,负有替周天子监督齐国国君这个诸侯的特殊使命,拥有单独朝见天子的资格。虽然现在周天子不再被各国诸侯那么重视了,但天子的名义尚在,就是一尊泥胎,也得烧香供着。所以,他们二人的威望和地位,在齐国仅次于国君。如今齐国没了国君,他们的意见,也就是朝堂上的决断。

鲍叔牙告诉高傒和国懿仲,如今作为长子的齐襄公亡故,他的三弟,公子小白,已经火速赶来,就在临淄城外,请赶紧拥立他为新的国君。高傒对小白的印象不错,没有太大的意见,国懿仲却有些犹豫,他的理由是,继任国君的顺序应当是由长及幼,理当先请二公子,就是逃亡在鲁国的公子纠回来继位才合乎礼节。"担任国君是大事,当合乎各方面情况才行,并非比脚力,若是谁来得快就拥立谁,那……"国懿仲摇了摇头发花白的脑袋。

国懿仲的话有着无可辩驳的力量,高傒也只好默不作声。

鲍叔牙却显得早有准备,他面色沉静地看看国懿仲,语气清朗地说:"上卿博古通今,说的当然再对不过。可是,眼下齐国情况特殊,有道是大利当前,小害不计,毒虫蜇手,壮士断臂,得分清主次呀!上卿想过没有,倘若请公子纠继位,虽然合乎礼节,但对齐国而言,贻害无穷呀!"见两人一愣,鲍叔牙更有信心地扳着指头说:"公子纠与鲁庄公是舅甥亲眷,而公子纠又由鲁国派兵力护送回国。他若继位,当然视鲁国为恩人,而鲁庄公也会以恩人自居,从此齐国就只能屈居鲁国之下,成了鲁国的附庸,这和亡国有什么两样?得一国君而亡一国,两位想想,值得吗?若是让公子小白继位,莒国是小国,不可能有这样的野心,而公子小白性情温淑,胸怀隐忍,正适合目前齐国混乱待治的局面。如此舍弃小礼节而造大福于齐国的事情,两位何必犹豫呢?"

一阵沉默。终于,高傒缓缓地开口说:"叔牙说的确实有道理。鲁国和齐国同为大国,他这个人情,可不好领啊!"

国懿仲叹了口气:"也是,喝人家一口水,到头来人家恐怕索取十坛酒,麻烦呐。那,就依你们的意思吧。"

鲁庄公听到管仲的禀奏后,更是十分的放心。公子小白被一箭射死了,更没什么顾虑。护送公子纠回国的大军,阵容极其雄壮,猎猎旌旗遮天蔽日,战车的隆隆声碾过宽阔驿道,方圆几十里的鲁国百姓都被惊动,大家纷纷走出家门,观看这难得一见的壮观。鲁庄公更加得意,命令走得再慢些,好让这些百姓更清楚地看看自己国家的强大威力,也更对自己服服帖帖。一直到了第六天傍晚时分,终于走进齐国境内。

然而大军浩浩荡荡并没走出多远,迎面有一队人马飞奔而来,领头的是齐国大夫仲孙湫,高喊着要立刻见对方国君,说有特别要紧的事情。鲁庄公认识仲孙湫,以为他是奉命前来迎接,并未十分在意,只是淡淡地看着他,等着听恭维的话。不料仲孙湫的话却让鲁庄公和众人眼冒金星。仲孙湫说:"奉我家主君命令,特来禀报上国国君,我齐国已经有了国君,请速带公子返回,我家主君改日当亲自去拜见上国国君。"

鲁庄公看看身旁目瞪口呆的公子纠,眨眨眼睛问:"齐国新立了国君？是谁？"

"公子小白是先君之弟，已经继位了。"仲孙湫欠身回答。

"什么？小白！他，他不是已经死了吗？"鲁庄公瞪大了眼睛，扭头去看管仲。

管仲脑袋嗡地膨胀了一下，乱哄哄地什么也想不起来。对自己的眼力，他绝对自信；对自己的射箭本领，他也没有丝毫的怀疑。可是，明明已经中箭而死的小白，怎么可能继位成了国君呢？就在短暂的思绪纷飞间，他听见仲孙湫说："我家主君闻听国内动乱，火速赶回，路途中遭遇艰险，险些中箭身亡，幸好上天佑护，仅射中带钩而已，有惊无险。这也是天意使然，还请上国国君顺应天意，从速返回。"

原来如此！好个狡猾的小白，平素以为他不过是个举止轻佻的贵家公子，自己真是轻视他了！管仲在心里恨恨地说，不过，似这等胸有千壑的人物，不简单呀，继位国君，似乎正合天意。天意难违，天意难违呀！这样感叹着，管仲忽然冒出一股莫名的庆幸，至于庆幸什么，连他自己一时也捉摸不清。

"好呀，欺人太甚，欺人太甚！"鲁庄公忽然暴怒起来，拍打着轼木叫嚷，"齐国君位空缺，寡人不惜动用大军，护送公子返回，沿途之上惊动多少百姓，难道齐国就没听到动静？你们不等公子纠回到临淄，就急急忙忙拥立什么公子小白，小白是什么东西，能轮得到他吗？你们这样做，分明是没把我鲁国放在眼里！回去告诉那个什么小白，赶紧滚下宝座虚位以待，到底该谁继位国君，等寡人去了给他们决断！"

仲孙湫脸色泛红地看看鲁庄公，欠身拱手说："盛怒之下不责人过，盛喜之时不许人物，情绪激动难免会判断失误。请上国主君三思。微臣这就回去复命！"说着也不看公子纠他们，转身上马，很快不见了踪影。

大队人马就这样停顿着，静悄悄的，谁也不敢发出声响，只有一面面大旗在风中呼呼啦啦惹人心烦意乱。良久，公子纠小心翼翼地问："那，我……"

"哼，"鲁庄公灰黑着脸，恼怒地说，"怕什么，寡人曾说过，就是小白抢了先，寡人也要替你把他给拉下来！传寡人命令，立刻进发，屯兵乾时，择日攻打临淄城！"

"主君，不可，千万不可呀！"不等传令官答话，管仲忽然从公子纠身后挤出来，急切地对鲁庄公说，"对方已经清楚了我们的行踪，理当火速进军，直逼临淄城下，打他个措手不及才是。为何要屯兵不前呢？"

鲁庄公鼻孔里再哼一声，带有几分不屑和不耐烦地说："你不看寡人的军队几日连续行军，已是人困马乏了吗？乾时水草丰美，正适合屯兵，整顿一下，稳扎稳打，有什么不对吗？"

"主君，"管仲顾不上揣摩鲁庄公的语气，依旧着急地说，"我军深入对方国境，趁着对方内乱尚未平息，并且还没来得及准备抵挡的大好时机，要赶紧进攻，否则，对方一旦准备充分，我们就会陷入四面被围困的处境。巧稳不如拙速，请主君……"

"行了！"鲁庄公终于忍耐不住厌烦，挥动宽大的衣袖打断他，"什么巧呀拙呀的，用得着你来教训寡人！你怎么知道人家没准备好？小心无大错，寡人不能拿将士的性命开玩笑！"

见场面尴尬下来，公子纠低声喏喏着打圆场："主君息怒，夷吾也是为鲁国考虑。他心思缜密，想来是有道理的。"

鲁庄公似笑非笑地挨个看看他俩："缜密什么，要是按他的缜密行思，小白不是已经死了吗？可见当今所谓谋士，多是大而无当，空有舌头而无心思，哪里还谈得上缜密！"说着忽然被自己的话语逗乐了，仰面哈哈大笑。管仲面红耳赤，几乎不知道该怎么回到队列中去。他求救似地看看公子纠，公子纠眼光软绵绵地耷拉着，丝毫没有反应。

临淄城中，公子小白已经登上齐国国君的宝座，后世称其为齐桓公。齐桓公第一次召开朝会，还没来得及接受众人的贺拜，便开始火急火燎地商讨起怎么对付气势汹汹的鲁国大军。

作为和新国君最为熟悉的大臣，鲍叔牙理所当然地要给别人做个表率，他思索着说："主君不用担心。鲁军远道而来，鲁国国君又心浮气躁，他知道他的如意计划落空后，必然气急败坏，要站稳脚跟和我军决战。临淄西南不远处的乾时，地势平坦，草木丰茂，适宜驻扎军队。如果不出所料,鲁军必然会在那里休整。微臣认为,可以派人在乾时预先埋伏,再令一军绕过乾时,对败退的鲁军进行截击。这样一来,鲁国国君即便不丢掉性命,也要大伤元气,再无力干涉我齐国内政了。"

众人对临淄周围的地形,当然也很熟悉,大家纷纷认为这个主意不错。齐桓公当即命令,派宁越和仲孙湫率领人马,从两侧进入到乾时地区,悄悄埋伏下来,派王子城父和东郭牙抄小路在鲁军后方准备截击。然后,派大将雍廪作为前锋,前去挑战诱敌。另外,由鲍叔牙等大臣率领齐国主力,正面迎敌。

乾时距离临淄城已经不是很远,鲁国军队又加紧行军一天,才抵达这里。鲁庄公刚刚缓过一口气,就听见远处人马杂沓,脚下大地也在微微颤动。饥渴疲惫的鲁军闻听动静,个个骂骂咧咧,嘟嚷着"狗日的齐国,也不叫人歇歇,就来催命"。一边在将官的吆喝下,不情愿地拎起家伙,列队出动,准备战斗。

鲁庄公气宇轩昂地站在战车上,来到队列最前边,手指着对面齐国的大将,高声叫骂:"你们齐国首鼠两端,真不是东西!寡人亲率大军,为你们护送公子回国继任国君,你们却恩将仇报,带这么多人马兵戎相见,哪里有这等不知礼仪的大国!"

对面的雍廪显得很是理亏,顿时面红耳赤,期期艾艾地说不出话来,他身后的战阵似乎也有骚动混乱的迹象。鲁庄公看准时机,忽然挥动手中的长剑大喊:"冲,快杀!"

鲁军听国君亲自发动号令,立刻打起精神,挺着戈矛冲杀上来。雍廪似乎还没从理亏当中缓过劲来,仓促不已地胡乱应付两下,便溃不成军地掉头往回跑。齐军人数本来并不是很多,跑起来倒也利索,鲁军没料到对方这么不禁打,当下追赶得更欢。鲁庄公冲公子纠轻蔑地冷笑几声说:"看看,齐国多年内乱,已经如此不堪一击。寡人为公子夺回国君之位,或许就在今日!"

公子纠激动得满脸通红,在马背上连连拱手:"主君威震天地,谁人不知?更何况是齐国群龙无首。臣若能如愿以偿,定不忘今日之恩!"

旁边的管仲眼神异样地注视着他们,欲言又止。

鲁庄公则别有深意地哈哈大笑。大笑后挺着长剑说："公子带领人马在这里看守辎重，待寡人亲自为公子夺回君位！"话音未落，人已经催动战车冲了出去。

公子纠还没从感激中缓过劲来，面色通红地看看身边的管仲，自言自语似的嘟囔说："看看人家，做事情有多利索。唉，要是本公子手下有这样的人，或许大事早就成了！"管仲自然听出了其中的意味，他嘴角抽动一下，没说什么。站在公子纠另一侧的召忽忍不住跳脚叫喊："公子说的这是什么话，君辱臣死，我们作为公子的臣下，焉有不尽力的道理？只不过公子小白运气好，抢占了先机而已。公子不必泄气，我们还有翻身的机会！"

公子纠怏怏地摆一摆手："那还是得看运气啦。唉，事到如今，说什么也没用，还是为鲁君看守好辎重吧。"

齐国新任国君齐桓公，此刻也站在战车上，远远观望战事的进展。穿戴上君主的一套装束，他看上去似乎威严的色彩并不浓厚，倒是仍显得有些清秀，只是这清秀中多了几分凝重，多了一些疑虑重重。远处一片混乱，能听到排山倒海般的喊杀声，能看到腾起的烟尘笼罩了大半个乾时上空。齐桓公两手紧紧握住轼木，手背上青筋突起，和他纤细白嫩的手腕比起来，很是惹眼。"要胜，一定要胜！"有个声音在嗓子眼里叫喊，他知道，这是自己的内心在发出呼唤。尽管鲍叔牙十分肯定地对自己说过，这次乾时之战，鲁国必败无疑，因为他们犯了大忌。但他总担心这里边有安慰的成分，并不能十分叫人踏实。不过，想想前几天，那个叫什么管仲的狗东西，真是比鬼还要机灵，能想起来半路拦截自己，拦截不成，竟然暗箭伤人。好在带钩救了自己一命，可是事后越想越后怕，带钩才多大一点的东西，故意想射都未必能射得中，何况它的表面光滑，射不到绝对的中心，略微偏出中心一点，箭头也会滑下来照样伤人。自己一命不死，分明就是天意使然啊！天意如此，害怕什么！这样一想，齐桓公顿时轻松许多，他热切地盼望着赶紧传来好消息，最好是把鲁庄公给活捉或干掉，至少也得把那个管仲给捉住，千刀万剐，叫寡人好好出口气！

可是,天意难测,万一这次战阵失利,自己这个得来似乎过于容易的君位,会不会……

　　胡思乱想中,齐桓公焦躁地极力睁大眼睛,然而前方一团混乱,什么也看不清楚。这更加重了他的不安。忽然,齐桓公发现,一道暗黄色尘土飞扬而起,直冲自己这边而来。他猛地打个寒战,好像要听到判定生死的宣告一般。

第二章　失势公子枉送死　落魄贤士露端倪

"主君,禀报主君!"烟尘滚滚,眨眼来到跟前,有人从马背上翻身跳下,半跪在地上,气喘吁吁地抱拳禀奏,"一切正如鲍大夫所料,鲁国军队长途跋涉,本已疲惫不堪,又被我引诱,孤军深入,遭到重创,死伤十之七八,鲁庄公也被活捉!"

齐桓公没听懂似的,停顿片刻没做出任何反应,直到将官疑惑地抬头看他时,他才大悟般地使劲拍打着轼木高声说:"好!寡人早就知道我齐国健儿击溃鲁国不在话下。你速去打探更多的消息,寡人重重有赏!"

将官激动兴奋地答应一声,匆匆上马,带领着部下冲进前方烟尘之中。

齐桓公却并没有感觉到特别的欣喜,反而有几分莫名的失落。他不清楚这失落从何而来,也无暇琢磨其中的意味,他想,一会儿鲁庄公作为俘虏出现在自己面前时,自己该如何说话,脸上该带着何种表情?还有,倘若自己的哥哥公子纠也被活捉了,又该做何处置?这些问题让他陷入到心烦意乱的兴奋之中,他刚才并不是没想过,下令在乱军中把这些难缠棘手的人杀掉算了,可是话到嘴边,他说不出口。毕竟是自己的亲哥哥,怎么对军官们说,他们听到后会怎么想?

一阵脚步杂沓,打乱了他琢磨不定的心情和纷乱的思绪,抬头看去,鲍叔牙满面灰尘、灰头土脸地走过来,身后一大群将官紧紧跟随。大家站在车下,仰着头冲齐桓公拱手施礼。鲍叔牙有些不好意思地禀报说:"主君,方才与鲁国交战,我军大胜!我军前锋正乘胜追击,微臣下令一直追到汶水，把鲁国军队赶回汶水之南，把汶水北边的土地抢夺到我们这边。不过……对方毕竟兵力不弱，慌乱之下，罪臣管仲等人逃窜。鲁国大夫梁子高举大旗，冒充国君坐于战车之上，引诱我们去捉，结果，他们的国君倒乘机逃脱了。"

"哦，"齐桓公在心底忽然感觉分外痛快，兴奋感开始一点一点地积聚，不过，他的脸色却依旧严肃，似乎也配合着鲍叔牙等人失望了一下，"那，那个梁子呢？"

"梁子被活捉后，宁越将军见不是对方国君，深感上当受骗，恼怒之余，把他给斩杀了。"鲍叔牙试探着说，一边观察齐桓公的神情。

齐桓公这次真的有些失望，轻轻摇头叹气："梁子是忠勇大臣，甘愿代替国君冒险，难得呀！按说，应当对其格外礼遇，然后送回鲁国，这样才符合礼数，才会让天下士民知道我齐国是敬重人才崇尚品德之所。唉，如此一来，倒要叫人小瞧我们了。"

宁越就站在鲍叔牙身后，听国君这样说，听着也确实有道理，忙诚惶诚恐地站出来："主君，微臣是一时恼怒，没想那么多，微臣鲁莽……"

齐桓公摆了摆手："身为将军，激于义愤斩杀敌人，也是情理之中的事情，不必说了，以后奋勇之余，多用脑筋才是。"看宁越连连谢恩着退到鲍叔牙身后，齐桓公抬头向远处望去，方才交战的场所，黄尘卷起的烟雾正渐渐散去，丢弃的戈矛在阳光下闪光，写着"鲁"字的大旗被士兵们拖到这边正在点火焚烧。就在前几天，身处鲁国的哥哥公子纠还如同巨大的阴影笼罩在自己的心头，而今，身份变换，他已经不在话下，成为了一枚尖锐而待拔除的钉子。真如同一场梦啊，幸好是美梦。齐桓公有点心不在焉地冲众人点头说："诸位辛苦，先各自回府休沐，改日寡人要大行封赏！"

纵然总是怀疑事情的真实性，但是连续这么长时间的国君生活，让齐桓公不得不相信，这不是在梦中，是活生生的真实，自己是真的把不可能的事情给做成了，如今齐国的国君不是哥哥公子纠，是自己，是本来并不占上风的自己。终于踏实下来的齐桓公这才真正喜悦开来。他马上着手修建宫室，并派人到齐国各地悄悄挑选美女，对朝堂的大臣们也逐一封官加俸，总之，国君的感觉来得虽然迟钝些，但找到感觉后，齐桓公手脚利落，该自己享用的和别人享用的，他一样没有落下。他本来就喜好享受，在莒国憋屈了这么多年，终于如同破蛹化蝶，怎么能不好好地在花丛中翻飞逍遥呢？至于其他的事情，先放放再说吧！

一连两个多月，成为国君的新鲜感觉才渐渐退去，齐桓公终于可以静下心来，开始考虑除修建宫室和挑选美女之外的其他事情了。如今，临淄城正中央的王宫正热热闹闹地加紧修盖着宫殿，王宫后边大大小小的殿内也挤满了来自齐国各地的绝色女子。齐桓公每日在鲜花丛中翻飞，终于如愿以偿地开始了享受。不知怎的，好日子没过几天，他又开始觉得不大对劲，他总顾虑这种妙不可言的日子会持续不了很久，如果是那样，人生就未免太遗憾了。深思这个顾虑的来源，还是来自鲁国。尽管鲁国大败，但对方毕竟是个大国，鲁庄公一定不会善罢甘休，他一定会以自己的亲哥哥公子纠为把柄，使尽手段来让他取自己而代之。如果说上次管仲的箭没射中自己是运气，那么，这种好运气只怕一辈子只能有一次，绝不可能重复。不行，要先下手，拔去这根随时会刺着自己的钉子！

思来想去，齐桓公悄悄把鲍叔牙叫到内殿。几个月的安定生活，已经被封为上卿的鲍叔牙明显胖了，脸色红润，锦缎官袍穿在身上，使他看上去富态而和蔼。齐桓公看了看他，从他身上也就看到了自己的变化。齐桓公让鲍叔牙在身旁坐下，自己则一只胳膊亲切地搭在他的肩上，说："上卿，寡人给你安排的府邸还过得去吧？你追随寡人在外流浪八年，受尽百般苦楚，寡人想起来就甚感愧疚。唉，好在苍天照应，终于熬到好时候了。"

鲍叔牙也颇有些感叹，不过，比起齐桓公，他更实际许多。他抬头环视一下后殿华丽的装饰，外边院子中不时传来女子的说笑和玉质配饰碰撞的清脆响声，那一定是新进宫的诸多美女了。"主君，"鲍叔牙犹豫一下，终于缓缓开口说，"常言说，前车倾覆而后车不懂借鉴，这是后车最大的祸患。当初，齐襄公就是因为太过于……"

齐桓公立刻就知道他要说什么了，忙笑着重重地拍了一下他的肩膀,不让他说下去:"上卿的意思,寡人知道了。不过,有了前边八年的酸苦日子,寡人总觉得人活一辈子,和暂时寄寓在世上差不多。既然是寄寓,迟早要离开的,若是没有快乐的条件,也就罢了,既然有了机会,何不在离开前好好快乐一下呢?等到将要走开时再遗憾没能尽兴享受,岂不是太迟了吗?"

对于齐桓公这套理论,鲍叔牙并不陌生。他知道齐桓公还是公子小白的时候,就对享受人生做了种种设想,如今终于有了实现设想的机会,他自然是不会轻易放过的。不过,自古君王骄奢淫逸,臣下就会营私舞弊,百姓难免怨声载道,最后要么外敌入侵,要么内乱纷扰。照他这样下去,齐国会不会重新陷入内乱?更何况鲁国仍在虎视眈眈。要是那样,非但前边的艰辛和隐忍都白费,齐国百姓也要跟着再遭殃了。鲍叔牙忍不住摇摇头叹口气。

齐桓公似乎知道他叹气的原因,笑着继续安慰说:"上卿,你是了解寡人的。寡人确实喜欢吃啦喝啦、耍弄个女子啦之类小玩意,不过,寡人觉得,小亏不足以损大德,细节不足以败大事。寡人在这方面感觉满足后,就不会因为缺乏享乐而分神怨愤,反而能更专心于国事,和别的国君奢侈淫逸完全不同,这一点,上卿完全可以放心。"见鲍叔牙将信将疑地点点头,齐桓公接着低声说,"寡人眼下忧虑的,并非齐国不能大治,而是祸根不能连根拔掉。祸根不拔,就有把柄握在别人手中,心中不得安宁啊!"

鲍叔牙脸色凝重下来,显然理解了齐桓公的意思。齐桓公见状,满意地拍一下他的肩膀:"上卿,你看……"

"主君,微臣其实也考虑到这层。只是所谓疏不间亲,主君不提,微臣就不便讲出来。依微臣看,这个事情其实简单,鲁国新近吃了败仗,正是畏惧不定的时候,只消一封措辞得当的书信,就足以成事。若主君有所顾忌,臣可以代劳。"鲍叔牙快言快语地说着,从怀中掏出一块素绢递过去,"主君请看,臣闲来无事,把书信都写好了。"

齐桓公看一眼鲍叔牙,接过素绢,抖开了,见上边字迹工整地写着:外臣鲍叔牙再拜鲁侯殿下,自古一家之内无二主,一国之内无二君。公子小白今已奉宗庙而为齐国国君,公子纠所作所为即为篡逆。有篡逆大罪而藏身于鲁国,于齐鲁两国结为兄弟之亲危害甚大。因为亲兄弟的缘故,我主君不忍加害,希望求助于上国之手。区区小事,但愿不至于使人失望。毕竟,一人存亡事小,两国百姓事大,希望鲁侯殿下理解。

"唔,好,好。"齐桓公满意地眯缝起眼睛,脸色有些微微泛红,沉吟着把素绢交给鲍叔牙,"道理说得再明白不过了,措辞柔中带刚,恰到好处,很好。上卿可立刻安排可靠人手,快马送到鲁国,寡人静候佳音!对了,还有那个管仲,千万不可饶过,一定处死!"

鲍叔牙答应着拱手退出,匆匆赶到前殿旁侧的一间小室内,这里是他临时处理公文的地方。坐在几案后边略微喘口气,鲍叔牙掏出那块素绢,想一想,拿起笔在后边添上一句:"追随公子纠的管仲和召忽两人,是主君之仇人,务必活着押解至齐,主君要在太庙中亲手杀掉他们。切切。"写完了,仍有几分担心地想添加几句,但一时又想不起来恰当的话,只好作罢。一边小心地把素绢折叠起来,一边忍不住自言自语:管仲啊,你一定要理解我的意思才好,目前主君这个情况,走对了路就是一条龙,走不对路就是一只虫,而能否走对路,只有你能帮他了,天下之大,能帮得了他的,只有你一个人呀!

公子纠等人如同丧家之犬般地逃回鲁国已经很长时间了,但大家心底的慌乱还没完全消散。鲁庄公自不必说,险些被生擒活捉了,想起来就心有余悸。公子纠当时负责看守辎重,败兵如潮水般向后涌的时候,他几次被乱兵踩到脚下,差点让车轮轧死,多亏了管仲和召忽拼死保护着,才鼻青脸肿地跟随大军向后撤。没想到齐国军队不依不饶,越过鲁国边境追击,一直追到汶水岸边才罢休,不但占去汶水北边的大片良田,更使鲁国士兵在过河时推搡着又掉进河里淹死不少。公子纠的恐惧还不仅来自后怕,他知道,鲁国所有这些损失,完全是因自己一人而起,而自己目前的处境,却丝毫不能给鲁国带来补偿的希望。鲁庄公接下来会怎样对待自己呢?公子纠实在心中没数。

管仲和召忽来找公子纠的时候,公子纠刚从一场宴席上回来,满嘴喷着酒气,眼神有些迷离和庆幸。"公子,"管仲看看公子纠的神态,犹豫着看看召忽,末了还是吞吐着说,"我们商量好几次,觉得还是离开鲁国为好。如今公子小白已经坐稳了齐国国君的位子,若没有什么大的机缘,很难将他除掉取而代之,上次鲁国惨败就是个明显的例子……"见公子纠并不怎么用心,似听非听地接连打哈欠,管仲皱了皱眉头,停顿片刻,"试想,鲁国不会因为我们而与齐国长期交恶,一旦两国和好,我们就会成为牺牲品,到时候任人宰割,毫无回旋的余地。不如趁现在他们并没注意到我们,赶紧逃走,到别的国家避难,隐忍以等待时机……"

公子纠终于忍耐不住地冷笑起来,摆手叫管仲不要说了:"去别的国家,能去哪里?鲁国好歹还是我舅家,能不能当上国君先不提,至少吃喝总不用发愁。倘若听你们的,逃到别国,当国君的希望更加渺茫不说,只怕连吃饭都没地方讨要去!"见两人面面相觑,公子纠忽然不无得意地笑笑,"若是二位昨天过来说及此事,我或许还能动心。可是,刚才鲁国国君请我过去赴宴,说是要为本公子压惊。席间他许诺我说,等过上一年半载,兵力恢复,还要亲率大军征讨齐国,一定要把小白给踢下国君位子,然后把本公子给扶上去。你俩说说,如此大好形势下,本公子还能再出逃去受苦吗?"

召忽将信将疑地点了点头,没有说话。管仲却吃惊地大声说:"如此说来,公子的危险就在眼前了,要是赶紧逃走,还有一丝侥幸存活的机会,若是迟疑片刻,定然要遭殃了!"见两人瞪大眼睛盯着自己,管仲语气激动地说,"公子试想,乾时一战过了这么长时间了,鲁庄公为什么到现在才想起给公子压惊?他分明是受到了某种压力,而这压力牵扯到公子,他暂时还没想好如何处理人家的要求,唯恐公子生出变故,才借压惊之名,先稳住公子,再从容分析利弊。要是在下猜测的不错,或许是齐国要求他杀掉公子也未可知……"

"哼,危言耸听!"公子纠不高兴地甩衣袖站起来,"你这话似乎有道理,其实完全是毫无根据。舅舅贵为一国之君,我寄居于此,他想杀我,还不是一句话的事情,何必弄得这么大费周折?夷吾,你脑子确实好使,可惜呀,好使得有些过分,世间的事情,叫你看上去,都显得可疑了。唉,太过呀,太过!"说着公子纠回内室去了,留下管仲和召忽呆愣在那里。

鲁庄公确实很踌躇。接到鲍叔牙的书信后,他立刻意识到,这是齐桓公的意思,按不按照他说的去做呢?其实公子纠目前已经毫无利用价值,杀掉并没多少可惜之处。他只是觉得屈辱和憋气,遵从了齐桓公的意思,不是明显甘拜下风畏怯了齐国吗?这要是叫别国国君知道了,岂不成为笑柄?可是不杀公子纠,齐桓公定然不会答应,弄不好,过上一段时间,他要发兵来征讨,万一鲁国再次战败,那可就丢人丢到死胡同里,再没有回旋的余地了。乾时的惨败让鲁庄公不得不按最坏的结果来推测这个事情。最终,他咬了咬牙,杀一个落魄公子,总比再次战败的动静要小出不知多少倍。就按人家说的,杀!

好消息很快传来。那天朝堂议事完毕后,其他大臣都相继退出去,鲍叔牙却没有要走的意思。看看周围没人了,齐桓公身边也只有一个叫竖刁的童子,才十岁左右的模样,一副单纯可爱、不谙世事的样子。鲍叔牙轻轻走到台阶下,低声说:"主君,鲁国那边有消息了。公子纠被处斩,首级传递过来,微臣已经看过,确实不假,怕主君见到伤心,就让人埋掉了。"

齐桓公脸色很不自然地抽搐一下,随即低下头去。鲍叔牙拱手继续说:"主君知道,微臣这样做,情非得已,实在没有更好的办法。臣只能表示哀悼,请主君不要过于伤心。另外,还有一件值得高兴的事情,要向主君表示祝贺。"

"噢,什么事情?"齐桓公终于有机会转移了话题,抬起头来关切地问。

"那个管仲,被押解回齐国了。"

"哼,这个家伙险些害了寡人性命,这次叫他尝尝零碎割肉的滋味!仇人落到手中,确实值得庆贺!"齐桓公恨恨不已地捏紧拳头,"不是还有个召忽吗?听说这个人倒很忠直,也一并押解回来了?"

"公子纠被杀,召忽忠心事主,当场自杀了。"

齐桓公立刻赞叹:"如此忠心耿耿,真是可惜了。那个管仲为什么不自杀,还等着回来挨刀,看来不过是个胆小怕死的鼠辈。哼,他越怕死,寡人越要叫他死得更惨!"

鲍叔牙早有预料,慌忙撩起袍摆,登上台阶,站在齐桓公前边宽大的几案旁,一字一句咬得很重地说:"主君先不必发怒,横竖那个管仲就在主君手掌心中,由着主君随时随意去处置。微臣只是想问一句,主君早年胸怀大志,常谈到将来若为国君必定称霸天下。如今真的为国君了,主君是否认为过去那些话全是笑谈,主君并无称霸天下的意思,只不过希望能偏居齐国一隅尽情享乐终生而已?"

齐桓公一愣,随即撇撇嘴:"上卿说的这是什么话?寡人不是早就告诉过你了,寡人虽然有些贪图享乐的小毛病,但胸中志向却是一日也未曾消退过。寡人九死一生走到今天,全是天意使然,自然要秉承天意,励精图治,称霸中原,使我齐国扬名天下!"

"主君不改初衷,微臣就放心了。"鲍叔牙振作一下精神,提高声音说,"主君知道管仲为什么不肯追随公子纠去死吗?要说他是贪生怕死,或许从表面上看是如此。但微臣听人讲,管仲在召忽死后,曾说过,打着为主人效忠的旗号去死,其实并没多大意义。他认为,一个人只有为了江山社稷、为了宗庙百姓去死,才算是死得其所,只要活着有利于国家,那就得顽强地活下去。主君,这就是管仲和召忽以及许多大臣的区别,并不仅仅是贪生怕死的问题。"

齐桓公脸色不似刚才那么难看,但仍是乌云密布,沉吟片刻,忽然说:"听说,这个管仲和上卿是最要好的朋友,可是真的?"

鲍叔牙一愣,立刻反应过来,看一眼齐桓公,缓缓地说:"诚如主君所了解的。管仲出身低微,自小家中贫贱。微臣则家道富足。一个偶然机会,微臣认识并了解到管仲这个人的性情。通过接触,微臣知道,此人将来必成大器,只不过未遇到合适机会而已。能辅助君主成就称霸大业的,普天之下,仅此一人而已,此人立足于某国,定是某国主君和百姓的福分。为了天下百姓不丢掉这一难得的福分,微臣从那时便开始处处维护着他。好容易维护到现在,机缘巧合,此人现在就在主君门下,主君弃而不用,不但不是主君之福,也是齐国百姓之憾呀!"

齐桓公不得不开始认真思考这个事情了。他知道,鲍叔牙并不是个随意抬高别人的人,追随自己这么多年,他太了解鲍叔牙了,虽然鲍叔牙已过中年,但他向来嫉恶如仇,不管对谁,说话尖刻毫无顾忌,常常弄得人下不来台,为此,连带着自己也得罪了不少莒国的大夫。好在那只是暂时寄寓,得罪也就得罪了,不过,鲍叔牙的性情却给自己留下非常深刻的印象。现在鲍叔牙如此推崇这个并不起眼的管仲,想必定有他的道理。可是,他的道理对不对呢?更何况,这个家伙不起眼也就罢了,偏偏是自己的仇人,险些要了自己性命的仇人,不要他的命,还要重用他,怎么可能呢?

不等齐桓公说话,鲍叔牙喘一口气忙接着说:"主君的心思,微臣当然知道,主君并非不信任微臣,只是对管仲那射中带钩的一箭耿耿于怀。恩仇必报自然是人之常情,但主君并非普通人,主君身上承担着百姓生死和宗庙大业,自然要超出普通人所谓的常情,丢弃常情而讲大义。那个时候,管仲是公子纠的臣下,他为主人效忠,理所当然。倘若那个时候他见异思迁,追随主君登上君位,享受功臣的荣耀,那他也就不是微臣所推崇的管仲了。而如今,公子纠已死,主君倘若能重用此人,他不但会像以往那样为主君箭射别人,更会为主君指点江山,以巨椽大箭来射中天下!齐国大业将兴未兴之际,人才第一,物力其次,请主君千万忘记小节而看大体。"

齐桓公既没点头,也没摇头,他面无表情地继续沉默着。鲍叔牙说的当然没错,但他还是转不过这个弯来,更确切地讲,自己心中实在咽不下这口气去。一个真心实意要杀掉自己的人,没几个月工夫,倒要请他来享受自己拼着性命得来的富贵,不管怎么说,心里都不大舒服。但齐桓公还是明显感觉到,心底有东西在慢慢融化松动。

鲍叔牙仔细看着齐桓公的脸色,放慢了语速,但语气更加深沉:"微臣以前曾说过,主君若仅仅想在齐国站稳脚跟,痛痛快快地享乐一生,有现如今的一班大臣也就足够了。但是主君若要振祖庙雄风,称霸中原乃至天下,则非管仲辅佐不可。如我辈臣子,守成则可,开拓则不足。"

这话正说到齐桓公心痛处。坐稳国君宝座几个月来,齐桓公已经明显感觉到了这点。目下朝堂中的大臣，虽然自己并不十分熟悉，但听其言观其行，也大致了解一些。他发现，大臣中年长者自不必说，最大的愿望就是善始善终，平平安安地熬到告老还乡，去和儿孙享用一辈子的积蓄。就是年轻些的，也是苟且偷安，能少一事决不多半点事，他们还信誓旦旦地说什么，弓硬弦长断，人强祸必随，越聪明越受聪明苦，越痴呆越享痴呆福。依靠这班人物，倒是能保证不出大乱子，但要使齐国称霸天下，根本没指望啊！可是自己，偏偏就想超越前人，想潇洒地走在所有国君的前列。莫非，要实现这个愿望，真的要如鲍叔牙说的，依靠那个管仲了吗？

大殿内一阵沉闷的寂静。良久，齐桓公鼻音很重地慢慢说："那好，既然上卿说得如此神乎其神，寡人愿意试试这个管仲。权当寡人与他素不相识，并没有射箭伤害寡人的那件事情。上卿知道，寡人有个毛病，很多需要忘记的东西，很快就能忘记。"

押解管仲的囚车暂时停放在城郊的驿站内。当囚车刚刚进入到齐国境内时，负责押送的将领隰朋，已经按照鲍叔牙的授意，把囚车打开，让管仲舒舒服服地坐在马车内，径直安排在驿馆中好吃好喝地供养起来。虽说齐桓公一直到了此时还是心中没底，全凭对鲍叔牙的信任，但他决心试上一试。于是，齐桓公立刻指派朝中大夫，到驿馆传令，解除罪臣管仲以前所有的罪责，用朝廷重臣朝见君主所乘的朝车把他迎接到临淄城中。在朝车进入城门时，特意点起火把，表示借此来祛除以前的所有噩运。朝车进到城内，齐桓公亲自到宗庙举行隆重的祭祀，斋戒十日，表示为管仲祈福消灾。

由于国君亲自出动，动静也就闹腾得格外大。朝堂内的官员们当然不用说了，他们暗地里猜测着，国君这是从哪里请来的高人，这么隆重，就是都城内外的士子和平民百姓，也在茶余饭后议论纷纷，不知是谁祖上有德，修得子孙如此有福气，让国君重视成这样。

十多天后，谜底终于揭开，当管仲乘坐着装饰华美的大车，在上百名卫士和旗手的前呼后拥下，招摇过市的时候，围观的士子、百姓一个个目瞪口呆，大家纷纷指点着小声议论。"哎呀，我说谁呢，这不是那个干什么什么不成的管夷吾吗?""可不是咋地,前几年,还在街上做买卖,后来不干了,听说连本钱都赔光了。后来好像跟着公子跑到鲁国去了,怎么,转眼成大官了?""做小买卖都是好的,再前几年,还偷过我家东西呢!也就怪了,这么一个家伙,咋就让主君给看上了?""运气好呗!真他娘的瞎猫碰上死老鼠了!""可不敢乱说,你这是连主君也捎带上啦,叫人听见了,了不得!"

　　管仲眯缝着眼睛,围观路人的话有一搭没一句地跳进耳朵,他并没在意,他的思绪也正和齐桓公前些日子一样,感觉似乎是场美梦,一场过于巧合的美梦。但是管仲没有太多的时间怀疑美梦的真实性,他必须集中精力思索接下来如何应对齐桓公的问话。这关系到他的美梦能否成为现实。如果对答有所闪失,让齐桓公对自己深感失望,那这场美梦很快就会醒来,接着便是最恐怖的噩梦。虽然管仲对自己很有信心,但终究心里不是十分踏实,他极力说服自己心平气和,闭目养神。

　　华丽的马车驶进宫院。齐桓公率领一班大臣,早就等候在这里了。当管仲被卫士搀扶着走下马车时,大臣队伍中发出一片唏嘘声。有不少大臣认出了管仲,一个名不见经传的小人物,流亡多年,早就该死。难道主君闹腾这么大动静,就是为了请来这么一个人物,太夸张了吧?更多的人不认识管仲,他们扳着指头历数各国有名的贤人,却怎么也想不起来还有管仲此人。主君这是怎么了?

　　但齐桓公和管仲一样,对别人的议论充耳不闻,他热情地拉住管仲的手,和他并排走进大殿,让他站在群臣的最前边,这才缓步登上台阶,坐在古朴的几案后边。管仲看见了站在身后的鲍叔牙,他扭过头去,和鲍叔牙的目光相对,两人不约而同地点点头,眼睛里顿时闪烁出泪光。但是管仲知道,此刻不是知己相逢动感情的时候,他有最重要的事情去完成。

　　群臣嗡嗡嘤嘤的议论声还没停息。大家实在感觉太不可思议了,以至于忘记了向主君施礼拜贺。齐桓公也丝毫没有责怪众人的意思,他脸上始终挂着浅浅的微笑。等议论声略微平息下来,他才微微探着身子,仔细看看管仲,轻声说:"诸位,寡人赖祖宗洪福,得以主政齐国。寡人的心愿其实很简单,一是让齐国臣民过上好日子,再者,让齐国独占其他诸侯之上,称霸中原乃至天下,使齐国臣民扬眉吐气。这等简单的心愿,要实现起来,恐怕未必简单。况且齐国历经内乱,人心不稳,元气损耗不少,前路更是坎坷。自古任贤则昌,失贤则亡,能得一贤人,实为齐国臣民之福。管仲大夫胸中深藏治国图霸的大策,寡人希望能当着诸位的面,聆听一二。"

管仲听得很仔细,他知道,决定性的考验到来了。在众目睽睽之下,管仲朝大殿中央走出两步,稳一稳神,声音不高不低地徐徐说:"臣承蒙主君错爱,诚惶诚恐。自古臣子议论国家大事,常常是一言可以兴邦,一言可以丧邦,故此臣不得不冒死直言。如今齐国内乱刚平,百姓思治,而齐国处东海之滨,相对偏远,百姓缺乏教化。所以说,当务之急,是要百姓能够懂得礼义廉耻。只有人人知道廉耻,言行做事才会有所顾忌,国家政令才能顺畅贯彻。但是人毕竟以求生为其第一欲望,所以,只能首先满足他们的生活需求,让百姓很好地生活下去,他们才会欣然遵守礼节。所谓仓廪实而知礼节,衣食足而知荣辱,正是这个意思。故而,齐国要强大,第一要做的,是加强生产,使百姓富裕。否则,一切都是空谈。"

大殿一片寂静,管仲的声音低沉而郑重,在每个角落回响。齐桓公表情严肃地点头表示认可,身子更加前探地问:"那么,齐国强大后,可不可以称霸中原乃至天下?"

"可以,"管仲毫不犹豫地回答,"国家强大,自然可以凌驾于别国之上,这很正常。不过,齐国要称霸,必先顺乎天。臣所说的天,并非头顶上的苍天,苍天笼罩各国,可谓无偏无倚,唯有把我齐国百姓真正看做齐国的天,让他们拥护称霸的事业,使他们帮助主君称霸,如此一来,霸业顺理成章,没有不成的道理。"

话音刚落,不但齐桓公开始欣然点头,两边站立的大臣,原先各怀着不同的心情,此刻也深以为确实如此,这个看上去并不是特别惹眼的人,能说出这一套话来,不简单。然而没等称赞声响起,齐桓公突然冒出来的一句话,让大家着实大吃一惊。

第三章　桓公放手创伟业　管仲理财施奇计

齐桓公脸色欣喜中微微皱起眉头,似乎是沉思了片刻,终于开口说:"管仲,寡人知道,要想使齐国国富民强称霸天下,国君一定要吃苦耐劳,尽心尽力才成。可是寡人有些不好改过的毛病,譬如,寡人喜好美色,贪恋口福,还喜欢和宫中阉侍游乐。你说,这些毛病如果不彻底改掉,是否就不能实现强国称霸的心愿了?"

没等管仲反应过来,众大臣立刻低声议论起来。大家实在不明白,这等拿不到桌面上的话,主君怎么竟然在朝堂上说出来,尤其是当着一个并不知其深浅的人。倘若这个管仲只不过夸夸其谈,而并没有多少真实能力,传扬出去,不是有意给别国以笑柄吗?一片低语声中,鲍叔牙表情严肃,只有他心里明白,主君想要超越其他国君的愿望实在太强烈了,他简直把管仲看成了包治百病的神医,迫不及待地把所有顾虑都摆出来。而鲍叔牙最担心的是,倘若管仲再像自己一样,直言劝谏一番,不管言辞有多好听,也没什么新意,不但起不到什么作用,还会给人一种不过如此的感觉,那样的话,管仲在主君和众人心中的分量,就要轻许多了。

等议论声低下来,管仲在期待、担心和疑虑的眼光中,神态自若地发话了:"主君方才所说的,按照一般大臣的认识,当然是不可原谅的弊病,必须要痛改的。但在管仲看来,这些都不过是小节,小节如何,对大道并无太多影响,只要注意节制,对强国称霸并无害处。"

"啊?"众人全都一愣。一个国君好色贪图享受,竟然还说没有害处,没有害处,当年的商纣王是怎么亡国的!许多人嘴角上撇出冷笑来,什么有大才智的谋臣,不过是个投主君所好的马屁精罢了!

看着众人和齐桓公有些直愣的眼神,管仲微笑着继续说:"其实道理很简单,好色贪图享受者,并非主君一人,试问诸位,谁心中没有这等念头?可见这是人的天性,顺乎天性,并能节制在一定限度内,非但没有什么不好,或许还有益于身心。既然如此,又何必视其为洪水猛兽,苛刻自己呢?"

众人大悟似的"哦"了一声,齐桓公也连连颔首,颇感兴趣地问:"那,什么作为才对霸业有害呢?"

管仲早就想好,不慌不忙地说:"这个道理同样简单。霸业是大事,再大的事,归根结底要人去做。所以,身边没有贤能的人,对霸业有害。而身边有贤能的人却不知道重用,对霸业更加有害。知道重用有贤能的人却不全力信任,对霸业同样有害。信任他却要让心术不正的小人从中参与甚至监督,对霸业完全有害。只要为人君者能克服这些问题,让贤能为我所用,即便自身有这样那样的小毛病,又何愁霸业不成?"

"对呀,对呀!"每一个字似乎都敲打在齐桓公的心坎上,他忍不住高声叫嚷着,带头连拍巴掌。众大臣听得也是十分入耳,尽管仍心存疑惑,毕竟说是一回事,真正见效则是另外一回事。但不管怎样,人家确实说得头头是道,主君已经完全信任了人家,于是大家也都情愿不情愿地跟着连连拍手叫好。鲍叔牙终于彻底放下心来,他在心里冲管仲跷起大拇指:夷吾,好样的,我就知道你不会叫我失望!

齐桓公此刻已经完全没了任何怀疑,他扫视一眼众人,朗声说:"管仲,既然你口口声声提到贤人,那寡人就先从你身上开始,任用并信任你,让你来为寡人治理齐国,怎么样,有没有把握?"话一出口,齐桓公自己都觉得出乎意料。本来他是打算先当众试一试管仲到底是个什么人物,然后再和鲍叔牙、高傒等人商议决定如何使用他的。可是现在自己太激动了,率直随意的性格,让自己完全没有预料地脱口说出这等过于草率的话。如果管仲立刻答应了,那自己该给他个什么职位好呢?

然而没等齐桓公多想,管仲却断然摇头:"多谢主君信任,但管仲不能受命!"

包括鲍叔牙在内,众人又是一愣。不能受命,你大老远地从鲁国让人押解回来,又在这里滔滔不绝费大半天口舌,图个什么?齐桓公立刻把刚才的犹豫抛在脑后,瞪大眼睛问:"为什么?"

管仲一字一顿地说:"不是臣下故弄玄虚,实在是因为自古地位低贱之人如何能管束得了地位高贵之辈?所以说臣并没什么信心。"

"哦!"齐桓公立刻明白过来,管仲这是趁机要官呢,而且听他的意思,还得是大官才成。委任高官并不是件小事,当然要仔细琢磨才行,尤其是像管仲这样并不深知底细的人物。但率性而为的冲动让齐桓公并没考虑这么多,他几乎是立刻接过话头说:"这个不难。寡人现在就宣布,任命你为齐国上卿,位居文武群臣之首!"

这么利落?大家简直有些反应不过来,最该议论的事情,却没有一个人吭声。

管仲却并没显露出更多的表情,他只是轻轻点了点头,又是一字一顿地说:"臣固然地位高了,但还有一个情况。自古贫寒者难以驱使富足之人。臣空有高位,却是家徒四壁,仍会被他人轻视,臣之谋略能否实现,尚存顾虑啊!"

这次连齐桓公身边的竖刁都听出来,他是在要钱呢!齐桓公如同在赌场上押宝一般,没怎么想便粗声大气地说:"这个也好办。寡人这就给你划拨三处封邑,并把齐国今年买卖人交纳的租税全部赏赐于你。如此一来,你的家产堪比朝堂中最富足的大臣。这样,驱使起部众,当然可以理直气壮了。"

哎呀,每个人都惊叹地张大了嘴巴。高傒这些老臣,在朝堂上议了三十年事,唯独这次,让他们大开眼界。

然而管仲却显出从未有过的冷静,他并没有谢恩的表示,而是再次缓慢而坚定地说:"主君要臣下做的,并非守成而是开拓,其间必定是人情资财纠葛如麻,倘若臣下仅仅位高而财多,但主君并非绝对信任,仍不能充分调动整个齐国之力实现目标,臣下只能提前知难而退了。"

什么意思,太过分了吧!众人立刻骚动起来,大家一边感到大开眼界,一边出于很多复杂的心理而气愤不已。一个该死的囚徒,并没做出丁点儿实事,就在朝堂上要这要那,简直是趁火打劫,没有了你,难道齐国臣民就不活了!鲍叔牙站在众人前边,虽然脸上并没流露出多少异样,但他的额头开始冒出一层又一层细汗,他在心里冲管仲叫喊,千万别聪明反被聪明误啊,适可而止吧。主君再好说话,毕竟是有个限度的。

然而更出乎众人意料的事情却发生了。齐桓公只是微微愣怔片刻,随即轻轻拍打一下几案,声音中没有丝毫迟滞:"那好。诸位,寡人记得,先君曾说过,有奇谋的人,常常会有非常之言行。管仲方才三次所请,听上去固然叫人不大舒服,仔细想来,却是施展手脚必须具备的条件。也好,寡人就索性把明君做到底。想当初,周天子武王曾尊寡人先祖姜太公为尚父,从此天下士民百姓世代享有好处。那么,从即日起,寡人就尊管仲为仲父,齐国臣民不得直呼'夷吾'二字,以避仲父之讳。"

"啊?"大家立刻怀疑是不是自己的耳朵出了毛病,现实中绝不可能有这样的事情发生。仲父是什么?是主君的干爹,一个管仲,就这么空口说了一番道理,高官富贵全都有了,这还不算,竟弄到国君干爹的名衔,而且还要避他管仲的讳,从古到今,只有避君王的讳,哪有给臣子避讳的?这,这,实在是惊世骇俗,太过分了!大家面面相觑,良久才爆发出一片惊呼和反对。

齐桓公微笑着摆摆手,叫大家先不要急于发表意见,他知道,一旦大家开口,众说纷纭,局面将无法收拾。而齐桓公更清楚,和其他诸侯国一样,齐国历来奉行世卿世禄的制度,各级官员都由世袭贵族把持,他们好像一道道横亘在宫城门外的高墙,把管仲这样的贤能布衣阻挡在朝堂之外。如果自己不能极力为管仲撑腰,即使管仲有钱财有官位,他的各种设想也会在大家的合力钳制下,寸步难行。于是齐桓公站起身,目光温和而不容置疑地扫视众人一眼,招手冲阶下侍卫说:"立刻整治车马,寡人要与群臣去宗庙!"

这个时候,不年不节的,去宗庙干什么?所有的人都觉得今天太奇怪了。一个张狂疯癫的管仲,把主君也感染得神经兮兮。然而大家只是交头接耳地低声议论,并没人站出来劝阻,主君要去太庙拜祭先人,谁也没有理由不让他去。

大批臣子尾随着,浩浩荡荡,在宗庙大门外停下脚步。有司已经按照吩咐,把猪、牛、羊三样祭品,摆放在贡桌上,这就是所谓的太牢,祭品中规格最高的一种。齐桓公跪拜在香案前,高声祷告说:"先祖在上,臣自继位以来,对强我齐国、富我齐民的重任不敢有须臾忘怀。然欲治国家必先任用贤才,臣赖先祖恩德,得告于先祖。"说着再磕一个头,扭头冲站在门外的管仲叫喊:"夷吾过来,拜谢过寡人先祖。"

管仲赶忙整理一下衣衫,跨进高高的门槛,跪拜在齐桓公身后,连续两次以头磕地,然后退出来。等候在外边的大臣们很快换了个人似的,纷纷上前,簇拥在管仲周围,脸上洋溢着钦佩和崇敬的笑容,拱手向他道贺。鲍叔牙站在人堆的外边,仰天长舒一口气。鲍叔牙知道,齐桓公用这样一个近乎神圣的举动,向每个人展示了他重用管仲的坚定决心,而大臣们也明白并接受了既成的事实,一场旷古未有的君臣合璧就这样完美实现。仰望着蓝天白云,鲍叔牙忽然中气十足地大喊:"有此明君,有此贤臣,我齐国有望啦!"

成为仲父和上卿的管仲在齐桓公强大支持之下,很快便开始了大刀阔斧的革新之路。首先,他从重新制定行政区域入手,理顺朝堂对百姓的控制权力,从各个地方政府再到每个村庄甚至每户人家,都采取一条线的有效管理方式。齐国和其他诸侯国一样,都是按照周朝初年所做的规定,以国都为中心,都城的郊野称为乡,郊外的广大地区称为遂。一般的诸侯国,大致有三个乡和三个遂。管仲认为这样太过简单,也太过笼统,政令执行起来未免难以把握其效果和力度。于是,他在齐桓公的支持下,把齐国重新划分为二十一个乡,每个乡下边增设"轨""里""连"等机构,把三个遂扩展为五个属,每个属下边设置有"邑""卒""乡"和"县"等机构,这样,朝堂中的各种政令发出后,层层有人负责,各级有人把关,就能做到行动迅速,高效简洁。这样的做法,所有诸侯国中从来没人尝试过,可谓是旷古之举。

和其他诸侯国一样,齐国的军队当时也是由地方上大大小小的贵族组织和养活,遇到战事,就由各地的贵族率领手下军队赶来追随国君出征作战。这种制度最大的弊端在于,国家军队其实就是各地贵族的私人家丁,他们高兴的时候怎么都好说,一旦他们不高兴了,不愿意派兵出征,连国君也没什么好办法惩治人家。管仲在完成地方政府改革以后,立刻着手,把各地的军权收归朝堂,每个地方政府都有军队维护秩序,但调动军队的权力归国君。这样,齐国率先有了真正意义上的国家军队,作战能力自然大为提高。

然而,政府机构增多,军队要靠国家养活,这就需要朝堂能有更多的财力来支撑。从哪儿增加收入呢?管仲和齐桓公同时看到了一个滚滚钱财的源头——大海。齐国地处海滨,有着天然的渔业和海盐资源,这是别的诸侯国可望而不可得的地理优势。可是几百年以来,齐国百姓甚至是朝堂上的君臣,很少感受到地理优势给自己带来的好处。最主要的原因在于,这些资源都掌握在当地的贵族手中,他们俨然成了海上霸主,役使百姓为他们捕鱼晒盐,然后囤积居奇,联合起来哄抬物价,弄得齐国人吃盐比别的国家还要多花钱。结果是这些贵族们肥得流油,百姓和国家却没捞到丝毫好处。还有齐国的铜、铁等矿产,也都是这种情况。齐桓公早就想改变这一状况,而管仲恰好与他不谋而合。一系列措施很快出台,齐桓公接连发布命令,施行"官山海"的政策,就是齐国境域内的所有资源属于国家,以后仍由当地百姓负责生产,但必须统一卖给国家,由国家统购统销,收购价格由国家制定,不得私自买卖。此外,管仲还提议设置大型粮仓,储备粮食,调剂丰年和歉收时的粮价波动。这样一来,见效非常明显,齐国在短时间内便财力大增,百姓也富裕了很多。供养军队和政府机构人员,更是不在话下。

同别的国家一样,几百年来,齐国对工商业并不是特别重视,那些士人包括百姓,对从事工商业的人,从骨子里总有一种鄙视的态度,认为这是下等人所做的事情,没多大出息。而管仲却不这样认为,他对齐桓公说,世人总是这么奇怪,大家每日衣食住行,都离不开这些人,却又瞧不起他们,这是毫无道理的,而齐国的强盛,在很大程度上,也正是要靠这些人来实现。管仲详细阐述了自己的想法后,齐桓公点头称是,当即颁布命令,让各行各业的人员集中居住,郊野的五个属,居住农人,负责粮食生产;划分十五个乡集中让士人居住,他们的日子比较悠闲,但必须按时服兵役;另外六个乡中,三个由手工业者集中居住,三个则居住着大小商人,这些人不必服兵役,只要专心搞好自己的事情就行。另外,各类百姓一旦确定了自己的身份,就不能随意流动,也不得转移户籍,还要保证世代都从事同样的事情,子子孙孙不得改行。这样固然引起一些人的不满,但毕竟各类事情都有稳定的人去做了,对齐国整体发展,是个十分有利的条件。

不但如此,管仲还劝说齐桓公再加大照顾工商业的力度,对别的国家来齐国经商人员,只要不违背法律,则减免甚至是免收关税和市场其他税收,对于交易金额比较大的,还给予免费食宿等优惠条件。这在其他诸侯国一味轻视和限制工商业的大背景下,齐国很快便成了商业活动的最佳场所。

一系列政策施行几年之后,齐国上下面貌可谓是焕然一新,天下商贾如同江河归海一般,纷纷聚集到这里,带来廉价的别国特产,把齐国的鱼、盐等产品行销到五岳山川的每个角落。齐国百姓无不从中受惠,家给人足,日子过得热火朝天。齐国都城临淄更是一举成为当时最繁华的大都市,成为各国达官贵人渴望游逛的地方。

而就在国家财力迅速好转的时候,齐桓公已经开始着手另一些在他看来也是同样重要的事情。作为自小就生活在齐国的国君,他非常熟悉齐国的民风民情,齐国由于地处海滨,远离中原,所受教化并不是很多,以至于民风太过开放,男女关系很是混乱,从朝堂大臣到民间百姓,通奸、偷情、休妻私奔等情形十分常见。这样不但让别的国家瞧不起,更造成许多斗殴和凶杀事件,对齐国人口生育也带来不利的影响。为此,齐桓公专门制定了一条法令,规定男子若休妻超过三次,则无论何种理由,都要重重责罚,把他驱逐出齐国,永远不得回来。同样,如果女子不管理由是否正当,只要改嫁超过三次,则由地方官府送到国家粮仓无偿舂米,以示责罚。这种法令真是闻所未闻,但施行起来,效果却很好,尤其是那些游手好闲之徒收敛了许多,社会秩序很快稳定下来,人口也迅速增加了不少。

但效果的好坏都是从地方官员的奏报中间接知道的,齐桓公并不特别放心。有一次齐桓公让管仲陪着,到郊外随意看看,想了解一下齐国的变化之大是否真如那帮官员所说。他们一行人悠悠荡荡,对所看到的情形还算满意。当看到官道上行人如织,大车小辆的货物来往不绝,再看看各村庄百姓安居乐业,齐桓公简直有些飘飘然了。他看看管仲,虽然彼此都没说话,但得意之情却心照不宣。不过,当齐桓公深入到村庄中,却发现了另外一个意想不到的问题。他看到,在村庄街道上,隔三差五就有几个老头破衣烂衫,蜷缩在墙根,面黄肌瘦的,十分可怜。齐桓公大动恻隐之心的同时,也十分疑惑,他忍不住走上前,冲几个老头拱手问:"老丈,看情形你们过得不是太好。听说现在百姓们日子都富裕了,怎么,莫非是儿女们不孝敬你们?"

几个老头抬起糊满眼屎的眼,有气无力地看看这个穿着一般却气派不俗的人,其中一个叹口气说:"儿女不孝敬,也比没有强哪!我们这些老兄弟,一辈子连个媳妇都没混上,哪里有什么儿女?唉,白活一世啊!"

齐桓公愈发奇怪,凑近一点说:"那……为什么年轻时不娶妻成家呢?莫非忙于经商发财,给耽误了?"

几个老头相互看看,觉得这个人问话太过奇怪,好像不是吃人间烟火长大的。"老弟这话我们就不懂了。谁不想娶妻成家,发财发得能耽误娶媳妇,只怕世上还没这种人,人家都是发财发得娶很多媳妇呢!我们这些老弟兄都是年轻时家境贫寒,世上又是男多女少,加上有人一辈子娶好几个媳妇,结果,我们就一个也捞不上,到老了受冻挨饿没人照顾,唉,可怜哪!再看看村里这些没媳妇的年轻人,将来也会和我们一样,唉,没办法啊!"

齐桓公总算听明白了,他心中大为诧异。他以前从没想过会有人娶不上媳妇,他只知道百姓们不能和自己一样同时拥有那么多佳丽,却不曾想到有人连一个也弄不到。齐桓公没有说话,歉疚似地拱一拱手走开了。

回到宫中,齐桓公立刻下令,宫中女子,凡是未曾被自己宠幸过的,一律送回原籍,任由嫁娶。另外,齐桓公还让人发布一道命令,但凡齐国男子,二十岁之前必须娶妻,女子十五岁之前必须出嫁,否则就治其父母的罪!齐桓公的意思很明显,就是要施加压力,让那些家有闺女的人没太多时间挑拣,以便使家境贫寒些的男子也照样能娶上媳妇。而事实上,整个齐国的婚嫁风俗也正是有了这样的改变。

除了移风易俗之外,齐桓公还做了另一个让各国诸侯瞠目的事情,那就是放权,大限度地放权!权力最先放给的,当然是仲父管仲。齐桓公曾不止一次对大臣们说:"仲父命寡人东,寡人东;令寡人西,寡人西。仲父之命于寡人,寡人怎么敢有不听从的?"这话听上去不但别的诸侯感觉不可思议,就是齐国大臣,也觉得国君是不是太没主见了,这样下去,岂不是明目张胆地要培育出一个难以驾驭的权臣?可是不管别人怎么议论和劝谏,齐桓公却始终不为所动。不单是给管仲放权,齐桓公还大张旗鼓地四处招贤纳士。最初他采用"庭燎待士"的办法,在宗庙中修筑高台,在高台上点燃巨大的火炬,他自己则每夜静坐在火炬旁边,等待贤能之士来投奔。然而一直庭燎了将近一年,却并没有什么贤能人士前来主动投靠,这让齐桓公很是郁闷,他觉得自己实在是已经做得够多了,他几乎产生要放弃的想法。就在这时,有个居住在齐国东部偏远地方的普通百姓远道而来,见面就对齐桓公说:"主君,小人并非贤人,只不过略通一些算术,希望能为主君效力。"

尽管向来自认为耐性很高,齐桓公还是忍不住阴沉了脸,强压住怒火说:"先生大老远地来开什么玩笑!寡人朝堂中再缺乏人才,记账的人还是绰绰有余!寡人念在你并无恶意的份上,不治你的罪,去府库领点盘缠回去吧!"

不料,那个人却不依不饶,反而更加有底气地提高声音说:"小人知道主君会误以为小人在无理取闹。其实不然,小人之所以不远千里而来,是听说主君求贤若渴,而等待一年却未能如愿。小人想,为什么主君未能如愿呢?是天下贤能之人不了解主君是否真的诚心求贤,他们唯恐货到地头死,来到齐国后不能像主君许诺的那样施展才华。小人没有什么才能,就来为天下贤人以身试验。若是主君能重用小人,那么,其他真正有才能的人自然就会彻底放心,到那时,齐国还怕缺乏人才吗?"

咦,这个道理怎么没想到呢?齐桓公眼睛一亮,立刻喜笑颜开。他立刻传下命令,加封这个人为粮仓记账总管,并划拨几户人家的税收作为他的额外收益。消息传出,真如这个人所说的,各国那些在某方面有能力的人,纷纷涌向临淄,求见齐桓公。一时间,各种事务都有了相应的人员去管理,上下机构井然有序,办事效率大为提高。另外,齐桓公还时常出去寻访贤人,遇到有见解的人物,总要邀其到朝堂担任官职。除去这些办法,齐桓公另定有"三选之法",先由各乡乡长上报本乡才俊人选,派这些人去朝廷各级部门做些实际事情,然后由该部门的官员对每个人的能力表现记录成册,上报给国君,再由国君根据这些记录当面询问,感觉确实有才能的,就可以担任官职。"三选之法"的好处在于,为齐国稳定而源源不断地提供了办事人才。

不但求于朝堂之外,朝堂原有的大臣,齐桓公也根据各自的特长,很快做出安排。他任命上卿管仲为太宰,全面负责国家事务;任命鲍叔牙为司空,来辅佐帮助管仲;任命大夫隰朋为大行,负责外交礼宾等事务;任命大夫宁戚为司田,处理经济方面的事情;任命王子城父为大司马,掌管军事。其他众多大臣,也都各有分工。由于齐桓公对每个人都有比较客观的认识,大家可以说各得其所,做起事情来不但轻车熟路,而且心情愉快,非常融洽。鲍叔牙很快建立起一套官员考核制度,规定乡、县等机构的官员要每年来一次都城述职,根据实际情况来决定提拔、留用或者罢官问罪。这样,无形中给他们施加了压力,处理地方事务时大都公正清廉。宁戚担任司田之后,改变了齐国所惯用的井田制,施行均田制,把各种土地划分给百姓,统一收取地租,这样,农人就是完全在为自己劳作,多劳多得,大家耕作的积极性得到前所未有的发挥。王子城父掌管军事之后,亲自负责操练军队,特别注重作战技能的训练,几年之后,齐国军队被别国称之为"技击",意思是各军凭借技能来作战,并非完全靠蛮力,作战力量居于中原各国之首。

几年的努力没有白费,当齐国一片欣欣向荣,众大臣向齐桓公齐声道贺的时候,齐桓公微笑着对大家说:"当初诸位反对寡人任用仲父之时,寡人就预料到了今日。寡人其实并无什么过人韬略,只不过有两点可以称道之处。其一是忍耐,隐忍不发,以观其变;其二是观人,寡人自信看人的能力不差,并且,不但看,而且用,大胆地用。除此之外,寡人其实无所作为呀!"

众人一片啧啧,每个人都在心里说,作为国君,有了这两样好处,还需要有别的本事吗?

感觉内政外交均已达到火候的齐桓公,终于按捺不住勃发的雄心,他认为,称霸中原乃至天下的时机,已经成熟。谁是第一个对手呢?齐桓公很自然地把目光投向旁边的鲁国。鲁国不仅是大国,更是与周天子关系非常密切的一个国家,鲁国的先祖周公旦,既是周王家族成员,又辅佐天子有大功,正因如此,鲁国在各诸侯国中的地位就比较特殊,有着非同一般的威望。如果能把鲁国征服,以后的称霸道路就会顺畅许多。况且,当年鲁国力图把公子纠送回来夺取自己的国君位子,这也是一个绝好的报复机会。

于是,齐桓公厉兵秣马,雄心勃勃,对鲁国发动大规模的进攻。关于这次征战,其实许多人并不赞成,包括管仲和鲍叔牙。他们认为,目前齐国的发展只是刚刚起步,实力或许要比鲁国强些,但仍呈势均力敌之势。目前进攻鲁国,即使能取胜,也要付出相当沉重的代价,说不定还会遏制住齐国良好的发展势头,得不偿失。然而头脑已经发热的齐桓公并不以为然。他觉得齐国其实已经远远超越了其他国家,其他国家有大海吗?有这么多鱼盐铜铁吗?没有,他们不过是依靠耕种几亩薄地,靠天吃饭。对付这样的国家,实力上应该没什么问题了,不必再继续忍耐等待下去了。更何况,齐桓公更急于检验一下这几年辛苦努力的收获。

在这种心态的支配下,齐桓公迅速集结军队,由鲍叔牙担任主将,两军相遇在鲁国境内一个叫做长勺的地方。鲁庄公知道齐国这几年发生的巨大变化,他早就深感忧虑和威胁。所以,对这次作战格外重视,不但亲自出征,还破格让一个并没什么官职的士人曹刿来指导作战。曹刿在民间享有贤能的名声,经常发表一些高谈阔论,很多官员都听说过此人,鲁庄公决心起用这个人来试一试,希望奇人真的能产生奇效。

或许是齐桓公尚且需要继续磨砺,上天有意让他头脑清醒一些,鲁庄公这次大胆任用新人,果然给了齐国当头一棒。两军在长勺对阵,齐军士气高昂,最先敲响战鼓,发起冲锋。而和鲁庄公站在一辆战车上的曹刿,却丝毫不为所动,他喝令鲁军坚守阵地,不要慌乱。齐军冲锋到半路,见对方丝毫没有要拼杀的意思,只是盾牌林立,拉弓上箭,如同壁垒一般,顿时有些踌躇。鲍叔牙见状,知道冲过去也占不到什么便宜,反倒是有劲没处使,白白折损兵力,只好叫喊着命令撤回来。

稍加整顿,齐军再次擂响战鼓,齐军呐喊着再次冲向阵地对面的鲁军。曹刿站在战车上,手搭凉棚仔细观察片刻,挥手喝令鲁军,继续严阵以待,不得随便乱动!齐军叫喊着冲到跟前,又如同苍蝇碰到墙壁上一般,在鲍叔牙命令下,快快地退了回去。退回到队列中的齐军一个个不耐烦地直嘟囔:这打的是什么仗,鲁国他奶奶的,搞什么鬼把戏!要打就痛痛快快地打杀一场,要是害怕,就乖乖地过来投降,这他奶奶的,跟木头人似的,打没法打,有劲使不出来,算怎么回事嘛!

鲍叔牙也有些着急,这种阵势,他也没遇到过。但是既然已经列队开始交锋了,总要有个结果才成。如果此时撤退,鲁军很可能趁机掩杀,到时候吃亏的可就是自己了。对,他们肯定就是这样打算的。哼,一定要趁热打铁,把鲁军的阵列给冲散!鲍叔牙连忙喝令,重新整顿队列,击鼓冲锋!

然而刚才连续两次无功而返,齐军已经泄气大半,大家懒洋洋地拎起戈矛,连鼓声也击打得有气无力。在鲍叔牙的接连催促下,齐军总算慢腾腾地迈开脚步,向对方逼近。这边的曹刿翘首张望,早把对面的情形看在眼里,他忽然拔起战车上的大旗,拼命挥舞着大喊:"齐国无缘无故侵犯我边境,欺人太甚!使劲擂鼓,冲啊!"

面对齐军三次冲锋,都不允许有所反应,鲁军早就憋不住了,如同笼中的野兽,已经开始骚动不安。闻听命令,号令兵咬牙切齿地狠命敲击战鼓,咚咚的声音震天作响,震荡得大家血脉贲张,纷纷情不自禁地呐喊着:"冲啊,杀死齐人!"猛虎下山一般漫过田野直扑过来。

疲疲沓沓、牢骚满腹的齐军正半是跑半是走地来到战阵中央,做梦也没想到鲁军竟然在这个时候发威,大家一愣神的瞬间,已经被汹涌而来的鲁军所吞没。不等齐军完全回过神来,刀剑戈矛的锋刃已经深深刺进他们的胸膛。这场战斗并不算激烈,齐军根本没机会展开有效的反击。但战场的情形却相当惨烈,齐军横尸遍野,到处都是滚落的脑袋和凌乱散落的胳膊、大腿,鲜血把田野染成了深红色。

狼狈逃窜的鲍叔牙率领残兵败将,直到深入齐国境内数十里,才摆脱鲁军的追击,有了歇息的机会。这次战败,让齐桓公最初感觉有些不可思议。齐国不是空前强大了吗,齐国的军队不是训练有素、作战技能最为高超了吗?怎么会这么轻易就战败呢?但齐桓公还不能怀疑主将的作战能力,当初自己刚即位的时候,就是鲍叔牙率领军队,打败了鲁庄公,可见鲍叔牙领兵是没任何问题的。那么,问题出在哪儿呢?

战败带给齐国的阴影许久没有散去。等到慢慢冷静下来,齐桓公才有心思想起战前管仲和鲍叔牙等人的分析。是啊,看来自己确实是高估了齐国的发展水平和速度。出类拔萃?目前只能算是略微出类,还未达到十分拔萃啊!

原来要实现梦想的道路这么长,比自己预料的要长出许多,接连几天,齐桓公心中都是闷闷不乐。也就是在这个时候,管仲的一个绝妙计划,让齐桓公看到了另一个出路,原来,实现梦想的道路不止一条,有的走起来确实漫长,而你还有挑选捷径的机会。

那天,齐桓公记得,天气十分晴好,和煦的阳光透过开着的窗扇,温水般浸泡着自己,暖洋洋地忍不住连打两个寒战。后妃们都到后院赏花游玩去了,是自己特意打发她们去的,一天到晚被莺声燕语缠绕着,自己需要清净片刻。竖刁脚步轻轻地走进来。几年过去,这个乖巧的男孩已经变成一个英俊潇洒的少年,虽然他的乖巧和伶俐没太大变化,或许比以前还要讨人喜欢,但毕竟,他不是小孩子了,他的乖巧也已经不知不觉地变作了体贴。按照惯例,宫中的小童年龄大了就要出宫,给点钱财打发回家。但这个竖刁却很特别,就在准备打发他回家的头一天,他竟然自己把自己给阉割了,哭着说舍不得离开这里,更舍不得离开主君,只要能在主君跟前,他什么都愿意舍弃,包括自己的身体和性命。齐桓公大为感动,当即安排让他养好身体后继续留在身边,并且,两人之间的感情,因为这一番表白,也更近了一层。竖刁小心翼翼地走过来,站在齐桓公身边,耳语似地说:"主君,恭喜主君。"

齐桓公一愣,瓮声瓮气地问:"恭喜什么,喜从何来?"

"主君,小人方才为主君探听到二喜。"竖刁弓腰贴在齐桓公耳畔,轻声慢语地说,"小人知道主君喜欢美味,可惜宫内厨师手艺不够高明,每每令主君失望。小人多方打探,结识了一个叫易牙的人,此人厨艺天下难寻,他做的饭菜的滋味,品尝起来飘飘欲仙,却说不出到底好在哪里。听说,许多人为了能品尝易牙亲手调制的汤菜,不惜倾家荡产。若是主君能将他召进宫里效力,一定会让主君大饱人间美味。"

"噢,有这么神奇?"齐桓公颇感兴趣地斜眼看看竖刁,"情况是否属实,还是乡野百姓以讹传讹?你尝过他做的饭菜?"

"没有,没有,"竖刁慌忙摆动着双手,"主君未尝,小人哪敢抢先。小人只是听说而已。不过,小人想,让他试试也无伤大雅,若确实名副其实,就留下他,若徒有虚名,赶走也就是了。"

齐桓公点点头:"那好,你就安排他进宫为寡人施展一下他的本领。"忽然想起来又问:"你不是说二喜吗,还有什么喜事?"

"管大人刚才进到前殿,说有事情想禀奏主君,吩咐小人过来告诉主君。小人看他脸上有掩饰不住的欢喜,想必是有好消息。"竖刁语气中也透出欢喜。

"混账!"齐桓公腾地跳起来,"仲父已经在前殿等着了,还绕这么多弯子才告诉寡人,若耽搁了军国大事,寡人饶不了你!"说着大踏步走出门去。留下竖刁满脸通红地冲着他的背影直撇嘴。

不过,齐桓公的气恼很快就消散了。管仲的确带来一个好消息,一个天大的好消息。或许怕触动齐桓公最敏感的神经,长勺战败之后,管仲还没有正面提及这方面的事情。而这次,管仲把长勺失败直截了当地提出来,并且告诉齐桓公,他已经有了更好的办法,绝对会兵不血刃地扭转局面,让称霸的愿望尽早实现。面对齐桓公的怀疑,管仲扳着指头说:"主君,我齐国有海滨之利,有铜铁优势,却没能很好地发挥出其威力,正如走进宝山,空手而回,可惜啊!臣想,如今天下兵器都用青铜铸就,各国农具均由生铁打造,而铜和铁大部分来自我齐国,而铜铁作坊都由国家把握,如果我们把铜铁价格提升一些,齐国的财力岂不数倍增加？再如,我齐国盛产海盐,盐这东西非比他物,看起来用量不大,但家家都用,每日不可或缺,加起来数目极为可观。臣算过,如今齐国人口大约五十万户,二百多万人口,那么照此类推,各诸侯国人口加起来,不下两千万,就算有一半人使用我齐国的海盐,盐价只要略微提升一点,各国百姓还在丝毫没有觉察之际,我齐国的财力就又增长一倍！"

齐桓公倒吸一口凉气,眼睛瞪着管仲许久没有眨动。是啊,整日这样算计,那样算计,原来就坐在宝山当中,真是把宝玉当石头给浪费了！

见齐桓公瞠目结舌的神情,管仲又说出一个更让齐桓公心动的话题:"主君,有道是衣是人之威,钱是人之胆。只要我齐国财力极大丰厚,百姓深受实惠,到时候只怕不需要动用兵器,各国就会自动拜倒在主君脚下,有个别不识时务的,既可以使用武力征讨,更可以用财物施压,根据情况采取具体对策,我们就始终站在主动位置,胜券自然也就稳操在我们手中。"

齐桓公连连点头:"仲父所说的句句敲打在寡人心头,所谓不战而屈人之兵,正是这个意思呀！寡人一时高估自己而盲目用兵,致使千百将士枉死沙场,想起来就懊悔不已。唉,悔不早听到仲父今日之良言呐！"

管仲脸色微微一红,低声说:"主君不必过于自责,臣虽然早有这方面的打算,但具体思路其实也是近几日才明晰起来。另外,臣以为,要在鲁国身上挽回颓局,眼下就有个绝好的机会,可以小试不战而屈人之兵的好办法。"

齐桓公似乎明白了一些什么,不动声色地听管仲说下去。

"主君知道,目前天下各国均靠种田为生,所谓强国,无外乎良田肥美,百姓可以收获更多粮食而已,鲁国便是典型例子。不过,鲁国养蚕丝织也很兴盛,许多百姓依赖织绨过活。我们何不倡导整个齐国臣民百姓大力购买鲁国的绨料衣服,让鲁国认为这是个极佳的赚钱机会？"

齐桓公一愣,然而片刻间就回过神来,他带着几分惊喜和将信将疑的口气反问:"你是说……"

管仲含笑重重地点一点头。

从那次谈话之后,齐国很快出现一个令人感到十分奇怪的现象。齐桓公除了喜欢美色、美食之外,又忽然增添了一样新的喜好,那就是喜欢穿着绨料衣服,并且只穿鲁国织造的绨料。而管仲竟然也毫无根据地模仿起来,他们君臣不仅相互推波助澜,而且让手下办差人员包括家丁仆役都穿鲁国所产的绨料衣物。更奇怪的是,向来以性格刚正、敢于直谏而出名的鲍叔牙,这次也附和着国君,全家上下穿戴起鲁国的绨料衣物来。齐国臣民向来喜欢跟风,大家以追随朝堂大员们的穿戴为风尚,这次他们最崇敬的国君和管仲、鲍叔牙等人统一穿着,不用说,这样穿衣打扮肯定是最好的。于是大家迅速掀起一股潮流,无论男女老幼,人人以穿鲁国织造的绨料衣服为荣。这样一来,齐国对鲁国的丝织品需求量无比巨大,由于货物紧缺,价格自然也是节节攀升。巨额的利润如同一条无形的鞭子,驱使着鲁国百姓纷纷开始从事养蚕缫丝纺织。仅仅不到一年的时间,绝大多数农人放弃了地里的庄稼,要么把良田改造成桑树林,要么举家迁移到城里,开办缫丝纺织作坊。如洪水一般流进鲁国的金钱,让鲁庄公和他的大臣简直是大喜过望,他们不知道齐国到底着了什么魔,会对绨料衣服如此感兴趣,但知道不知道无关紧要,只要有钱赚,大家当然顾不上考虑那么多。

这种畸形状态,连齐国许多大臣和有识百姓也看不下去了。他们通过各种方式提醒齐桓公和管仲,希望朝廷能及时刹住这股子风气,以免齐国太多的钱财流入鲁国。鲁国富裕了,齐国就会相对贫穷,两国的国力就会发生扭转。但是这么简单明了的道理,却没能引起齐桓公的注意,连大家认为精明如神灵的管仲,也丝毫没有警觉的意思。于是大家连连摇头叹息,太不正常了,齐国怕是要完蛋了!

鲁国把齐国作为丝织品倾销地的情况一直持续了一年多。在这一年多里,齐国满眼都是绨料丝织品,而鲁国更是发生了巨大的变化,原先一望无际的庄稼不见了,取而代之的是无垠的桑树林,村庄里家家养蚕,城市中到处都是织造作坊,官道上运送货物的马车络绎不绝,大车扬起的灰尘遮天蔽日。每个人都在拼命忙碌,大家都知道,若是抓不住这个发财的大好机会,不但自己会后悔终生,只怕儿女们的唾沫也得把自己给淹死。没了庄稼,不产粮食,这个并不要紧,反正手里有的是钱,可以从齐国买粮食,非常划算。

就在一年以后的麦收季节前夕,管仲匆忙到宫里求见齐桓公,两人悄悄低语了很长时间,然后,一个惊人的命令从齐桓公嘴里发布出来。

第四章　尊王初显奇效　攘夷乍遇凶险

第二天一大早,朝会上的齐桓公出乎大臣意料地穿了一身齐国帛布衣服。这种帛布是齐国的特产,经济实惠,但已经有一年多没人再穿过了。在朝会上,齐桓公先是命令大臣回家后即刻换上本国产的帛布衣服,接着诏令全国,鉴于国家资金流失过于严重,从即日起,任何人不得再穿绨料衣服,尤其是鲁国产的绨料,违反者视同叛国!同时又宣布,不再和鲁国进行什么交易,既不再买他们的丝织物,也不再卖给他们粮食,违令者,也视同叛国!叛国可不是小罪名,要掉脑袋的。诏令发布后,举国大哗,有感觉过于突然的,也有为新买的衣服不能穿出去而惋惜的,但更多的士人百姓认为这是个好事情,早就该这样了,不能再把大量钱财让鲁国人赚去了。

好在穿衣并不是什么要命的大事,大家议论一通,理解不理解的也就过去了。齐国重新回到原先的模样,好像看了一出大戏,热闹热闹,戏散后该怎么过还怎么过。

但是鲁国却远没这么轻松,他们在这出大戏中陷得太深,热闹得过了头,想恢复原状已经不那么容易了。绨料卖不出去,堆积如山成了废物,城里的所有织造作坊全部倒闭,从村庄举家迁移到城里的农人,立刻成了没有任何收入的流浪汉。而村庄里的农人也同样不好过,他们田地里的桑树和家里养的蚕,成了他们心里说不出的痛。好在一年多里赚了不少积蓄,从钱数上说还足以养家糊口。但令他们没想到的是,齐国竟然全面断绝了和鲁国的贸易来往,给钱也不卖给他们粮食了!这才是最令鲁国臣民惶恐的事情,鲁国周边都是些小国,粮食能自给自足已经不错了,根本指望不上。只有宋国还算大些,但也只能卖出很少量的小麦和谷物,根本无济于事。而庄稼又不同于别的东西,不是说造就能造出来的,至少得等上一年,可这一年怎么能挨得过去?

在双重挤压之下,鲁国顿时如同天塌地陷,饥饿的百姓们比当初赶着发财还要疯狂。最初是抢购粮食,把剩存的一点粮食抬高到一千钱一升,比几个月前暴涨了一百多倍!然而随着这点粮食很快消耗完,花再多的钱也没有地方去买了。大家开始发疯般地挖野菜、剥树皮,很快,鲁国开始饿殍遍地,大批为了活命而不顾一切的百姓,冒着被杀头的危险,流窜到齐国,给齐国人做奴仆,只求混口吃喝。

这种情况延续了将近一年,鲁国城乡一片荒芜,大量饿死的尸体没人掩埋,发出冲天恶臭。有至少一半的鲁国百姓流亡到齐国沦为奴隶。鲁庄公终于挺不住了,他无可奈何地低下高贵的头颅,向齐桓公认错并表示臣服,只求齐国能施舍丁点粮食,让鲁国免于亡国灭种的噩运。

"主君,所谓得物为胜,得币为亏,就是这个意思。齐国成就霸业,其实并非要完全依靠兵力,多种途径并用,其实更简捷得多。"当齐桓公拿出鲁庄公语气可怜巴巴的书信让管仲看时,管仲难以掩饰心中的喜悦,快言快语地说。

齐桓公若有所思地笑笑,他的眼前闪现出一条光彩夺目的大道,那是众多诸侯们都渴望踏上的称霸之路。

正所谓好事成双,齐桓公还没有完全从这场特殊胜利的喜悦中走出来,或许为了表示臣服的诚意,鲁庄公利用自己和周天子的特殊渊源,给齐桓公说成了一门亲事,周天子庄王答应把女儿王姬下嫁给齐桓公。虽说如今诸侯并立,周天子已经没有周朝最初的威严和权势,但毕竟从名义上,诸侯都是天子的臣子,所以说,这是一场非常划算、对齐桓公非常有利的联姻,对抬高齐国的地位,有着不可估量的作用。况且,王姬的容貌姣美,是少有的绝色佳人。更为绝妙的是,出于对新兴强国的逢迎,徐国、蔡国和卫国等诸侯也各自送来自己的女儿,作为周王公主陪嫁的媵妾。望着一大群各色佳丽,掐指算来,自己已经成了各诸侯中拥有妻妾人数最多的一个,这简直让齐桓公自得之余有些喜出望外了。

上天似乎是有意凑趣。称霸大业的曙光刚刚出现的时候,地位高贵的美人主动送上门来,喜好品尝美味的齐桓公,也终于品尝到人间滋味最美的佳肴。

上次竖刁在齐桓公跟前引荐了那个叫易牙的厨师后,很快便把他领进宫里。易牙个头不高,胖胖墩墩,一副憨厚模样,开始并未引起齐桓公的特别注意。竖刁巧舌如簧地把易牙的高超本领详细讲述一番,说他天生一根好舌头,即使把淄水和渑水混合在一起,他也能品尝出哪一滴是淄水、哪一滴是渑水,有了这样的舌头,任何美味都不会让他错过。对于竖刁的热心吹捧,齐桓公只是很大度地笑笑,他觉得竖刁说得实在太过夸张,一定是收了易牙的什么好处,只能当一个笑话来听罢了。

然而当易牙把他进宫后做的第一道菜品捧到齐桓公面前,齐桓公愣住了。他一向自诩为最在意吃喝的国君,天下的山珍海味几乎已经全部品尝过,但今天易牙捧到眼前的菜,他却是见所未见,菜肴散发出的气味,也是他闻所未闻的。带着满腹狐疑,齐桓公夹起一块来放在嘴里慢慢咀嚼,一股鲜嫩的清香穿过嗓子眼,弥漫在脑际和胸中,简直如同畅游在一条清澈的小溪中,说不上来的轻快和愉悦。天下真有如此美食,能达到如此融化身心的效果?齐桓公几乎怀疑自己是在做梦,他迷离着眼睛看看易牙,这个貌不惊人的中年汉子,不可思议呀!

"你,是用什么做的这道菜?"齐桓公简直有些口齿不清了。

"主君,"易牙已经看出了齐桓公的满意,他更有信心地躬身回答,"小人知道主君品味高雅,故此特意做出这道鱼腹藏鲜。北人以羊为嫩,而南人则以鳖为鲜,小人于是把羊和鳖仔细加工,各取其鲜和其嫩,再加上从带雪的山尖采集地衣,以其寒气把鲜嫩固定住,然后采用从南方常年炎热的树林所产十余种嫩芽,以其热气把鲜嫩散发开。所有工序准备完毕后,要经过七天腌渍、三天调汤、两天蒸煮,方做成这道菜品。此菜汇集南北至嫩至鲜,而且腥膻杂味全部消除,可谓是天下鲜嫩集于一身。"

齐桓公目瞪口呆。就在刚才,他还以为做饭是件很简单的事情,即便是做出美味佳肴，也不过是调料放的比较齐全，恰到好处而已。没想到，易牙做菜竟做到这个地步，不简单，实在不简单！齐桓公甚至一闪念地觉得，就凭能尝到这口菜肴，当一回国君也值得了。

从此以后，易牙在宫里的地位，很快和竖刁一样坚不可摧，深受齐桓公的宠信。而易牙也不负期望，每天换着花样，把天上飞的、地上爬的、水里游的加之各种树木花草，统统收纳到厨房里做成菜肴，让齐桓公大快朵颐更大开眼界。齐桓公常常自负地想，自从易牙来到宫里，自己真的可以算是当之无愧的美食君王了。

万事顺风顺水、身心俱泰的齐桓公，虽然日子逍遥得意，但他始终没停止过捕捉称霸中原当霸主的机会。而机会，也很快如愿来到了。

宋国地处中原地区的中心地带，和齐国相隔一个鲁国，距离不远也不近，许多年来彼此一直相安无事。就在半年多前，因为一点小矛盾，宋国由猛将南宫长万带兵讨伐鲁国，结果大败而归，南宫长万也被俘虏，随后又释放送回宋国。南宫长万心怀羞耻，而宋国国君宋闵公却没注意到这点，经常借这个话头来取笑南宫长万。南宫长万一怒之下，竟然杀掉宋闵公，另立公子游为国君。宋闵公的其他公子不服气，向曹国借兵攻打叛军，南宫长万战败，仅做了几天国君的公子游被杀，南宫长万则被剁成肉酱，让大臣们分着吃掉了。接替国君位子的是公子御说，他就是宋桓公。

宋国这个内部混乱，让一直想登上霸主位子的齐桓公敏锐地感觉到，这是个可以大做文章的事件。他决定，要趁此机会牵头召开一个诸侯大会，一方面当众确立宋桓公的君主地位，另一方面号召各诸侯加强内政管理，免得再出现类似混乱。几经筹划，齐桓公终于在齐国境内的杏林布置好盟誓场所，派使臣到各国去送信，希望他们能按时来参加。

对于这次盟会，齐桓公格外雄心勃勃。他相信，凭借如今齐国的强大国力，任何一个诸侯不会不给面子。只要大家参加了盟会，也就相当于承认了自己的盟主地位，那样，梦寐以求的称霸中原，不就实现了吗？

可是实际情况却往往出乎意料，这次盟会当头给齐桓公泼了一瓢冰凉的水。

满怀期待中,终于迎来杏林盟会。意气风发的齐桓公带着管仲等人,早早来到盟誓会场。从清晨一直等到黄昏,陆续来到的,除了这次盟会的主角宋桓公以外,只有陈国、蔡国和邾国三个又小又弱的诸侯国国君。像卫国和郑国等有一定实力的国家,本来向使臣答应好了,现在却没有丝毫解释,并未前来。甚至连一度臣服过自己的鲁国,也不见踪影。

齐桓公的脸色渐渐阴沉下来,又逐渐变作黑紫色。宋桓公有求于这次盟会,神色倒也平常。其他三个小国的国君默默无言,越发让这次盟会显得尴尬与可怜。

可是不管怎么窝火,既然是盟会,表面文章却不能不做。强压怒火的齐桓公,在众人瞩目下,登上高高的祭台,台上已经提前挖好了一个方形的大坑,坑边捆绑着牛、马和羊三样祭祀品,称之为牺牲,专供祭祀神灵使用。盟誓的一般程序为,先把这些牺牲给杀掉放血,所放的血要保存在碗里头,用来写盟约,称之为"血盟"。而盟主则负责割下牛的耳朵,称作"执牛耳",以表示自己的地位高过其他参加盟誓的诸侯。齐桓公站在高台上,缓缓割下牛的耳朵,放在玉质的托盘里。司礼官员捧上用祭品的血写成的盟约,献给各国国君每人一份,大家认真看过,然后取过旁边托盘里的牛血,涂抹在嘴唇上,表示同意。作为盟主的齐桓公,则带领大家大声宣读一遍盟书上的内容,这就是所谓的"歃血为盟"。

所有这些程序进行完毕,侍卫们便把作为牺牲的祭品推到大坑中,齐桓公恭敬地把盟书正本,即最初写在玉石上的那份,放在祭品上边,他们手中拿的,则是誊抄的副本。放好之后,再扔进去几块玉石,就可以填土掩埋了。各国国君所拿的盟书副本,带回国后要存放在宗庙里边,表示恭敬和信守。

由于是对着神灵盟誓,盟会的气氛总是格外庄严肃穆。然而齐桓公心里清楚,这次盟会的庄严和肃穆全是装出来的。三个小国处于逢迎来捧捧场自不必说,就是最为受益的宋桓公,看上去不但有些漫不经心,而且还有几分愤愤不平之意。齐桓公嘴上不说,心里已经是懊恼至极,他感觉自己实在是主动给天下诸侯表演了一场笑话。

盟誓之后,大家在杏林安顿住下,相约第二天再认真讨论今后的发展大计。这也是盟会的一个必要程序。可是就是这个程序,简直让齐桓公气炸了肺。

第二天一早,齐桓公沐浴过后,穿戴整齐,坐在大帐篷下,思量着该如何挽回一些面子和颓局。片刻工夫,陈国、蔡国和邾国的三位国君按时来到会场,只等宋桓公来到后就可以开始了。可是就在这个时候,管仲神情异样地走进来,在齐桓公耳根低语一阵,齐桓公脸色刷地黑了下来,嘴角哆嗦着几乎说不出话来。

原来,昨天的盟誓上,宋桓公也感觉极为不舒服。他在观看齐桓公动手割牛耳时忍不住酸溜溜地想,他娘的,谁规定由你来当盟主?按照周天子分封的公、侯、伯、子、男五个爵位,我宋国国君是公爵,而你齐国国君只不过是个侯爵,按说执牛耳的应当是寡人才对,你凭什么要超越寡人,这不是明摆着欺负我宋国,要给寡人难堪吗?他越想越感觉自己埋怨得有理,怎么也咽不下这口气,竟然在当天夜里带领大臣溜走,偷跑回宋国去了。

这还了得?这还像个盟会吗!如同有人当众给了自己一记响亮耳光,齐桓公也终于把持不住,他腾地跳起身,一脚踢翻了几案,挥舞着双手大叫:"宋国向来打着仁义道德旗号,其实狗屁不如!他们知恩不报,还能算是人吗?"说着盯住其他三个国君:"你们立刻回国带领军队,随寡人征讨宋国!"

面对一波比一波尴尬的场面,三个小国的国君惊恐而无奈,他们面面相觑,却没一个人说话。

不过,齐桓公气势汹汹地要征讨宋国,却受到管仲的极力反对。他的理由很好理解,宋国和齐国之间隔着个鲁国,讨伐取得胜利也得不到什么实惠,长途奔袭万一失利,那齐国就真威严扫地了。再说,这次盟会本来就打着帮助宋国的旗号,盟会刚一结束就开始攻打宋国,这岂不让诸侯们更看了笑话?先前的努力也就付之东流了。

这个道理齐桓公不是不明白,他只是太憋屈了,若没个发泄的地方,几乎要把他给憋死。所以他坚持要讨伐宋国。还是管仲给他找到一条发泄的渠道,既然非要打,那就干脆讨伐鲁国!讨伐鲁国的理由很充分,鲁庄公答应参加盟会却又失约，对齐国是大不敬。再者，鲁国是大国，同齐国接壤，又是周天子的尊亲，地位显赫，征服了鲁国，不但能夺取大片土地，更能起到杀一儆百的作用，称霸之途就会平坦许多。

说干就干，齐桓公已经迫不及待了。这年夏天，齐桓公亲自率兵，首先占领鲁国的附庸国遂国，先对鲁国提出一个警告。而鲁国并未被齐桓公的气势所吓倒，鲁庄公仍想继续上次曹刿作战的辉煌。这次他派大将曹沫领兵，前去攻打驻扎在遂国的齐军。然而鲁庄公并没想到，时隔这么多年，如今的齐国，已经不再是齐桓公刚刚继位时的齐国了，齐鲁两国的实力已经拉开了距离。不管主观臆想怎样，实力总是不会撒谎，这次争夺遂国的征战中，鲁军三战三败，齐军乘胜追击，一直攻打到鲁国都城曲阜城下。血腥和铁硬的事实让鲁庄公不得不再次屈服，他低头承认错误，表示愿意割让土地，永远臣服齐国，并主动提出在柯邑会盟，签订协议，承认齐桓公盟主的地位，以对神灵发誓的形式来求和。

这次意想不到的胜利和收获，让齐桓公惊喜莫名，先前的懊恼一扫而光。可是他做梦也没想到，如此一场风风光光的盟会，竟让他经历了一场生死交错的游戏。

和上次一样，在众人的仰视下，齐桓公登上高高的祭坛，割下牛耳，然后与鲁庄公手捧用牛血写成的盟约，正要高声宣读，站在台下的鲁国大将曹沫忽然施展身手，纵身跳上高台，以迅雷不及掩耳之势，刷地从腰间拉出一柄短刀，猛扑向齐桓公。齐桓公身旁的两名卫士见状，慌忙上前阻拦，然而他们毕竟不是曹沫的对手，刀光闪动间鲜血喷溅，两名卫士悄无声息地倒在齐桓公脚下。众人还没明白过来怎么回事，曹沫已经飞身闪到齐桓公跟前，闪闪的短刀横架在他的脖颈上。

台下立刻大哗，齐国的将领们赶忙操起矛戈，准备冲上去。附近的士兵立刻拉弓上箭，瞄准台上。站在齐桓公身边的鲁庄公也是愣怔片刻才明白发生了什么，他跳着脚大喊："曹沫，你干什么！快放下，寡人恕你无罪！快呀！"

可是曹沫好像没听见一样，圆睁着暴凸的眼睛，脖子上青筋绷起老高，他声嘶力竭地大声吆喝："都给我站好，谁也不要动！谁要动一动，我就和齐君同归于尽,看谁敢承担弑君的罪名!"

这话具有无比的威慑力,大家立刻泥塑般呆立住。整个会场寂静无声,只有曹沫站在风中衣袂飘摇,威严得如同天神下凡。齐桓公想不到会出现这种局面,一度他绝望地想,碰到这等粗鲁的亡命之徒,怕是没指望了。怕死之余,他更多的是可惜,未完全实现的霸业,宫里的如云佳丽,层出不穷的美味佳肴,难道就这样再也无福消受了?

刀刃的寒气直透入骨髓,让齐桓公感到眩晕。然而很快,他就清醒过来。他看到,祭台下一望无际到处都是齐国的军队,戈矛尖端发出青色冷光,在阳光中淡定从容。齐桓公立刻意识到,曹沫虽然鲁莽,但鲁庄公够精明,如果自己受到伤害,他们一个也走不脱。固然曹沫敢于和自己同归于尽,但鲁庄公就没那么有气魄了,毕竟,他和自己一样,值得留恋的东西太多。

想清楚了这个道理,齐桓公体内的活力渐渐聚集,许多念头在脑子里开始盘旋。他低声说:"曹沫,你到底想干什么?都是大丈夫,有话放在明处!"

"哼,把事情做在明处才是真正的大丈夫!"曹沫丝毫不敢放松警惕,把刀刃在齐桓公喉咙处压一压,声调悲壮,"齐国如今自恃强大,就忘了邻邦过去的好处,没有多大的矛盾却横加侵凌,齐国军队屯军在曲阜城外五十里处,我鲁国行将不国,如此屈辱,哪里还有什么脸面活着回去见鲁国乡亲父老!"

曹沫的话语虽然凶狠,但齐桓公心里却猛然一阵宽松,他知道自己这次是有惊无险了。他已经听出了曹沫话语中的妥协,不过是想利用这个方式来迫使自己撤兵并归还他们的土地罢了。既然这样,不用讨价还价,赶紧摆脱目前窘境为上,答应他们!于是齐桓公微微一笑:"曹将军忠勇果敢,勇气可嘉呀!寡人就喜欢将军这种性格,来,寡人这就与将军歃血为盟,即日撤军,归还鲁国的土地和臣民,齐鲁疆域保持原状。"说着摆摆手示意曹沫让短刀离开自己稍远一点,然后弯腰从桌案上拿起两块玉片,用笔蘸着祭品身上未干的血,三下两下写成两份盟约,一片递给曹沫:"曹将军,放下兵刃,寡人单独与将军盟誓!"

曹沫瞪大眼珠子看看齐桓公，将信将疑。一旁的鲁庄公已经迫不及待地叫喊："曹沫，得放手时须放手，切莫得意过头！齐君既然已经答应和你盟誓，当然不会加害于你，赶快谢过这等殊荣！"

鲁庄公半是教训半是提醒，曹沫立刻扔掉手中的短刀，恭恭敬敬把玉片捧在手里，和齐桓公并排站在供桌前，大声把撤兵并归还土地的承诺宣读一遍，再把写着盟约的玉片放在祭品身上。然后曹沫正身潇洒地抱拳谢恩，退回到自己原来的位置上，脸色平静，好像什么也没发生过。台下气愤异常的齐军将领手握兵刃，一副就要冲上来替国君出气的神情。但齐桓公神色也显得十分自若，和鲁庄公谈笑自如，只是用严厉的眼神看看台下，制止住将领们的冲动。

这次惊险的要挟成了盟会上的一个小插曲，并没影响到盟会的整体效果。盟会之后，齐桓公车驾刚回到临淄，大臣们纷纷面奏说，既然曹沫对主君如此不敬，其手段十分恶劣，盟过誓也可以不遵守，不但不归还他们的土地，还可以继续进攻鲁国的都城，强迫鲁庄公把曹沫交出来，碎尸万段，给主君解气！

大家说得慷慨激昂，齐桓公也颇为心动。不过，管仲及时提醒他打消了这个念头。管仲说："齐国的目标不是一个鲁国，而是整个中原乃至天下。所以说，固然曹沫有犯上之举，但主君既然答应了就不能负约，更不能对其打击报复。曹沫只是要保卫鲁国，而主君要做天下的霸主，不可同日而语。"

尽管明白了这个道理，齐桓公心里仍不大舒服。不过，齐桓公隐忍的性格优势很快占了上风，他大度地接受了管仲的奏谏，几日内从鲁国撤回全部军队，并把占领的四百里鲁国土地悉数归还，干净利落地履行了盟约。果然，正如管仲所预见的那样，消息传出，各诸侯国大为震惊。无论是国君之间，还是臣民百姓，大家纷纷议论着这样一个显而易见的道理，鲁国对齐国反复无常，齐国征讨也很正常，曹沫当众要挟，已属大逆不道，把鲁国和曹沫说成齐君的仇敌丝毫不为过。但齐君却把这些都一笔带过，很诚恳地践行盟约，实在太大度了，这是何等的胸襟！像这样有气魄的君王，对待仇敌尚且如此，更何况是友邦？看来天下的希望在齐国呀！齐桓公的威名在天下诸侯之间迅速传播开来，成为天下士民的向往。

齐桓公终于眉开眼笑了。他获得的，比起失去的那点土地，强出了百倍。更何况，他从上次杏林会盟和这次讨伐鲁国的事件中，悟出了一个关键的道理：要想从真正意义上征服中原各国，必须要做到"尊王"。周天子虽然已经没有能力控制各诸侯国，但从名义上讲，大家都是周王室的臣子，周王室头上的光环，还是足以让每个国君不敢过于出格。只要打起周天子的旗号，再加上齐国强大的国力，那才真正是无坚不摧。

想通了这个道理，在接下来教训宋国的征讨中，就顺畅许多。杏林盟会，宋国赚得好处却又不辞而别，实在让自己太折损面子，教训一下也不过分。但这次齐桓公乖巧了许多，他并没急于行动，而是先亲自到洛邑的周天子周僖王那里，禀奏宋桓公的种种无礼行为，表示希望能举齐国兵力，让宋桓公明白自己的错误，请天子同意他的这次征讨。对于齐桓公的奏请，周僖王简直有些受宠若惊，又惊又喜，心绪格外复杂。自从周王室被迫东迁到中原腹地，所控制领土范围大大减小，实力已经削弱到仅相当于一个小诸侯国。手中没了兵和钱，臣子百姓们对他们的天子早已是另眼相看，天子已经成了摆设。诸侯国之间每年发生多少战事，有几个跟自己打过招呼？现在齐桓公千里迢迢跑来向自己奏请，不管是真情还是假意，都值得大力表彰啊！于是，周僖王不但立刻诏令天下，批准齐君的讨伐，还特意派大臣单伯率领一支为数不多的军队，参与作战，以壮声威。

果然，有了周天子授命这顶大帽子，各诸侯国对齐国更是服帖，纷纷派军队来捧场参战。浩浩荡荡的大军还没进入到宋国境内，宋桓公已经被这声势所震慑，忙不迭地出境相迎，痛心疾首承认错误，信誓旦旦地表示再不敢做出任何无礼的事情，要永远尊奉齐桓公盟主之位。站在鲁国和宋国的边境线上，齐桓公拉住宋桓公的手，格外宽容地对他好言安抚，这更让宋桓公感激涕零，连连发誓要誓死保卫齐桓公的霸主地位，表示今后有胆敢与齐国作对的，宋国一定会把他作为自己的仇敌，首先向他发难。

这是一次非常成功的讨伐，真正做到了不战而屈人之兵。齐桓公心里清楚，这次征讨之所以如此成功，还是尊王的效果。花了这么多年的时间，终于摸索到钳制对手的法宝，不容易啊！不过，齐桓公高兴地预见到，今后的称霸道路，已经变作通天坦途。

事实也印证了他的预想。第二年春天，在周僖王大力支持下，齐桓公召集各路诸侯，在鄄这个地方举行会盟。会盟盛况空前，不但各国的国君按时赶来，连周王室也派大夫单伯作为代表来参加这次盛会。这次会盟气氛友好，小国的国君自不必说，宋国、卫国、郑国、鲁国等老牌大国，也都心服口服地承认了齐桓公的霸主地位。这次会盟以后，齐国正式走到了诸侯的前列，齐桓公经过这么多年的努力，也终于实现了梦寐以求的心愿。而对于整个中原的形势而言，齐桓公的崛起，也起到平息矛盾、减少摩擦的作用，对各国百姓带来的好处，如同清水浸润，虽然不动声色，却收益无穷。

不过，权重者忧深，利大者责大，霸主的道路并不总是风光和荣耀的，在大大小小的诸侯国面前，注定要承担起更多的责任。齐桓公坐稳了霸主宝座后，不但要忙于调节各国之间的大小矛盾，更有一个潜在的威胁，需要他出头消弭，而完成这个任务，其艰险程度，超出了齐桓公的想象，甚至让他九死一生。

齐桓公二十二年，一直盘踞在北方的山戎大举侵犯燕国，中原各国的形势骤然紧张。这些剽悍凶猛的胡人，长期以来就是各诸侯国的心腹大患。当年周天子就是被犬戎从丰镐驱赶到现在的洛邑，使周王室从此一蹶不振，沦落到今天的地步。后来犬戎衰落，代之而起的是现如今的山戎，他们同样剽悍凶残，他们频繁入侵靠近北方的燕国、曹国、鲁国等，齐国也偶尔受其侵扰。他们所到之处，房屋被烧，财物被抢，男子惨遭杀戮，女子被掳掠而去，场面往往惨不忍睹。不过，山戎快刀快马，来去如风，他们的侵略大多是小规模临时性的，大家纵然头疼，却并没影响整个大局。这么多年，也就将就忍耐下来。可是这次不同，山戎出动前所未有的庞大兵力，似乎要下决心吞并燕国了。燕国国君燕庄公亲自率兵迎战,却不是人家的对手,节节败退,眼看都城就要落入敌手。要是都城陷落,那百姓可就要遭大殃啦!燕国也就距离亡国灭种不远了。而山戎的触角深入到中原,对于每一个诸侯国来讲,都实在是个凶多吉少的征兆。

在这种形势下,大家自然而然地把目光转向齐国,转向齐桓公。齐桓公自然明白这一点,他踌躇不已,如果出兵救燕,一则距离遥远,行军难度很大;再者山戎强悍并且作战方式和诸侯各国明显不同,能有多大取胜把握呢?巨大的难题横亘在面前,而就在这时,燕国的紧急求援书也快马加鞭地送到齐桓公的几案上。

怎么办?齐桓公眉头紧锁,犹豫不定。管仲悄无声息地来到跟前,他看了一眼桌上的书信,轻声说:"当年主君坚定奉行尊王策略,霸业问题迎刃而解。可见道路不管多远,方向是其关键。方向对了,到达目标只是个时间问题。为了争取霸业,主君奉行尊王,如今为了维护霸业,主君理当攘夷。"

"攘夷?"齐桓公一愣,喃喃自语,"尊王,攘夷。"随即霍然站起身,"对,寡人尊王赢得诸侯信赖,如今要通过攘夷,来维护诸侯安定,为天下百姓谋取更多的福利!"

一番紧张的准备之后,齐军在万众瞩目之下,向着遥远的北方进发了。北进的道路艰险崎岖,齐桓公和管仲等大臣将领,经历饥渴颠簸,终于来到燕国都城临易。他们顾不上歇息整修,立刻投入到拯救燕国的战斗中。齐军虽然千里行军劳顿不堪,但他们有笨重而坚固的战车,有抵挡兵刃的铠甲,和阵容散乱而赤身露体的山戎比起来,更能抵挡击打,更有进攻的冲力。经过激烈而短暂的拼杀,山戎很快就吃了大亏,他们逃窜到道路崎岖的崇山峻岭中。这里才是他们施展手段的最佳场所。

齐军大获全胜,燕国也暂时没了倾覆的危险。然而难题再次摆在齐桓公眼前。接下来怎么办?山戎已经逃到山里,似乎达到了解救的目的。但谁都知道,山戎的实力并没受到太大损伤,只要齐军一撤退,他们很快就会卷土重来,而燕国倾覆的命运,只不过延迟了几天而已。

那么，这次远征的意义，究竟有多大呢？难道仅仅只是掩人耳目做做样子？可是要彻底剪除山戎，似乎又并不是那么容易。他们快马如风，在山岭中来去自如，一旦齐军进入到他们的地盘，很可能如同猛虎进入深潭，凶险莫测呀！为了遥远的燕国冒这个险，值得吗？

"齐君……"燕庄公似乎看出了齐桓公的顾虑，他抖动嘴唇，却不知道该怎么说。毕竟，人家能千里迢迢来解围，已经不错了，再有其他要求，似乎说不过去。

从燕庄公期盼的眼神中，齐桓公忽然看到了霸主的责任，他头脑中闪过两个字：攘夷！是啊，和尊王一样，攘夷既是解救燕国，又何尝不是解救和成全自己？

"仲父，传寡人之命，齐军休整三日，继续北征，一日不彻底剿除山戎，寡人一日不从燕国后撤！"

"齐君！"不等管仲答应，燕庄公上前一步，抓住齐桓公双手，两眼热泪盈眶，嘴唇哆嗦得更加厉害，"齐君大恩大德，燕国何以为报？唯有心中时时记念，永奉齐君为燕国臣民之再生父母，以供齐君驱使！"

齐桓公轻轻拍拍燕庄公的肩膀："燕君说的哪里话？山戎祸害中原，已经是各国仇敌，寡人也是为齐国免去后患嘛！"

"那，燕军愿做先锋，为齐君开路！"燕庄公感激涕零，实在不知该如何表达心意。

齐桓公大度地笑了："不必。山戎退去，燕君应当抓紧安抚百姓，让那些流离失所的难民有吃有住。然后可以整顿兵力，加固边境各处防线，以防万一。"

"齐君！"燕庄公抓住齐桓公的手，使劲攥住，眼泪打湿了前襟。齐桓公知道，虽然还未和山戎交锋，但自己已经取得了决定性的胜利。

北进的道路越来越崎岖，但是齐军的斗志很旺盛，他们很快找到山戎的老巢令支城。山戎不曾提防齐军敢深入到这里，并且速度如此之快。双方在令支城下仓促接战，山戎依旧难敌这支人数庞大、训练有素而且各式装备齐全的齐军，这次山戎伤亡更大，残兵在首领密卢的率领下，仓皇继续向北逃窜。齐军则毫不放松地紧紧追击。一直追赶到山戎另一个部族聚居地孤竹国。

孤竹国是商代的一个封国，商末时候孤竹国国君的长子和次子分别是伯夷和叔齐，而孤竹国出名也正出在这两人身上。孤竹国国君本来是把君位传给叔齐，但老国君去世后，叔齐坚决要把位子让给哥哥伯夷。伯夷谨遵父命，坚决不肯接受，最后选择出走来逃避。叔齐见状，竟然也放弃了君位，出走去寻找哥哥伯夷。后来商代被周朝取而代之，两人坚决维护商代臣子的身份，发誓不为周朝效力，不但在首阳山隐居起来，更以吃周朝的粮食为耻辱，最后饿死在那里。两人也就成为忠义和兄弟敦睦的象征，为历代后人所称颂。可是他们的孤竹国却因为没有国君治理，而很快被山戎所占领，成了胡人的老巢。

不过齐桓公此刻无暇欣赏孤竹国的遗风，他神经紧绷，时刻关注着周围的动静。随着北进的路途不断拉长，这里的地理状况和中原越来越不同，满眼都是黄沙和枯草，天气冷热无常，白天热得浑身冒汗，夜晚却冷得睡不成觉。而且，这里的风出奇地大而凌厉，如同一把大手狠命撕扯着天地间的一切。如此诡异的情形，让齐桓公和管仲等人不得不格外提高警惕。他们小心翼翼地攻击着山戎兵马，步步进逼到孤竹国城下。

攻城作战是中原军队的长项，齐军更是如此，他们动用各种攻城器械，乱箭齐发，大块的石头抛向空中，落在城中，许多人立刻死于非命。接着齐军架起云梯向城头攀爬，点燃火堆焚烧城门。孤竹国的山戎从没见过这等打法，他们很快乱了阵脚。孤竹国国君答里呵知道不能再坚持下去，他灵机一动，也模仿中原人惯于用计的办法，和大将黄花商议出一条毒计，只要得手，一定能把齐军全部斩尽杀绝！

第二天蒙蒙亮时分，齐桓公刚要下令继续攻城，卫士们簇拥着一个大汉走进大帐。齐桓公抬眼看去，这汉子人高马大，胡子拉碴，满脸掩饰不住的凶相，身穿战袍，分明是个胡人，怀中抱着一个大盒子，不知里边装的是什么东西。

"主君，这人自称是孤竹国大将，是来投诚的，再三要见主君。"

领班卫士禀报说。

齐桓公点点头，再次打量这个来路不明的胡人将领。

"大王，在下名叫黄花，是孤竹国国君手下第一大将。密卢逃窜到我孤竹国，在下极力劝说国君不要收留他，可国君就是不听。昨天一整天的攻城，我孤竹国军民死伤无数，实在叫人心痛。在下言辞激烈地要求献出密卢，和大王讲和。不料答里呵非但不听，还把在下痛打一通。在下实在气愤不过，就趁机杀掉密卢，逃出城外，向大王投降。只要大王保证不乱杀无辜百姓，在下愿意引导大军彻底铲除密卢和答里呵的所有兵力！"黄花说着掀起衣服让大家看，果然有许多棍棒新伤，又把怀中大盒子放在地上，掀开盖子，里边是个血淋淋的人头，齐桓公叫来曾和密卢交过锋的将领辨认，还真是密卢的首级。而派出去打探情况的士兵也回来说，孤竹国都城已经是空城一座，里边的人马和大部分百姓不知什么时候悄悄溜走了。

"怎么样？"齐桓公看看旁边的管仲。

管仲神色凝重，若有所思地摇摇头："黄花是孤竹国第一大将，似乎不该和国君反目。可是他杀掉重要的同伙密卢，又似乎像是真的。主君可以试探着相信他，但要加倍小心。"

齐桓公点点头，转过脸对黄花说："你有这等去恶向善的心意，寡人很是欣慰。那么，答里呵如今在什么地方？"

黄花神态自若地拱手回答："大王，答里呵知道守不住城池，昨天夜里已经带着人马，从一处隐秘出口悄悄溜走了。从这里向东北走五十多里，有个叫绿原的地方，那里水草丰美，是我们的宝地。他定然是跑到那里躲避起来了。那个地方非常隐秘，外人根本寻不到，所以每逢战乱，大家都去那里藏身。若是大王愿意，在下乐意带路，彻底为大王去除后患！"

这个建议相当诱人，齐桓公压抑住心头的隐隐不祥，还是很痛快地答应了。恰好燕庄公率部赶到，齐桓公就让他驻守孤竹国都城，齐军明日一早进军绿原。

黄花在前边带路，齐桓公和管仲、鲍叔牙、王子城父等文臣武将，率领三军将士，心怀忐忑地向东北方向进发。绕过孤竹国都城，再往前走出二三十里，大家发现，道路越来越崎岖难行，周围的景色也愈发显得荒凉。原先还零星有几户人家，现在却满眼黄沙和蒿草，风吹起沙粒打在脸上，生疼生疼，别说人影，连只飞鸟的影子都看不到。齐桓公满腹狐疑更加强烈，他有好几次想停下来，但彻底铲除山戎的强烈愿望又让他好几次话到嘴边，又咽了回去。他看看旁边的管仲和鲍叔牙等人，个个也是神情凝重，看来大家心里都很不踏实。在荒漠中整整走了一天，血红的残阳渐渐隐没在漫天飞沙当中，天色昏暗下来。齐桓公弄不清楚距离那个所谓的绿原到底还有多远，派去到队伍前边询问黄花的将士许久也没回来。君臣匆匆商议一下，只好下令，就地搭起帐篷歇宿一夜，具体行动，等明天看情形再定。

　　队伍的情形不容乐观，白天在阳光的炙烤下，大家燥热不堪，临出发时，并没带过多的衣物。可是这个夜晚却非常特别。太阳刚刚褪去全部光芒，大漠陷入一片苍茫黑暗之中，气温就刷地骤降下来。身上的汗还没完全消尽，就开始结成薄冰，冷得直打寒战。甚至是刚才脚下还滚烫的沙子，没多大工夫，竟然冰凉起来，叫人站不得又躺不成。身上单薄的衣衫和没有差不多，如同三九天光着膀子。大家顾不上疲惫，龇牙咧嘴蹦跳个不停。齐桓公的情况略好一些，有毛毡大帐抵御狂风，还不至于跳脚取暖，但也冻得够呛。他把管仲和鲍叔牙等人叫到自己帐篷中，大家点起火堆团团围坐，靠不断啜饮温热的酒来取暖。每个人虽然嘴上不说，但心底的疑团越来越大，这么一个怪异的地方，会有水草丰美之处？

　　难耐的一夜总算过去。当朝霞从云层中探出头来的时候，大军已经草草吃过早饭，整队等候出发。齐桓公从帐篷中钻出来，眼前的情形让他吃惊地呆住。

第五章 轰轰烈烈占尽风光 凄凄惨惨空留长恨

昨天行军到这里，已经天色昏黑，没看清楚周围情况。现在放眼望去，四周滚滚黄沙，似乎荡漾在黄色海水中央。天地在四面八方融为一个整体，叫人分辨不清东南西北。这哪里是绿原，分明进入到沙漠中心地带！齐桓公心头一紧，刚要说话，远处有个身影跌跌撞撞地滚爬过来，一头栽倒在齐桓公脚下。低头仔细一看，是昨天派到队伍前锋询问黄花的士兵。

"主君……可把你们找到啦，"那兵士浑身灰土，好像刚从沙堆底下钻出来，他颤抖着干裂的嘴角，"黄花是个骗子，他已经逃走啦。主君，我们被引到绝地了……"

"啊！"尽管早有预感，但齐桓公仍趔趄一下才稳住脚步。管仲就站在旁边，他浑身激灵抖动一下，在齐桓公耳旁低声说："主君，臣也想起来了。古书曾说，孤竹国东北有个地方叫旱海，旱海方圆千里都是一望无际的大沙漠，这里寸草不生，飞鸟走兽全无，一年四季无论春夏秋冬，白天都是黄沙滚烫，足以把生灵给烤熟，而夜晚则奇冷无比，冷气能透过骨髓把活物给冻透。在这种地方，即便再强壮的汉子，暴冷暴热，不出两天也会被折磨致死。加之没有丝毫水源，更是坚持不了多久。"

"那……赶紧撤军？"齐桓公嘴角抽动，说话的声音有些奇怪。

管仲苦笑一下："一入大漠，如同孤帆漂入汪洋，根本辨不清方向。主君看看，这里远近丝毫没有差别，不知道何处是来路，越是盲目乱走,可能距离出路越远,最后力竭而亡。眼下最好的做法,是原地不动,然后再想求生的办法。"

齐桓公没说什么,动就是找死,不动就是等死,还有什么好说的?他的心随着黄沙温度的骤然升高,冰冷到了极点。不知为什么,他忽然想起许久以前,曹沫把短刀架到自己脖子上的情形,如果说那次所谓的死里逃生还是人谋,这次真正就是天算了。唉,人谋人,谋不死;天算人,必算死啊!齐桓公在心底万分懊悔,实在不该逞强,辛苦半生争得的霸业,就这样悄无声息埋葬在这鬼地方,死不甘心呐!

但他的脸色依旧平静,在万目注视下,他不敢有丝毫的流露。齐桓公知道,只要自己的真实想法让大家看出一丁点,后果和眼前的旱海一样可怕。他只是淡淡地吩咐下去,各队到帐篷中躲避阳光,何时行军,听候命令。

看着众兵士无精打采地蜷缩进帐篷中,在脚下黄沙的炙烤下,个个龇牙咧嘴,齐桓公阴沉着脸色,任凭汗水流进嘴角,苦涩味道灌注到心里。随着太阳的渐渐升高,燥热越来越让人难耐。偏偏今天没有丝毫的风,整个兵营真正成了煎饼鏊子,要把这成千上万的壮汉们活活烘烤成肉干。

怎么办呢?怎么办?齐桓公终于沉不住气了,凝视着远处有些晃动的沙丘,他仰天长叹:"可惜寡人南征北战,创下盖世霸业,却要埋骨黄沙!上天,寡人何罪,将士何辜,竟要这样死掉!"

"主君,主君千万注意。"管仲陪着站在身旁,脸色被晒得通红,焦急地提醒他,"主君是三军心底最后一口气息,这点气息只要尚在,就有生还希望。如果提前就没了底气,那就必然是死无葬身之地了!"

齐桓公不置可否地摇了摇头,颓然又叹口气。各兵营中尖叫和呻吟声不断传出,大家实在受不了浑身上下的灼痛。齐桓公清楚,只要尖叫和呻吟渐渐低沉下去,大家也就渐渐变作肉干了。连营帐旁边的战马,也开始从最初的略显急躁变得狂暴不安,有的使劲撕扯缰绳,有的沙哑地仰天长啸,更多的则实在坚持不住,扑通跌倒在沙丘中,四蹄扑腾着,再也爬不起来。死亡的气息逐渐弥漫开来。齐桓公的心紧紧收缩，绝望和恐惧让他使劲咽着唾沫，但嗓子眼干燥得如同这黄沙，每吞咽一下，没有半点湿气而喉咙生疼。他感觉自己的意识在逐渐模糊，或许这些年太累了，该好好歇息歇息了。寻求解脱的感觉渐渐占据上风，齐桓公惊恐地知道，这是死亡来临的征兆，但他毫无办法地沉沦下去。

"主君，有了，主君！"管仲忽然大呼小叫，把齐桓公从迷离状态拉了回来，他指点着那些摇摇欲坠的战马，嗓音沙哑，"主君，上古时的典籍中有记载说，任何活物都有灵性，只不过特色不同而已，狗能记住三千里往返的道路，猫能记住五千里往返的路途。书中虽然没提到马，但臣想来，马更是通灵，比起狗和猫来，应当有过之而无不及。加上这些战马有很多是从山戎手里夺过来的，更应当能记住返回去的路。臣方才见有些山戎的马匹频频翘首嘶鸣，急于挣脱缰绳，必然是急着回去。不如放开它们，跟随在其后，或许能走出死地。"

对于这个办法，齐桓公并没抱太大的希望。毕竟，把性命寄托在几匹战马身上，总是无奈之举。但也没别的出路，总比等死要强。

那几匹从山戎手里俘获过来的战马，被解脱缰绳后，立刻振作起来，先是仰天嘶鸣几声，摇头摆尾地观察四周情形片刻，便不约而同地向着同一个方向走去。齐桓公眼睛一亮，或许真的有希望！他立刻命令全军将士，紧紧跟在马匹后边，大家前后不许拉出三尺距离，以免走散。求生的欲望让这些快要处于半昏迷的军汉挣扎着打起精神，加快脚步丝毫不敢懈怠。那几匹战马在茫茫沙海中忽而向左，继而向右，有时还站住脚停顿片刻，似是辨认方向又像是在回忆来时的路径。就这样时快时慢，从早上一直走到午后。太阳刚刚偏离天顶，又开始起风了，狂风卷起黄沙，遮天蔽日，拍打在脸上，眼睛都很难睁开。齐桓公发现，不管怎么走，这些马总能不约而同选择同一个方向，这让他平添了许多信心，他慌忙命人到队伍中传令，大家要相互拉扯住，不得随意丢下任何一个人，更不得停脚歇息，就是相互拖拽，也得跟上！

马匹显然也累到了极限，它们迎着肆虐的风沙，拼命仰头观察前方，趔趄着身子，艰难地挪动。又是一个多时辰过去，许多士兵开始出现晕厥现象，不得不依靠同伴的搀扶甚至是连滚带爬。而齐桓公也感觉体内仅有的一点气息正慢慢消散殆尽，身体越来越空荡荡的像是一副躯壳。照这样走下去，还不如死掉了更轻松。这个念头闪过，齐桓公吓了一大跳，他使劲扑棱一下脑袋，努力让自己清醒过来。齐桓公知道，这一定是此刻大多数人的感觉，他忽然在漫天风沙的呼啸中高声吟唱起来："黄鹄，黄鹄，敛其翼，缚其足，不飞不鸣兮笼中伏。高天变狭窄，大地成浅薄。引颈长鸣兮，继之以号哭！"

这正是当年管仲为躲避追杀，死中求生所唱过的歌，歌声沙哑悲壮，顺风传出很远。后边的大臣和兵将们也跟着哼唱起来，脚步无形中轻快许多。一遍又一遍地吟唱中，忽然有人发疯般地大喊："天爷，天爷呀，我们得救啦！"

被吓了一大跳的人们循声望去，立刻一起疯狂起来，他们跳起老高，欢呼着连滚带爬，连哭带笑，个个疯癫不堪。本以为再也见不到的树木河水，现在不就在眼前了吗！死里逃生的人们已经不在乎尊卑，也没了什么礼节，大家围在齐桓公和管仲等人周围，尽情畅饮着河水，喝得肚子圆滚滚的，又互相泼水嬉戏降温。齐桓公被大家的情绪所感染，竟然也小孩般地和王子城父等大将相互往身上撩水，直弄得浑身湿透才算罢休。齐桓公挥舞着滴水的袖子，眉飞色舞地冲管仲大声喊叫："仲父，此番磨难并不多余。没有死过，活得太久了就感觉不出活着的好处。死过又活过来，真是感觉天地从来没有过的宽敞，真好呀！"他的话逗得管仲和鲍叔牙几乎是捧腹大笑。齐桓公接着又传令，对这些有功的战马，要专门派人喂养，不准骑坐和鞭打，任其老死后厚葬立碑，以示感念。如此宽厚人性的举动，让大家无不大受感染，士气立刻振作许多。

大军就在沙漠边上的河流旁驻扎下来。经过一夜的休整，吃饱喝足，众人重新恢复了劲头，黎明时分，趁着天气凉爽，直奔孤竹国都城方向。齐桓公打算先到那里和燕庄公会合，然后再想办法寻找答里呵藏身的老巢。沿小路走到树林尽头时，齐桓公发现，那边的大路上行走着数不清的百姓,都是胡人装扮,有的扶老携幼,有的挑担推车,绵延有十几里地长。派人脱去军装,上前打听才知道,孤竹国国君答里呵把齐军调开后,又一举打败燕军,收回都城。答里呵告诉百姓,齐国军队全部丧命在旱海了,大家可以重新回来居住,等休养几天,再出动军队去抢夺燕国的财物分发给大家。

"主君,这个答里呵太可恶了,臣这就带兵杀到城下,活捉了他,千刀万剐给主君泄愤!"王子城父忍不住愤怒,哇哇大叫着喊道。

齐桓公却显得格外沉静,他和管仲对视一眼,彼此心照不宣。管仲沉吟着说:"答里呵已经占据城池,强攻必然造成很大伤亡。既然他以为咱们已经丧命,岂不是个很好的机会?主君,将错就错如何?"

"对,寡人就给答里呵来个半夜鬼敲门!"齐桓公呵呵笑着,冲王子城父点点头,"听仲父的安排,不动声色地要了答里呵的狗命!"

按照管仲的安排,大队人马在树林里歇息待命,一部分人则在王子城父的带领下,脱掉军装,换上百姓的衣服,弄几辆破车,推着混进城内。半夜时分,树林中的齐军趁着夜色掩护,悄悄逼近城下。城中的王子城父估计时候差不多了,便指挥手下四处放火,又迅疾赶到城门下,杀掉守门士卒,打开城门迎接齐军。就这样里应外合,并没费多大的劲,答里呵和他的部属便在美梦中死伤殆尽,其余少数乖乖做了俘虏。事后清点战果,答里呵已经死在乱军中。齐桓公念及他毕竟是一方豪杰,愤恨之余,还是命令答里呵的臣子,将其厚葬在城外。

九死一生的攘夷终于圆满合上了帷幕,燕国从此再没了后顾之忧。燕庄公的感激之情溢于言表,而齐桓公宣布说,山戎剿灭后,他们的地盘,大约五百里的地方,无条件送给燕国治理,这就更让燕庄公惊喜而涕零了。齐军凯旋之际,燕庄公送了一程又一程,感激仰慕发誓要追随等话语说了一遍又一遍。齐桓公再三劝慰,要他回去好好治理燕国,训练军队抵御胡人的骚扰,做好中原诸侯的屏障。直到第三天,燕庄公才终于满含热泪地依依话别,掉转马头准备回去。可是齐桓公却忽然想起什么,他满脸严肃地说:"这里已经深入到齐国国境五十里地,按照周天子定下的规矩,诸侯国国君相送,不得超越自己的国境。

你如今已经违背了祖训，这可如何是好？"

燕庄公也想起来，确实有过这么一个规矩。不过，他并不特别在意，那都是多少年前的老皇历了，如今诸侯国之间纵横捭阖，逢迎往来，有几个严格遵守这规矩的？齐桓公似乎看出了他的心思，接着话头说："以往确实有人不把周天子的规矩放在心上。如今寡人倡导尊王攘夷，天子乃是天下人的父母，天下没有不是的父母，更没有过期的父母，所以说，含糊不得。"

听齐桓公说得一本正经，燕庄公有些不知所措地看着他。齐桓公很快想了想说："既然祖制不可违，那寡人就成全燕君。燕君越过的这五十里齐国疆域，从今划割给燕国，燕君一定要精心治理，让这里的百姓一如既往地好好过日子。"

"啊？"燕庄公大吃一惊，目瞪口呆好长一会儿才醒悟过来，满脸通红，双手摇摆，"不可，不可，绝对不可！齐君舍命击溃山戎，又把山戎所占地域让给燕国，此恩已经等同再生父母。如果再贪恋齐国土地，那……那还叫人吗？"

齐桓公知道燕庄公的话是真心实意，两人推辞半响，最后还是齐桓公坚持自己的意思，把五十里土地割让给燕国。燕庄公感动得双眼泪流不止，哽咽着说不出话来。后来，燕庄公在这里修建了一座规模不大的城池，取名"燕留"，以纪念齐桓公对燕国臣民的大恩大德。

尊王让齐桓公成功登上霸主的地位，而攘夷则令诸侯对齐桓公心悦诚服。在以后的几十年中，齐桓公如同一个大管家般奔波于各国或大或小的事务中，一次又一次地召集诸侯会盟，调解恩怨，整顿秩序。虽然在对付南方悄然崛起的楚国时，齐桓公感觉遇到了一个前所未有的强大敌手。不过，楚国毕竟地方偏远，正面接触之后，相互忌惮于对方的强大实力，大家也都暂时相安无事，齐桓公明白自己对付楚国力不从心，只能把精力集中在中原诸侯之间了。尽管忙碌，却也充分品尝了独临绝顶的无限风光。齐桓公三十五年，在葵丘的各国诸侯大盟会，更是让齐桓公的威望达到巅峰，几乎毫无瑕疵地成就了他的人生梦想。

算来葵丘盟会是齐桓公第九次召集各国诸侯盟誓聚会了。而这次尤其特别,**盛况空前**,北方大国晋国的国君晋献公也带病来捧场,这真是十分难得的情形,可惜他半路由于一些情况,又折回去了。但尽管如此,也已经足以让齐桓公脸上有光了。还有宋襄公,他的父亲宋桓公刚刚去世,他重孝在身,但仍穿着孝服前来参加,也让大家感受到齐桓公在天下诸侯心中的分量。更为荣耀的是,周天子闻听消息,特意派宰孔为特使,赶来为齐桓公捧场,这可是前所未有的举动,也就是说,周天子也承认了齐桓公的霸主地位。这个承认看上去似乎无关紧要,但从此齐桓公的地位就变得名正言顺,其实际意义格外重大。难怪齐桓公甚至有点受宠若惊了。

宰孔带来了周天子赏赐的礼物,当着众人的面一一拿出来。主要赏赐有三样:一块"文武胙"、一把"彤弓矢"、一辆"大路车"。当这三样东西揭去丝纱展现在大家面前时,众人发出接连不断的惊叹。这样丰厚的赏赐,他们真是见所未见,简直不敢奢望。齐桓公也感觉大出意外,甚至想捏一把胳膊,看看到底是不是在梦中。

原来,这些东西看上去未必值钱,但它们所代表的含义,却是任何东西都无法企及的。"文武胙"从表面上看只是一块肉,是祭祀完毕后从供桌上撤下来的肉块,吃到它的人就会得到祖先神灵的佑护,十分珍贵,而周天子祭祀完毕后的祭肉,一般只送给同姓诸侯,而齐桓公以异姓的身份获得,当然就尊荣许多。更为难得的是,这块"文武胙"是周天子祭祀周文王和周武王时用过的祭品,就更是十分难得了,连一般王室成员都无缘享用,现在把它送给齐桓公,真正是把齐桓公捧入云端了。还有那个"彤弓矢",虽然只是一把涂抹了油彩的弓和箭,但谁得到了它,也就拥有了代天子征讨四方的大权,往后无论对哪国动用兵力,正义都永远在自己这边,这等特权,普天之下,除了齐桓公,已经没有第二个人物拥有。那辆"大路车"则是天子才有资格乘坐的马车,只有功勋特别卓著的诸侯才有资格越级使用,周天子拿来送给齐桓公,不是把他看做仅次于天子的角色了吗?

在众人无限羡慕的眼光中,齐桓公登上高台,领取周天子的礼物。

当他准备下拜谢恩时，宰孔赶忙上前阻止说："齐君，天子曾有过吩咐，齐君上了年岁，劳苦功高，当以身子骨要紧，可以免于拜谢。"

是啊，齐桓公从二十多岁历经波折到现在，转眼六十岁的人啦！唉，恍如昨日啊！齐桓公心底连连感叹，胳膊腿确实僵硬得不愿多动弹，就顺水推舟地要走下高台。还是管仲眼尖，上前一步走到台阶下，对齐桓公低声提醒："主君，客套归客套，众目睽睽之下，臣子礼节千万不能马虎！否则，尊王岂不成了空话！"

齐桓公一愣，顿时明白过来，他暗笑自己真是老糊涂了，连这个道理都需要提醒。他连忙收住脚步，弯腰拱手说："天子虽然厚爱，但臣子怎敢造次？"说着恭恭敬敬倒退到台阶下边，对着北边周朝都城洛邑的方向，跪拜了两次，这才气喘吁吁地登上台阶，领受恩赐。

这次会盟给齐桓公带来的荣耀和影响无比深远，但也成了一个巅峰之上的绝唱。从此，齐桓公的人生转入了收尾的阶段。时光就是这么奇怪，总以为它无穷无尽连绵不绝，但倏忽之间，又短促得把握不住。齐桓公确实是老了，他即位之初所能想到的愿望都已逐步实现，而他新生的梦想，已遥不可及，他已没有了当初的精力，更没了那时候的魄力。人生风光到这个地步，已经足够了，守成吧，替别人操过了心，该自己享受的还是要享受。齐桓公不止一次这样自我宽慰，而事实上，他也的确从此躲进宫里专心享用余生。

在齐桓公身边，除了竖刁和易牙，一个善于逢迎侍候，一个能端上绝美的饭菜，更有数不清的佳丽，供他恣意逍遥享乐。而在易牙之后，还有个特殊的人物来到齐桓公身边，他就是卫国的太子公子开方。公子开方扬言自己被齐桓公的气魄所折服，自愿放弃继承君位的机会，到齐国来做大臣，每天在齐桓公身边甜言蜜语地吹捧，乖巧伶俐地跑前跑后，和竖刁配合起来，把齐桓公伺候得无比舒坦。为了侍奉好齐桓公，他甚至连续十五年没回过一次卫国探望父母家人。齐桓公每每念及公子开方的好处，十分感叹。

不过，更让他感动的则是易牙。

易牙让齐桓公尝遍天下所能寻到的美味，有一次齐桓公半是得意半是失落地说:"看来天下美食也就这些了,唉,也不知道天下还有什么寡人没有吃过的。"也就是一句无意的自语,易牙却记在心里,他第二天就捧上来一道肉羹,请齐桓公品尝。齐桓公舀一小勺放在嘴里慢慢咀嚼,感觉从没有过的鲜嫩爽滑,那种奇怪的香味更是从来没有过的。他一时食欲大振,把一罐子肉羹吃了个精光,才想起来问易牙,这到底是什么肉做的,如此别致。易牙满脸谄笑地解释说:"昨日听到主君感慨,小人一夜未眠,思索还有何等美味君上没有尝过。后来看到身边熟睡的三岁儿子,终于有了主意,就把自己这个孩子杀掉,用他身上最细嫩的部分精心调制成肉羹,果然让君上感受到了新鲜味道。"齐桓公闻言大惊失色,然后就是一阵呕吐,接连两天没吃东西。尽管如此,齐桓公丝毫没有责怪易牙的意思,他大为赞赏易牙的忠心,把这三个人时时带在身边,一天不见就感觉若有所失。尽管许多大臣直谏说这三人心地阴险,过于宠信恐有大祸。但齐桓公上了年岁,率性而为的性格更加占据上风,始终没听任何人的劝告。

平淡的日子,时光总是更加匆匆。齐桓公四十一年(公元前645年),已经八十出头的管仲终于走完了他不平凡的一生,他对齐国乃至整个周王朝的贡献,成为了不会再有的传奇。管仲临终前,对齐桓公说:"临淄城中有三条恶狗,时刻准备咬人,他们就是竖刁、易牙和公子开方。竖刁不惜把自己阉割,易牙竟然把儿子杀死做成肉羹,公子开方放着国君不当,他们图的是什么,仅仅是出于内心的仰慕?根本说不过去。他们一定是图谋获得更多的东西,只不过时机未到而已。他们三人不但不珍惜家人,连自己的身体都能自戕,足见其多么凶残冷酷,主君一定要及时铲除后患呀!"

齐桓公含着眼泪答应了管仲的遗言,但他已经深陷在动听的话语和美味的饭菜中,最终下不了决心采取行动。时隔不久,鲍叔牙也离开了人间,辉煌一时的霸业,如今只剩下齐桓公一个老态龙钟、行动迟缓的孤独老头。竖刁、易牙和公子开方知道,等待了半生的机会,终于到来了!他们舍弃了那么多,一定要用整个齐国来作为补偿!

不过,他们知道,尽管齐桓公毫无原则地宠爱他们,但指望他们现在的力量，要控制整个齐国，还远远不够。但他们不怕，因为他们可以借助后宫的矛盾，来掀起一场风暴，只要乱起来，他们就可以大有作为。

齐桓公除了喜好美食，更偏爱美色，这是天下所共知而他自己也引以为豪的。他总共有过三位夫人，分别是王姬、徐嬴和蔡姬。但这三位夫人都没留下子嗣。另外，他还有六位比夫人地位略低一些的姬妾，倒是各自都生下了一个儿子。其中大卫姬生了公子无亏，接下来，少卫姬生公子元、郑姬生公子昭、葛嬴生公子潘、密姬生公子商人、宋华子生公子雍。如果按正常情况，当然是要立公子无亏为继承人。但齐桓公向来宠爱郑姬，爱屋及乌，所以也就格外喜欢公子昭，把他立为太子。这让大卫姬十分不满，她主动和竖刁等三人联络，内外夹攻，要齐桓公改变主意。而此时的齐桓公随着年纪越来越大，昏聩糊涂，在理智和感情之间摇摆不定，时而答应时而不答应，这样不但让大卫姬恼火，也让郑姬和公子昭等人心怀不安。而其他姬妾和公子见齐桓公并没有按规矩立长子，心知人人都可能有机会了，于是大家一哄而上，各自拉拢得力人手，一场宫廷内乱就此残酷而长期地展开。

齐桓公四十三年（公元前643年），齐桓公传奇的一生也走到了终点。但他的结局比起任何一个普通人，都显得十分悲惨。

这年的寒冬十月，老眼昏花的齐桓公病倒了，躺在后殿中不会动弹。然而就在这最需要照顾的时刻，平日里围绕在身边的竖刁、易牙和公子开方却同时不见了踪影，就连姬妾和宫女们也销声匿迹。躺在冰冷的后殿内，齐桓公一连两天没吃没喝，他大声叫喊着那些最宠爱的人的名字，但声音在大殿内回响，夹杂着寒风冲进窗缝中盘旋消散。

齐桓公不知道，随着他的病倒，争夺国君位子的斗争已经进入到白热化。在竖刁、易牙和公子开方三人的出谋划策下，派人把守住宫门，在门外挂出一块牌子，上边用齐桓公的口气说："寡人得病心烦意乱，不愿意听人说话，任何大臣无论何事，都不得进到殿内。"即便这样，他们还是不放心，生怕万一有大臣闯进来，得了齐桓公立哪个公子为国君的遗嘱，破坏了自己的好事，就干脆把后宫的所有侍从、卫士和宫女等人，全部赶跑，让他们出宫自寻出路。然后派人在齐桓公寝殿外修筑起三丈多高的围墙，封死所有的门窗，只在墙下留个狗洞大小的窟窿，时不时地派个小太监钻进去看看老家伙死了没有。只要老家伙咽了气，齐国就由他们说了算，不管立谁为国君，也只是他们的傀儡而已。

接连两三天过去，齐桓公滴水未进，一口饭食也吃不上，孤零零地躺在冰冷的床榻上，无数遍地呼唤着所有能想起来的人名，但一切都是徒劳。忽然一声响动让齐桓公略微清醒一点，他艰难地扭头看去，却是个不认识的女子，正神色慌张地站在榻前。

"你……是……他们为什么不来侍奉寡人？"齐桓公的声音微弱而干枯。

这个女子盯住齐桓公看了片刻，才轻声告诉他，自己叫晏娥，是蔡姬生前的侍女，也曾受过多情的齐桓公一次临幸。这对齐桓公而言，也就是他情如大海中的一滴水珠而已，但这对晏娥来说，则成了她一生需要报偿的隆恩，所以她始终把自己当成了齐桓公的人。当竖刁强行把后宫所有的男女老少赶走的时候，她牵挂着生死不明的国君，偷偷藏在一处荒废的偏殿内，现在终于趁人不备，从那个小洞爬进来。见齐桓公花白胡须遮住半个脸庞，气息微弱，精神状态十分不好，晏娥也不隐瞒，把外边发生的事情大概讲述一遍，最后说："主君，可惜奴婢没本事，不能给主君弄来吃的喝的，只有这个了……"说着她从怀里摸索出一块又硬又黑的馍馍，塞在齐桓公枯瘦如鹰爪的手中："主君将就着用一点吧。"

齐桓公费很大的力气才抬起胳膊，把那块馍馍放在眼前仔细看看，长叹口气，眼泪顺着脸上松弛的褶皱蜿蜒流下。"寡人不听仲父与众大臣之言，今天这就是报应啊，报应！晏娥，寡人求你一件事情……"

听齐桓公嘴里含糊不清地嘟囔，晏娥忙凑到跟前听他说些什么。"晏娥，你出去后，千万不要把寡人的情形散播开去，免得别国国君笑话寡人，笑话齐国……"

晏娥坚定地点点头："主君，奴婢虽没读过书，但也知道主忧臣辱,主辱臣死的道理。主君一旦不测,奴婢怎敢苟活,一定会追随而去侍奉主君和蔡夫人的。"

一生都在感动别人,都企图用自己的光环笼罩别人的齐桓公,在生命的最后一刻,被一个柔弱女子所深深打动,他五内俱摧地拼尽最后一丝力气高喊:"小白死后,有何面目见仲父与鲍叔牙于地下!"狂乱地抓住衣袂遮盖住脸,一阵抽搐后停止了呼吸,一代霸主就这样悄无声息凄惨地离开人世。

看见齐桓公没了气息,晏娥冲齐桓公尸体恭敬地叩拜过后,撞死在了寝殿的柱子上,用生命和鲜血为齐桓公的凄惨结局平添一笔悲壮。

由于留在宫里的人正忙于夺位争斗,连小太监也懒得钻洞去探听齐桓公的死活,一直到齐桓公死后十多天,有蛆虫从门缝里爬出来,大家才知道,老家伙原来早就死掉了。但是竖刁、易牙和公子开方并没在意,他们帮助齐桓公的几个姬妾争斗正酣,任凭齐桓公的尸体摆放在殿内,恶臭熏天。从十月初七到十二月初八,两个月以后,公子无亏取得这场斗争的暂时胜利,继承君位,这才把齐桓公给草草收殓。但斗争依旧没有平息,大家还顾不上下葬,又拖延到第二年春天,公子昭在宋襄公的帮助下,杀死公子无亏,即位为齐国君主,他就是齐孝公。直到此时,齐桓公才享用了他应得的待遇,被风风光光地下葬,陪葬的除了无数珍宝玉器,还有那几位在斗争中失败的姬妾。身后余波,总算令人心悸地告一段落。但齐国由此而引发的内乱,却远没有彻底停息,而齐桓公毕生追求的霸业,也很快便土崩瓦解。

齐桓公用他的性情和容忍,机缘巧合地会聚起管仲等风云际会的贤能,使原本并不起眼的齐国迅速崛起。齐桓公九次会盟诸侯,他打起尊王的旗号,维护了诸侯各国的安宁与平衡;他高举攘夷大旗,使华夏百姓免遭异族蹂躏。毫无疑问,齐桓公所成就的事业,对同代以及后世,都有着不可估量的巨大影响。而他特立独行的禀性,注定让他的功过以至他的一生,都成为了一个无法复制的传奇。

第六章 叔兴一言成谶语 襄公拥立初扬名

近来宋襄公心里特别烦闷和混乱。和宋国大部分人一样，他无比地相信鬼神，他知道神灵的预言一定灵验。而这次神灵带给他的启示，却让他既觉得真实，又感到为难。

代神灵发出预言的是周天子内史叔兴，他是当今天下最高明的占卜师，正奉天子之命来宋国慰劳。当宋襄公请他占卜一下宋国将来的命运如何时，叔兴拿出一块龟甲，在火上炙烤片刻，恭敬有加地盯着慢慢绽开的裂纹，一字一顿地说："今年鲁国会有多次大丧，明年齐国将有大乱，宋君或许会成为诸侯霸主，但若做霸主恐怕会不得善终。"

神灵借叔兴之口一连提到三件大事，除第一件和宋国关系不是很大外，其他两件，可以说句句敲击在宋襄公的心上，让他倒吸一口凉气，脸色灰黑，说不出话来。

宋襄公任宋国国君已有七年，期间多次参与诸侯会盟，只要有诸侯相聚，他都表现得特别积极，几乎每次必到。宋襄公清楚，宋国不比其他的诸侯国，宋国很特别。首先，宋国是商代遗民的后裔。宋国原先是商纣王同母哥哥微子启的封国，后来周灭了商，采取"以殷治殷"的策略，把殷商的遗民迁移聚居在这里，形成了这样一个特殊的诸侯国。或许是出于安慰，宋国的国君爵位是诸侯中最高的公爵，但这仍掩盖不了宋国的特殊情况。再有，因为都是殷商的后代，宋国百姓也就仍沿袭了商代那些古老民俗，比如说，无比地相信鬼神、格外地热衷祭祀，把飞鸟看做保护部族的神灵，把脸面和礼仪看得比性命还要重，如此等等，和其他国家差别很大。加之宋国处于地势平坦无险可守的黄河与淮河流域下游，一边是中原诸侯，一边是东夷和南楚，兵家必争之地，而宋国只有方圆四百余里，力量算不上很强大。

唉，夹壁缝中求生存啊！每每念及此，宋襄公都忍不住摇头叹息。但他并不悲观，他坚定地认为，只要自己继承殷商先祖的美德，以仁义作为最好的武器，以道德把握住正义，就一定能争取到诸侯的信任和拥护，诸侯们对自己信任和拥护了，那么，宋国的威严也就树立起来了，甚至殷商先祖的遗风，也可以广布天下，润泽万物。正是抱着这个念头，他从很小的时候，就处处留意把仁义和德行体现出来。其中最令天下所有人记忆深刻的，是他和哥哥相互推让君位，许多年以后，人们对此还津津乐道。

宋襄公名叫兹父，是宋桓公的嫡出长子，很自然地被立为太子。他的母亲宋桓夫人是卫国人，在他很小的时候，因为一些琐事，母亲和宋桓公闹矛盾，生气回了娘家，再也没有回来。兹父有个同父异母的庶出哥哥，叫目夷，品行很好而且聪明伶俐，很得宋桓公喜爱。在这种情况下，兹父出乎所有人意料地向宋桓公提出，请宋桓公改立他的这位哥哥目夷为太子，自己情愿让位。宋桓公既惊讶又奇怪，当问起其中缘由时，兹父一五一十地回答："自从母亲回到舅家之后，儿臣日夜思念。好在如今儿臣身上没有太多的担子，可以抽空前去探望。如果儿臣以后当了国君，遵照礼仪，不能私自出境，再想见到母亲就难了。况且，儿臣学识德行不如兄长，为宋国百姓计，还是立兄长为太子比较好些。"

宋桓公很高兴，难得兹父孝敬父母又谦虚自知，倒免除了自己许多后顾之忧。不过宋桓公觉得兹父说的也在理，宋国的风俗依旧和殷商时候一样，并不特别注重太子一定是嫡长子，兹父德行固然不错，但确实在谋略上有所欠缺，或许立目夷，将来对宋国更好。于是，宋桓公真动了心思，要改立目夷为太子。

不料目夷和兹父在这方面秉性相同，他坚决不肯接受，还急忙跑到卫国住了下来。临走时给宋桓公留下书信说，兹父能把将来的国君之位拱手让人，足见其德行远超儿臣，况且，废掉嫡出以立庶出，于理不顺，必将给宋国带来大乱，为国家着想，儿臣还是暂时躲避为好。

兹父见这种情况，深深自责是自己把哥哥给逼走了，于是也借去卫国看望母亲的理由，留在卫国，陪着哥哥，不回来了。尽管让位没有成功，但兹父和目夷两人兄友弟恭的好名声已经传遍各诸侯国，这与其他诸侯国的公子们为争夺王位不惜闹得你死我活相比，显得格外高尚，兹父还没当国君，已经得到各国国君的敬重。

后来宋桓公病死，兹父的太子身份仍未改动，只好勉强登上了国君大位，这就是宋襄公。见弟弟顺利继位，目夷也从卫国回来，被任命为大司马，主管宋国军政大权，是国君最得力的帮手。

推让君位的举动，给宋襄公带来巨大的美名和威信，他也充分利用这个机会，尽量多和中原诸侯交往，逐步培养和加固自己在诸侯中的地位。他的最大愿望，就是在目前诸侯纷争、王室败落的局面下，把殷商先祖的美德发扬光大，广而化之，润泽天下百姓，让宋国凌驾于各诸侯国之上，继齐桓公之后成为另一个盟主。机会似乎不经意间到来了，宋襄公刚刚继任国君时，正赶上齐桓公召集诸侯在葵丘举行盛况空前的会盟。宋襄公不顾重孝在身，风尘仆仆地赶去参加。或许是他的热心积极感染了大家，或许是他推让君位的品德使大家钦佩，总之无论是强国还是小国的国君，大家对他都格外尊重和亲热，这让他看到了希望。更让他惊喜莫名的是，齐桓公悄悄把他邀请到行宫，将他最喜爱的儿子公子昭托付给自己，说目前齐国几个公子勾心斗角，形势并不让人放心，他死后，一旦齐国发生几个公子争夺君位的事情，请自己一定要出面主持把公子昭立为国君。

面对齐桓公的殷殷嘱托，宋襄公感觉热血沸腾，埋在心底的希望立刻无限膨胀。想想看，齐国是当今最强大的诸侯国，齐桓公更是诸侯心目中人人景仰的大英雄。他绕过鲁国等许多大国、强国，把家事袒露并托付给自己，说明了什么？虽不敢说是宋国国力有多强大，至少说明，宋国施行的以仁义治内对外的政策方略，取得重大成效，是个很好的发展苗头。

从那以后，宋襄公便更起劲地摆出以天下为己任的姿态，更多地参与诸侯间各种事务，更积极地操练军队，准备步齐桓公后尘，成为统领天下的另一个中原霸主。

如今一切发展好像很顺利，宋襄公也时时等待着天下有所巨变，给自己提供一个大显身手实现夙愿的机会。而周天子手下最有才学的内史官员叔兴，认真占卜后说出的几句话，却让宋襄公心里很是忐忑。叔兴说，明年齐国将有大乱，是什么大乱，乱到何种程度？宋襄公推算，估计齐桓公怕是明年要寿终正寝了，毕竟，他年岁已大，称霸二三十年，风风光光也该到头了。他要是一死，他的几个儿子估计会像他所担心的，纷纷起来争夺君位，那当然会酿成大乱了。话又说回来，齐桓公去世，齐国一乱，不正是宋国乘势而起的大好时机吗？那么也就是说，自己继承霸业的机会到了？宋襄公一股热血涌上头顶，让他惊喜莫名。可是叔兴接下来又说自己或许会成为霸主，但要是成为霸主，就可能付出不得善终的代价，这令宋襄公心底五味杂陈，喜忧的激流碰撞在一起，让他简直有些承受不了。听叔兴话语的含义，自己可以有两种选择，要么冒着生命危险去继续追求霸业，要么什么事情都不再出头，蜷缩着脑袋做个太平国君。怎么办呢，何去何从？踌躇许久，最终还是先辈血统中隐含的力量占据上风，宋襄公坚定了继续争取霸业的决心。先辈血统中隐含的其实也正是宋国臣民普遍遵循的力量，他们没有愧对殷商遗民的名头，忠实秉承了殷商遗风，把道德看得高于一切，把脸面和尊严放在比生命更重要的位置。宋襄公在心里狠狠地对自己说，绝不能让别国看不起宋国，也绝不能让放出去的诺言落空，这个霸主，无论如何，就是拼了性命，也要争取！

对于叔兴而言，占卜只不过是种形式，而他代神灵所发出的预言，其实正是他自己通过观察所想到的东西。不过，连他也没想到，他的话竟然出奇的准确。第二年，也就是宋襄公八年，叱咤风云的齐桓公凄惨地饿死在寝殿，他的五个儿子依靠各自的势力，在齐桓公最宠爱的三大小人竖刁、易牙和公子开方的支持下，争夺君位的斗争异常激烈而血腥，齐国顿时陷入一片混乱。五个公子混战的结果，最终是齐桓公长子公子无亏在竖刁和易牙等人的拥戴下，成为新国君。然而其他公子并不服输，他们仍寻找着各种办法蠢蠢欲动，齐国处处暗流涌动。齐桓公死前被立为太子的公子昭，在宫廷内的势力最弱，他明显不是其他公子的敌手，只好根据父亲生前嘱托，趁乱逃跑到宋国求救。

齐国的内乱让宋襄公成就霸业的野心之火蓬勃点燃，他已经把叔兴关于自己命运的预言抛到脑后。此刻公子昭主动跑来求助，更是被他看做上天有意安排的绝好机会。他立刻召集大臣们来到大殿，激动而自豪地说："当年葵丘盟会，齐桓公把公子昭托付给寡人，嘱托寡人要出面主持公子昭为齐国新君。如今事情到了眼前，寡人当然义不容辞。诸位立刻准备，寡人要亲率军队，护送公子昭回国继任！"

对于君主的安排，众大臣没什么好说的，遵命就是。不过，公子目夷担当着军政职责，他提出担心说，齐国虽然有内乱，但国力还是很强盛，至少要超出宋国不少，盲目出兵，以弱小干涉强大，恐怕不妥。加之齐国的邻国如鲁国、燕国等实力都不弱，他们一旦趁机和宋国作对，事情可就复杂了，弄不好会把宋国拖下无尽战乱的深渊。

目夷向来思虑周全，考虑问题很有头脑，宋襄公知道，他的话并不是没有道理。但成就霸业的强烈渴望，还是让宋襄公断然否定了这番担心，他驳斥目夷说："寡人向来以仁义为表率，凭借仁义二字，几年来深得诸侯钦佩，也使宋国逐渐特立于别国之上，这个成效诸位应该是有目共睹。如今，公子昭登门求救，寡人置之不理，算不得仁；当年答应了齐桓公，现在却不积极践行许诺，算不得义。不仁不义，寡人今后还怎么见人！不要说了，大家分头积极准备，明年开春，发兵进军齐国！"

做出这个重大决定之后，宋襄公派人到附近的卫国、曹国、邾国送信，表示希望他们能共同出兵，一起完成这个正义的举动。曹国和邾国是宋国邻近的小国，宋襄公曾对他们有过讨伐，也援助过他们，恩威并用，把他们拉到自己的阵营中。宋襄公这样做，一方面当然是考虑到人马越多越好，再者，他也很想找找盟主的感觉。两个小国当然不敢不听，各自派遣了军队，数量少得可怜。卫国作为宋国的姻亲，也象征性地派了丁点车马。不过宋襄公并不在意，他要的只是这种振臂一呼应者云集的气势。

宋襄公八年春天，宋襄公率领宋、卫、曹和邾国四国军队，打着遵齐桓公遗命奉送公子昭回国的旗号，浩浩荡荡杀奔临淄。因为公子无亏是被竖刁和易牙等人推举上去的，他在齐国的君位并不稳当，许多反感竖刁这帮奸邪小人的臣民，自然也都把无亏和竖刁归为一类，或明或暗地反对他。尤其是齐国两个威望很高的重臣国懿仲和高虎，他们觉得公子无亏的名声已坏，而且也不是齐桓公生前所立太子，名不正言不顺，恐怕不会长久。正好宋襄公及时率军杀来，国懿仲和高虎立刻顺应形势，发动手中所掌握的力量，杀掉竖刁和公子无亏，与宋军遥相呼应。在内外夹攻下，这些公子们很快被击溃，派人出城向宋军投降。国懿仲和高虎等一班大臣，在城外拜会宋襄公，说了许多感谢和仰慕的言辞，让宋襄公浑身上下格外舒坦。他们在城外举行盛大的仪式，拥戴公子昭继承君位，这就是齐孝公。

没想到看似重大的使命，竟完成得这么轻松，宋襄公更加有理由相信，霸业的坦途就在眼前铺展开来，宋国超出其他诸侯国之上的宏愿，即将成为现实。本着用兵以礼的原则，宋襄公并没率兵进入到临淄城内，更没有帮助齐孝公把齐国烂摊子留下来的一些问题予以处理。他认为，既然公子昭已经成了齐孝公，自己再管得过多，就是干涉人家的内政，这对正人君子来说，是不齿的。于是，他看着国懿仲和高虎等文武大臣们簇拥着齐孝公进了临淄城，他也就心满意足地打道回府。

可是没有想到，宋襄公刚回到都城睢阳，群臣拜贺的仪式还没结束，齐孝公却灰头土脸满是惊恐地跑来了。在众人惊愕的目光下，齐孝公哭诉说，他在临淄继承君位没有几天，他的那几个弟兄，趁着宋国已经退兵，便暗地里勾结起来，各自率领家丁冲进王宫，准备杀掉自己为大哥报仇，然后他们再从中选出一个来继任君位。国懿仲和高虎虽然支持自己，但苦于手中没兵权，也只能闭门不出，听任形势的发展。还是自己机灵，趁乱跑出都城，日夜兼程赶来请求宋国再帮自己一把。

宋襄公刚才还喜不自胜的脸色，阴沉得能拧出水来，他狠狠地拍打着几案叫嚷："有道是除恶务尽，树德务滋，果真如此！寡人念及礼义为本，不忍心让宋军进入到临淄城内，唯恐齐人感觉羞辱，也怕会干涉齐君内政。不料这几位公子全无心肝，竟不能体谅寡人一片苦心！那好，他们不义在先，寡人也就无所顾虑了！"当即命目夷立刻调动大军，也来不及通知其他小国，有了上次的胜利，宋襄公满怀信心，单独一个宋国，照样能完成这一神圣使命！

尽管目夷顾虑重重，但齐孝公在跟前，他也不好反驳什么，只好答应着到兵营中调兵遣将，准备再次出征。

这年的五月，宋襄公带着齐孝公，率领宋军全部精锐，穿越国境，直抵齐国都城临淄城下。也是天公作美，齐国重臣高虎此刻已经带着部分心腹溜出城外，来迎接宋军。有了齐孝公和高虎的里外配合，齐国军队几乎是不战而降，宋军仅仅经过几场小规模打斗，就顺利进到临淄城中。齐孝公那些兄弟见大势已去，各自逃散，有的逃亡到卫国和楚国，也有的无路可逃，只好蜷缩在公子府中听天由命。动乱平息后，宋襄公苦口婆心地劝说齐孝公，虽然这些公子争夺君位罪在不赦，但毕竟还是亲兄弟，所谓亲者隔之不断，疏者属之不坚，以后要治国安民使齐国再度强盛，他们都是最得力的帮手，务必不要效仿其他国家兄弟相残的例子。齐孝公对宋襄公的话当然是言听计从，赶紧满口答应，宣布赦免公子们的罪责，让他们闭门思过，留待后用。

逐项事务圆满处理完毕后，宋襄公终于志得意满地返回宋国。在跨越边境时，望着齐国那边的鲁国，宋襄公忽然想起，当年齐桓公还是公子小白的时候，从藏身的莒国回去抢夺国君的位子，鲁国也曾保护着藏在他们国内的另一个齐国国君人选公子纠，浩浩荡荡杀奔齐国，企图依靠兵力把公子纠扶上宝座。结果怎样，被新当上国君的公子小白杀得大败，从此齐国和鲁国关系一直很淡漠。现在自己所做的事情，和当年鲁国何其相似，但结果却大相径庭。这难道不是说明，宋国的实力并不弱，而且依靠仁义的力量，已经强大到足以震慑天下诸侯了？

不过，宋襄公满怀信心要成就霸业的同时，他也很清楚，单凭这次扶持齐国国君一件事，还不够担当诸侯盟主的资本。要想真正再现齐桓公当年的辉煌，则必须像齐桓公那样，由自己牵头，召集一次诸侯大会盟，在会盟中执牛耳写盟誓，这样才算真正让天下人知道自己已经成为了当今的霸主，而殷商先祖的辉煌，才不会因被周代所灭而彻底消亡，而且还有可能发扬光大。可是召集诸侯会盟总得有什么事情需要商量才成，不然就显得牵强，似乎为了当霸主而当霸主，难免会引起别人的耻笑。

宋襄公分析了当年齐桓公的情况，那个时候，齐桓公任用管仲大力推行经济改革，很见成效，加之齐国本身地域广阔、资源富饶，国力比较容易变得强大，所以人家能打起尊王攘夷的旗号来统领诸侯。相比之下，宋国虽然没这个优势，但也有自己的特点。宋国地处中原地区的东南部，东边和南边紧邻淮夷和楚国等蛮夷之邦，是中原抵挡蛮夷的最前线，地理位置很是特殊。一旦宋国有所闪失，中原各国也就暴露在楚国的直接进攻之下。对于东边和南边夷人的虎视眈眈，宋国硬拼肯定没有胜算，于是宋襄公便一直采取以仁义来感化他们的策略，这么多年过去，倒也彼此相安无事。

对，就以如何感化蛮夷作为话题，来召集诸侯大会盟，确立起自己的盟主地位，也使宋国更好地担当起抵御南蛮造福中原诸侯的重任！

第七章　尴尬人偏逢尴尬事　虎狼国包藏虎狼心

　　拿定主意后，宋襄公在朝会上对众人说了自己的打算。目夷首先站出来言辞激烈地反对说："主君，万万不可！自古都是权大者责大，机深者忧深。诸侯霸主的位子其实是用荆条编就，看起来荣光，真正坐上去了，难免如坐针毡，必然焦头烂额地疲于应付。当年齐桓公以齐国那般雄厚的实力，尚且东奔西跑整日不得安宁，何况是我们国小力微？再者说，齐国地处东方，背临大海，没有后患侵扰，可以安心发展。而宋国身处大国缝隙之中，夹在中原诸侯和楚国之间，楚国若要侵占中原，必然从宋国开始。我们韬光养晦、少惹是非都还来不及，哪里还敢主动挑起事端以引起别人的注意？请主君三思！"众大臣虽然没接话头，但从他们的表情上也能看出来，大家都有这个意思。

　　宋襄公心里很不高兴，目夷一口一个小国弱国，让宋襄公尤其不舒服。成就霸业的雄心在胸中跳跃燃烧，他已经不愿意再仔细分析目夷的话有多少可取之处了。他断然否定了目夷的言论，派出使臣到各国传信，说自己要在曹国南部举行诸侯大盟会，希望他们按时参加。不过目夷的话并非没起一点作用，宋襄公还是加了些小心，他采取先小后大的策略，这次盟会只是先邀请了滕、曹、邾、鄫等东方小国，请他们聚在一处共商以仁义感化征服东夷大计。一则这些小国和宋国毗邻，而国土很小，向来惧怕宋国，邀请他们比较有把握，再者他们也和宋国一样，处于抵御东夷南蛮的最前线，正好适合商议盟会上的话题。按照宋襄公的计划，如果这次盟会成功，那么宋国不但地位又可以提升许多，而且有了经验后，有利于之后召集天下诸侯大会盟，从而最终确立自己的霸主地位。

终于盼来了宋襄公十年（公元前641年）的初春。新年的诸项礼仪刚结束，宋襄公就急不可耐地带领目夷、公孙固等几名重臣，来到曹国南部预先选好的地方，在那里搭设祭台，积极做着各种会盟的准备。兴致勃勃地来到这里十多天后，宋襄公心里越来越不舒服。约好的滕国、邾国和鄫国的国君们还没来到，这也算正常，因为距离约定的时间还有几天。可是曹国的国君却迟迟没有露面，就太说不过去了吧？好歹这是在曹国疆域之内，曹国就是主人了，宋国的国君在这里，曹国国君怎么就不知道赶来尽尽地主之谊？开始，宋襄公还努力寻找各种理由安慰自己，大概是曹国近几日政务特别繁忙，曹国国君赶不过来？或者是他正在为自己准备无比丰盛的礼品，还没有准备好？

又过了将近半个多月，天气已经开始渐渐变热，宋襄公终于沉不住气了，算算已经超出了约定的日期好几天，他的忍耐和内心的尴尬已经达到了极限。也就在这个时候，曹国和邾国的国君一起赶到，他们再三向宋襄公解释说国内去年歉收，好容易熬到过了年，百姓们能找到的粮食都给吃光了，面临着挨饿的威胁，身为国君，他们要帮着想办法，从别国买一些粮食来应急，所以迟到了。

他们万分愧疚的神态让宋襄公心里略微好受些。不过，从他们的话语里，宋襄公听出来，他们是从楚国购买的粮食，又感觉十分别扭。和楚国搞交易，这不是还没盟誓就先背约了吗？照顾到这次盟会是要用仁义来结交诸侯，宋襄公强压住内心的怒火，没说出什么难听的话。

三位国君在祭台周围搭起帐篷，又等了几天，滕国和鄫国的国君还不见踪影。大家表面上不说，但宋襄公心里格外敏感，他知道他们一定在背地里笑话自己了，连滕国和鄫国这样的蕞尔小国都敢不听话，还指望什么成霸业当霸主？宋襄公甚至怀疑，邾国和曹国的国君一定后悔来这么早了。在这种心态下，宋襄公克制不住地咬牙切齿，再等两天，不行就发兵讨伐他们这些不识抬举的东西！

又艰难地熬过去两天，宋襄公已经明显看到曹国和邾国两位国君眼中的讥讽和不屑：倡导我们来会盟，结果别人迟迟不来，要是大国也就罢了，偏偏是丁点小国的国君。小国的国君都不把你放在眼里，还怎么有脸召集盟会？宋襄公脸上暗暗发烧，胸中的怒火开始点燃膨胀。就在这个时候，滕国的国君滕宣公姗姗而来了。

滕宣公并不知道宋襄公内心的滋味，他径直走到宋襄公的大帐中，像见了老熟人一般，笑嘻嘻地拱手客套说："国中杂务缠身，寡人知道来迟了，但想想来总比不来强吧。唉，紧赶慢赶，就磨蹭到今天，请宋君恕罪。"

宋襄公端坐在大帐正中央的几案后边，两旁是曹国和邾国的国君。看着滕宣公厚颜无耻的模样，宋襄公积聚的怒气终于如决了堤的洪水，遏制不住，他真想过去在那张嬉笑的脸上甩几个耳光。"约好年初诸侯会盟，而现在，已经是三月出头，你身为一国国君，不守信诺，成何体统？明知已经迟到，还出言不逊，分明是蔑视盟会，神灵在天，岂能饶恕了你？寡人今日就代天子管教管教你这不懂规矩的东西！来人，把他给寡人绑起来！"

众人一愣，诸侯盟会绑诸侯，这种事情在齐桓公会盟的时候可没发生过。绑了以后要把他给怎么样？就在大家惊奇的目光中，宋襄公的几名门官大踏步走上来，把滕宣公按倒在地，利落地给捆绑起来，然后等着宋襄公进一步发令。门官是国君手下最得力的侍卫，多由贵族家的子弟组成，他们自小便接受各种训练，身手很好，又世代受到国君的重恩，忠心耿耿。而宋襄公素来对大臣和贵族待遇优厚又至诚至义，门官们当然也就更是舍命跟随、格外顺从。

怒气发泄不少后，宋襄公又踌躇起来，把滕宣公绑起来后如何处置？这时他把注意力转向了现在仍没有到来的鄫国国君：哼，这狗东西，他要是不来也就罢了，他胆敢来这里，就一定给他好看！

就在他还没想好怎么处置滕宣公的时候，有卫士在门外高声喊叫："禀奏主君，鄫君到了！"

宋襄公心里莫名其妙地兴奋了一下，随即怒火噼里啪啦地开始燃烧，他腾地跳起来，灰黑着脸叫嚷："来得正是时候，快请他进来！"

鄫国国君鄫子个头不高，和他所统治的国家一样，显得小巧机敏而猥亵可怜。他脚步匆匆地闯进大帐，看见双臂被反绑着的滕宣公，先是一愣，随即明白了什么，忙对着宋襄公弯腰拱手说："小国鄫子来迟，实在是事出有因，万望恕罪，恕罪！"

宋襄公从来没这么愤怒过，他消瘦的脸庞拉得更长，灰黑脸色渐渐转为煞白，颔下几缕稀疏的胡须剧烈抖动，他盯着鄫子看了片刻，冷笑一声："事出有因？什么事情让你耽搁两三个月？要是楚国请你去商议事情，你大概比兔子跑得还要快吧？寡人的使者已经说得清清楚楚，本次盟会，其中最重要的一个话题就是商议如何让鄫国免除东夷侵凌。盟会为你而开，而你竟然能迟到三个月！若是不严加惩治，今后哪路诸侯还会把信义放在眼里！"越说越激动，宋襄公忽然冒出一个大胆的念头，他提高了声音，对鄫子也是对众人宣布："既然这次盟会是为了感化东夷南蛮，寡人听说睢水附近有座神庙，所供奉的神灵特别灵验，东夷小国经常前去祭祀。寡人这次就用鄫子来作为贡品，奉献给这位神灵享用，一来可以保佑你们几国年年粮食丰收，百姓丰衣足食，二来还可以让东夷看看，如今睢水神灵也开始佑护你们几国，东夷自然也就不敢再如以前那样横加骚扰，或许转而主动求好也未可知。"

"啊？"众人闻言大吃一惊，把鄫子作为贡品，意思不是说把鄫子给杀掉煮熟了，切成肉块吗？鄫国再小也是一个诸侯国，国君让你一句话给如此残忍地处置了，合适吗？哪怕是齐桓公一辈子主持了那么多会盟，还没人见过这样搞的。其他国君心里虽然这样想，但谁也不吭声，甚至巴不得宋襄公闹腾得越出格越好，越收不了场越有笑话看越妙。还是目夷按捺不住站出来，不顾君臣身份的差异，语气急迫地说："主君，千万不能这样做！自古以来牲畜珍贵，凡是普通祭祀能用小牲畜就不用大的，这点道理谁都知道。对牲畜尚且如此，更何况是人？正因为如此，即便用人来做贡品，鬼神也不会乐于享用，更不会佑护他们。另外……"目夷想说，你第一次盟会，仅仅来了四个小国的国君，你就捆绑一个，杀掉一个，以后还怎么再召集盟会，天下诸侯会怎么想？这样下去，别说成就霸业了，恐怕宋国自身都难以保住。但碍于别国的国君在跟前，他不好说出口，犹豫一下把后边的话咽回肚里。他只希望宋襄公能明白他接下来要说的意思。

可是宋襄公并没这样想，他耿耿于怀于这些日子所感受到的羞辱。他觉得，要成就霸业，德行仁义固然是必要的，但耍弄一下威风，在关键时刻也是应该的，纯粹讲德行，这帮不识时务的家伙就会把德行和仁义看成懦弱，就会越来越放肆。他紧绷着脸摆手让目夷退下，斩钉截铁地下令："把鄫子给寡人绑了，给睢水神灵当做贡品！"

鄫子没料到事情比自己想到的最坏结局还要惨，他惊叫起来："不可，不可，你们不能杀了我！我好歹是一国君主，就是犯死罪也得周天子来定罪！你们这是僭越，是叛逆，寡人要到天子那里告你们！你们不怕鄫国投靠楚国，引兵来报复你们吗？"

大家面面相觑，谁也不说话。一旁的滕宣公已经软绵绵地昏倒在地上。

直到和曹国、邾国草草举行了盟誓定了盟约之后，宋襄公还是很难平静下来。这算什么盟会，简直就是儿戏，就是自己打自己的耳光！他愤愤不平地想。鄫子已被杀掉供奉了神灵，滕宣公也被滕国用重金给赎了回去。回到睢阳，宋襄公若有所思了很久，他不由自主地时常想起他心目中的英雄齐桓公，他想起齐桓公成就霸业之初在杏林召集的第一次盟会。那次盟会也是很不尽如人意，该来的没来，不该走的先走，不过，总比自己这次要强出许多。唉，太丢脸面啦！

苦苦思索失败教训，几个月后，宋襄公终于得出一个惊人的结论。他觉得，召集盟会的目的，一是要解决实际问题，更为重要的是要告诉天下诸侯，自己想当霸主。既然这样，联络几个小国会盟，就没多大意思。别说小国国君考虑到外部压力容易摇摆不定，就是会盟成功了，又能怎样，还是影响太小。对，要干就干大的！

今天早晨的朝会上，大臣们惊奇地发现，一连几个月精神萎靡的国君忽然精神焕发起来。虽然还是那样消瘦，但双眼熠熠闪光，散发着向往抓住什么的热望，脸上松弛的皮肤也开始绷紧，谁都能看出来，他正在酝酿着重大的行动。宋襄公扫视众人一眼，微微笑着说："诸位，寡人上次曹南会盟，效果并不尽如人意。寡人以德行仁义待人，为什么滕子和鄫子之流还如此怠慢呢？没有别的，小国嘛，好比是激流中的石头，哪边水流得急就往哪一边滚，全无主见，和他们打交道，毫无诚信可言，也没多大意思。寡人思谋着，要真正树立宋国国威确立霸业，就要和大国会盟，这样会更直接也更省力。如今的大国，当然首推齐国和楚国。寡人计划召集这两国举行盟会，既安定中原，也可消除南北误会，让楚国不再进犯中原诸侯。你们看，这是个好办法吧？"

大家面面相觑，许多人目瞪口呆。目夷站在众人最前边，看着宋襄公自信而自得的表情，几乎快要跳起脚来。无端招惹中原诸侯的最强者，只能自取其辱，而把早就对宋国垂涎欲滴的楚国给请来，更是无异于引狼入室！太糊涂啦，宋国非让折腾得灭绝了不可！

可是宋襄公两手很有风度地向下按了按，不让大家说话："寡人知道，齐楚如同两只恶虎。可是诸位应该清楚，只有骑在虎背上，才能确保畅通无阻，所谓虎狼虽猛，摸其脾性也可为我所用，说的就是这个道理呀！好了，寡人决心试一下，以仁义道德去感化凶蛮，虽有危险也在所不惜。寡人这就派使臣去报信，约定明年春天，在齐国境内的鹿上，和楚王、齐王会盟。宋国霸业，在此一举！"

话语铿锵中，宋襄公也缜密考虑过，自己有恩于齐孝公，而齐国目前衰落，这个面子，他肯定是要给的。南边的楚国，虽说如同一只恶虎紧盯着中原，但中原诸侯还并没衰落到任他宰割的地步，自己以中原诸侯集体的名义邀约他，他一定会有所顾忌而满足自己的愿望的。这样一想，宋襄公更增添了许多必胜的把握，他有些头脑发晕地想，等明年的现在，自己就已经是当年齐桓公那样的霸主啦！

出于这种心态，对于这次鹿上之盟的意义，宋襄公看得也就格外重大，自然也准备得十分上心。他派公子荡带着厚重礼品，到楚国说明情况，请楚国国君楚成王到鹿上会面，坐下来商议南方各国与中原诸侯如何和平共处的问题。宋襄公没有想到，他唯恐楚国不给面子的这次约会，其实正是楚成王求之不得的一次大好机会。自从齐桓公去世，齐国霸业衰落之后，楚成王就一直在寻找合适的时机，把势力向北扩张，逐步吞并中原各诸侯，进而实现一统天下的梦想。这些年，楚国如同潜伏在树林深处的猛兽，无时不在关注着猎物的动向。靠近楚国的蔡、许、陈、郑等国，在失去齐国的强大庇护后，已先后转而投靠到楚国的羽翼之下。眼下，宋国成为楚国进军中原的最后一道壁垒。而正在这个时候，宋襄公主动来约请自己会面，不正是窥视中原拉拢宋国的绝好机会吗？楚成王非常热情地接待了公子荡，不但回赠大批的南方特产，更是在公子荡面前极尽称颂对宋襄公的溢美之词，说宋襄公即位以后，治民以德，齐民以礼，宋国国力空前强盛，已经大有赶超当年齐国的势头；说宋襄公热心天下大事，急公好义，为诸侯各国事务奔走劳碌，实属难能可贵。最后信誓旦旦地表示，这次鹿上盟会，他一定尽早赶到。

公子荡兴致勃勃地把出使情况禀奏给宋襄公。宋襄公不但心中一块石头落地，简直是喜出望外了，内心的希望顿时膨胀了许多倍。

时光的脚步匆匆，春天说到就到了。宋襄公满心热望地早早来到齐国境内的鹿上，指挥众人搭建盟誓用的祭台，一边安顿住处，空旷的原野上顿时热闹起来。齐孝公出于对宋襄公当年扶持自己的感激，也早早从临淄赶来，以尽地主之谊。有本国国君在场，鹿上的地方官员自然更加卖力，把会场布置得非常豪华。宋襄公视察过场地之后，很是满意，但他对于众人为何如此积极并没考虑许多，总以为正如楚成王说的，自己德行仁义已经浸润天下，大家是出于对自己的敬仰才这样做的。

约期渐渐临近，楚成王还没有到来，但宋襄公并不着急，根据公子荡禀奏的情形，他一定会来的。在等待的这些天里，齐孝公对宋襄公言谈举止处处小心，可谓是毕恭毕敬，这让宋襄公对这次盟会更有信心。开始时他对齐孝公所表现出来的恭敬还不大习惯，渐渐地，也就心安理得了，你的国君位子都是寡人给弄来的，恭敬一点也是应该的嘛！

约定日期的前一天，楚成王终于轻车简从地到来了，宋襄公梦寐以求的盟会就要开始了！

和以前齐桓公召集的盟会一样，三人在高高的祭台下边站定，先是由侍卫把牛羊等祭品安放在坑边，然后礼乐大臣高喊奏乐，震耳的乐声冲天而起，许久方停。接下来就要请参加盟誓的国君登台。按照宋襄公安排好的，宋国礼官以爵位高低来排定三人登台的顺序。宋襄公是公爵，爵位最高，当属第一；齐孝公是侯爵，位列第二；楚成王虽然号称王，但那是他自封的，按周天子的封爵来讲，只是个子爵，爵位最低，当然就是第三了。对于这个安排，齐孝公当然说不出什么，楚成王就感觉不大自在了。不过，楚成王知道自己此行的目的不是为了争夺这个虚名，他要的是实质性的东西，也就压抑住满心的不快，跟在齐孝公身后，登上祭台。

站在高高的祭台上，微风轻拂衣袂，宋襄公仿佛看到了当年齐桓公的身影。"风水轮流转，齐桓公之后，霸主之位由我来接替！"宋襄公满腹自豪地真想大喊一声。他不等大家谦让，一脸严肃地走到挖好的土坑前，坑沿上摆放着放倒的牛和羊。宋襄公从旁边的托盘里抓住尖刀，无比神圣庄严地割下牛的耳朵，放在另一边的玉质托盘中。这就是所谓的"执牛耳"，谁来割下牛的耳朵，就象征着他霸主地位的确立。宋襄公沉浸在庄严和神圣之中，他没留意到，身后的楚成王已经开始忍不住流露出愤怒之情，而齐孝公也满脸的不悦。就是台下观看盟誓的大臣，也是神态各异。宋国的大臣如公子荡、公孙固等人，固然是满心欢喜；而齐国的大臣们则多摇头叹息，似乎是为齐国丧失盟主地位而遗憾；楚成王带来的大臣如令尹子文、大夫成得臣等人，则面红耳赤，愤怒之情表露无遗。大家各自怀揣心思，总算把盟誓仪式勉强进行完毕，没有公开发作出来。

但是宋襄公对这些似乎毫无觉察，他如愿以偿地过了一把盟主的瘾，格外的痛快和兴奋。不过，宋襄公知道，这只是自己成就霸业的一个开端。因为鹿上盟会只有齐国和楚国参加，还不足以影响天下，要想真正像当年的齐桓公那样,还必须让更多的诸侯见识自己的风采。于是在接下来的宴会上,宋襄公拿出一卷简牍,笑吟吟地对齐孝公和楚成王说:"此次盟会,有劳两位。不过,寡人想来,中原诸侯与南方各国如何相处,毕竟是大家共同的事情,若是能召集更多诸侯前来,岂不更好?这次承蒙诸位相让,寡人不逊,占据盟主位子。那么,寡人就斗胆提个建议,今年秋天八月,在敝国的盂地,再举行一次更大的盛会,邀请更多的诸侯,同来会盟,增进彼此了解,缓和南北关系,如何?"

对于宋襄公的不知高低,齐孝公已经开始分外厌倦。齐孝公虽然年纪并不很大,但他一向认为自己很有自知之明,如今的天下,齐国衰落后,自然难以再有称霸的实力和心思,但宋襄公想当下一个霸主,只能是一厢情愿甚至是飞蛾扑火罢了,落下笑柄还算好结局,闹不好就得遭遇大祸。但这话他不能说,也不想说,从内心来讲,他正希望能有这么个国君闹腾着,来转移大家对齐国的关注,使自己减少一些外部压力。而楚成王,通过这几天和宋襄公、齐孝公的交谈,加上盟誓时所见所闻,对中原局势和宋国情况已经了解了不少,一个野心勃勃的计划渐渐在心里形成,他此刻只是如同看戏一般,半是可笑半是可气地看宋襄公还要怎样表演。

见两人沉默着不说话,宋襄公以为他们完全没什么意见,便继续拿出盟主的口气说:"盂地的盟会,需要召集诸侯数量越多越好。寡人深知自己初次担当主人,影响力甚小。故此,请两位鼎力相助,利用各自的号召力,来召集各自周边的诸侯前来参会。"说着看看两人脸色,扳起指头:"中原大国如鲁国、燕国等,齐君来通知好了。至于蔡国、郑国、陈国、许国和曹国等,就有劳楚君了。寡人想,既然盂地盟会是要商讨如何消除战乱还百姓以安定,就索性来个衣裳之会,大家都不要带甲兵保护,坦诚相见,更显得有诚意。两位可有什么意见?"

齐孝公用眼睛余光看一眼楚成王,低下头去。楚成王则一脸漫不经心的笑容,没有吭声。宋襄公正在兴头上,根本没心思去揣测他们到底是怎么想的，只当是一个谦虚、一个赞许，自己的主张自然地就通过了。沉吟一下，宋襄公拿起简牍，先挥笔签上自己的大名，隔着齐孝公递给楚成王："寡人的意思，已经在这上边写得很清楚，若是没什么要说的，就请两位署名吧。"

齐孝公涨红了脸。隔着自己先让楚成王署名，什么意思，这不是明摆着没把自己放在眼里吗？会盟的时候说是要按爵位高低来分顺序，这会儿怎么就不按这个了？虽然并没把这次会盟当成多大的事情，但在楚成王和众人面前，齐孝公感觉自尊心深深受到伤害，若不是碍于场面，他简直想拂袖走开了。楚成王却从这个细微的动作中，觉察到了宋国其实还是惧怕自己的，不管这个宋襄公做出什么令人可笑或者令人惊奇的举动，其实他的内心，仍是对强大的楚国充满了疑虑和焦灼。楚成王更加坚定了自己的计划。

"那好，承蒙宋君信任，寡人就只能尽力而为了。"楚成王很有风度地微笑着，痛快地在简牍上把名字署在宋襄公后边。

宋襄公高兴地点点头，这才拿过简牍放在齐孝公跟前。齐孝公冷笑一声："既然有楚君鼎力相助，寡人怎敢和两位相提并论？这个名，寡人可不敢乱署。只要宋君有令，寡人谨遵就是了。"

"嗯，那也好，那也好。"宋襄公枯瘦的脸皮皱起许多纹路，横七竖八地纠缠在一起，形成的笑容如枯萎的花朵。他显然没听出齐孝公的不满，以为他这是发自内心的谦虚，顺手收起简牍，"其实，中原诸侯由寡人通知也好，更显得寡人出自一片诚心。寡人素来以仁义德行服人，这次盛会，当然更不能例外了。"

齐孝公和楚成王心中是同时发出"哼"的一声，似笑非笑，不知道什么意思。宋襄公一愣，但也没理会更多，含笑回到自己座位上。

从鹿上回来，宋襄公接连几天都处于亢奋之中。他眉飞色舞地向目夷讲述了盟誓时的盛况，把自己执牛耳的情形描绘得格外精彩，然后再把即将到来的盂地盟会的前景讲给目夷，让他务必精心准备。

目夷却表现得格外冷静，他轻叹口气说："主君是否觉得霸业来得有些过于轻易了？"

宋襄公一愣，笑容凝固住："什么意思？"

"意思很简单。当年齐桓公依仗齐国丰厚的物产，又有管仲等贤人辅佐，南征北讨，历经二三十年才终于奠定霸主基业。而主君却仅仅依靠一次盟会，就能让齐、楚这样的强国俯首听命，臣总觉得不大可能。"目夷观察着宋襄公的脸色，尽量语气委婉些，但还是让宋襄公感觉非常刺耳，"齐国先不去说他。单是这个楚国，向来不讲什么道义，出尔反尔几成家常便饭。主君和他会盟，对他而言不过是逢场作戏，哪里会有什么效果？他之所以如此痛快地答应主君的盂地会盟，臣恐怕他别有企图。身居虎狼旁侧，不可不防啊！"

宋襄公脸上的喜气渐渐消散，目夷的话让他忽然想起叔兴的预言，若做霸主恐怕不得善终。不得善终，怎么个不得善终法？神灵没有说，叔兴也就无从知道。但是这个犹豫只一瞬间闪过，宋襄公强迫自己更多地去想想霸业，想想如果真能登上霸主的宝座，不但是自身和宋国的荣耀，更是先祖殷商民族的再一次辉煌，至少部分地洗清被周代灭亡的羞耻。更何况，如果自己成了霸主，能一呼百应号召诸侯，楚国自然要对宋国另眼相看，绝不敢轻易有所举动。不但确保了宋国的安全，也能给中原诸侯遮风挡雨。从这个角度思索，成就霸业的深远意义和现实作用何其之大呀！和这些比起来，让叔兴几句话束缚住手脚，岂不可惜？

宋襄公挺直了身子，用不容商量的语气坚决地说："不管怎么样，即便碰破了头，寡人都要试试！"

第八章　欲逞强再举盟会　施奸计一击得手

从鹿上回到楚国，楚成王立即召见令尹子文和大夫成得臣，让他们谈谈这次参加盟会有何感想。子文首先气愤地说："宋君这个迂腐的老东西，实在是太不识相了！他凭什么执牛耳，他有什么资格执牛耳！大王真是好耐性，要是换了别人，当时就会起身回国，给他点脸色看看！"随即又想起来问："大王既然不想把局面闹僵，应付一下也就算了，何必答应他召集各诸侯再参加什么盂地会盟？"

楚成王含笑点点头，慢条斯理地说："寡人早就想结识一下天下各国的国君了，宋君提供了很好的机会，寡人帮点小忙，也是应该的嘛！"

成得臣上前一步，眨巴着眼睛说："宋君这个人大王也看到了，为人刻板迂腐，偏执于什么仁义德行，喜好名声而没多少实力，轻易相信别人的许诺而不善于变通。这种人其实最好对付了。大王何不充分利用这次盂地之盟的机会，暗地里带上甲兵，趁他不防备时给掳掠过来。有他们的君主在手，宋国还不是要乖乖地听大王的话？"

"唔，是这个主意。"楚成王忽然哈哈大笑起来，"寡人在鹿上的时候，就开始琢磨这个办法了，不费丝毫力气，拿住宋君，让天下人看看，是他的仁义管用，还是寡人的刀剑和勇士管用！只要宋国屈服过来，整个中原，也就尽在寡人掌握之中了。子文、成得臣听令，从今日开始，立刻着手训练一千勇士，到时候寡人要让他们装扮成一般奴仆，混迹于盟会附近，给寡人抓住这个不知天高地厚的宋君！"

天气一直不作美。临近八月的时候，秋雨开始淅淅沥沥下个不停，远处的山和近处的亭台楼阁，都沉浸在无边的薄雾之中，显得淡雅而忧伤。宋襄公的心情也随着似乎不会停歇的秋雨潮湿阴暗起来，他担心这样下去，会影响了盂地的会盟。在距离霸业仅有一步之遥的时候，他不想出现任何周折。每天徘徊在大殿中，遥望着深灰色苍天摇头叹气。好在似乎上天有意照应，七月末的时候，一场清凉的秋风吹过，天空渐渐变淡，云雾层层散开，从深灰变作浅灰，阳光从云层缝隙中照射下来，不知不觉中，高远而碧蓝的天空展现在眼前，如同一面硕大的明镜，让人心里格外亮堂。宋襄公兴奋地从大殿内跳到外边的台阶上，挥舞着袖子高喊："快，快，准备车马，寡人要去盂地！"

目夷听说宋襄公要去盂地，急忙赶进宫里禀奏："主君，楚国地处荒蛮，缺少教化，别人以诚信仁义待他，他却未必遵循这些规则礼数。主君要是非去不可，也得提早安排兵将战车随同护卫，以防万一。臣这就去挑选精壮人手，先操练几天。"

宋襄公眉头一皱："不是早就给你说了吗，这次盟会为衣裳之会，大家均不带兵马，以示坦诚。寡人哪里用得着准备兵将？寡人若是带头破坏承诺，这次盟会还有什么意义？不是自己打自己的耳光吗？"

目夷了解宋襄公的脾性，知道再多说也没用。但终究不放心，便试探着说："那……主君固然以诚待天下，可惜人心叵测，天下人未必个个坦诚如主君，多做些准备总归没有坏处。主君既然不想失了信诺，目夷带领百辆兵车悄悄尾随主君，距离至少拉开三里开外，不让外人发现。若楚君也是单车赴会，没有什么危险，目夷就神不知鬼不觉地返回来。这样两全其美……"

宋襄公摇头摆手地叫他不要再说下去："不妥。一则，这样做仍是失去信义，叫别人知道了，徒留笑柄，寡人颜面尽失，辛苦几年眼看就要到手的霸业也就失之交臂了。再者说，你率部尾随保护，离得太远，根本起不到作用，离得太近，宋国境内地势平坦，没有山冈坡地之类可以遮挡，很难瞒过别人的眼睛，倒不如真正坦坦荡荡来得痛快!"见目夷沉吟不语,宋襄公神情凝重起来,长叹口气:"与楚君打交道,如同与虎狼嬉戏,其中风险,寡人何尝不知?正因如此,才更不能带兵马随行。寡人信守承诺,孤身前去,若是楚君发难,加害于寡人,至少可以博得天下诸侯的同情,让他们认清楚君是何等为人,若能以此促成中原诸侯停息内争,联手对外,寡人虽死而侠骨犹香了!"

见宋襄公这样说,目夷心头一动,忽然发觉其实自己和许多人一样,并不真正了解宋襄公,只是觉得他虽然有雄心,但过于刻板迂腐,其实他内心所想所念的,远非"刻板迂腐"这四个字所能概括得来呀!一股酸楚涌上,目夷眼圈一红,几乎要掉下泪来。他连忙掩饰地低下头去说:"主君深谋远虑,为臣所不及。若是这样,臣愿意陪同主君前去,也好见机行事,有个照应。"

宋襄公立刻赞许地点头答应:"这样好。寡人正担心你按捺不住,说不定哪天又带兵前去盂地呢。这样好,一同前去,彼此都放心。"

盂地距离睢阳并不算太远,加之道路平整,宋襄公和目夷同乘一辆马车,倒也没受什么颠簸之苦。挺直腰身端坐在车厢内,望着两旁高大的树木接连闪过,暗绿色的桑林里,不时有甜美的歌声婉转飘出,远处的村落房舍在淡淡的雾气中恬然安详。直着眼睛看了半晌,宋襄公忽然长吁口气,脸上的皱纹舒展开来,流露出一丝笑意。他看了看目夷,语气少有的温和随意:"寡人此去,倘若真有什么不测,那是寡人咎由自取。你要从速返回都城,即位为君,以免霸业不成,再发生内乱,那样可就真对不起祖上了。"顿一顿,宋襄公忽然笑了,"本来宋国的国君就应该是你嘛!"

目夷脸色有些凄然,他盯住道路消失在天边尽头的远方,徐徐地说:"主君放心,楚国人虽然狡诈凶残,但孰轻孰重还是分得清的。他们贪求的是宋国的土地和财物,而并非人,主君此去,即便有什么意外,也不过是有惊无险罢了,不必过于担心。"

宋襄公不置可否地点点头,神情严肃,看上去更加枯瘦,和道路两旁丰收在望的秋景比起来,很不协调。目夷忍不住想,有了霸主的名声，真能解决宋国的现实问题？为了一个霸业的虚名如此费周折，值得吗？

盂地的地方官员已经按照宋襄公的安排，用土石垒起高高的祭台，祭台上挖好了用以掩埋牺牲祭品的土坑。祭台有三丈多高，两侧各有数十级台阶通往台上。台阶都是用青冈石头铺就，平整宽阔，看上去格外大气。宋襄公沿石阶走到祭台上，放眼四望，远远近近的原野河流，如竹简般整齐排列。地里的庄稼已经泛黄，许多农人正在田间地头忙活着。清风吹来，风举衣袂，宋襄公感觉到从没有过的清爽。想想再过几天，自己就要面对天下诸侯，站在这里执牛耳，读盟誓，那是何等的气魄！就为了有这份荣耀，叔兴代替神灵所说的话即便应验了，都是值得的。况且目夷也说了，即便真有什么意外，楚国的目标不是要自己的命，他这人向来思虑周密，一定不会错的。看来，所谓不得善终，也只是有惊无险地虚惊一场，那就更不用担心了。宋襄公不禁神采飞扬地朝着宋国的广阔原野，挥了挥衣袖。

再到别处看看，会场周围供各国君臣休息的馆舍也已经修建完毕，从内到外装饰得富丽堂皇。所需要的各色食品也都准备停当，连马匹的草料，宋襄公也亲自看了看，仓房里堆积得满满当当，这让他很放心。"此次盟会非比以往，不但齐、楚两国的国君要来，中原各诸侯，连同南方大小部族头领，也都要参加。各类吃穿用度，一定要准备充分，宁多勿少。免得到时候不够，显得寡人没有诚心。"听着宋襄公的再三嘱咐，执事官员唯唯诺诺地答应着，连忙表示要再想法子多去筹备。

充满了期待的紧张和兴奋中，盟会的日期一天一天地逼近了。让宋襄公有些沉不住气的是，预先通知的诸侯，至今没有一个到来。别是又和上次曹南盟会一样，冷了场吧？宋襄公极不情愿地想，上次通知的不过是几个小国，他们耽误了日期，还可以耍耍威风，这次要是楚国、齐国和鲁国等大国的国君迟到了，该如何处理？硬的显然不行，不处置吧，又说不过去，叫其他诸侯看笑话，唉！一连两天，宋襄公搓着手在馆舍里闷头踱步，暗暗祈祷这些国君一定准时到来，别再给自己出难题。

好在约定日期的前一天，楚成王到了，这让宋襄公长舒口气。随同楚成王一起来的，还有临近楚国的一些小国国君，如陈穆公、蔡庄公、郑文公、许僖公和曹共公等人。他们跟随在楚成王的身后，如同楚国的臣子一般。他们能如期到来，很显然是在看楚成王的眼色行事。这让宋襄公看在眼里很不舒服。不过来了总比不来强，宋襄公还是拿出十二分的热情来迎接招待大家。

"怎么，他们都还没到？"接风的宴会上，楚成王看看身边，除了自己带来的这几位国君，就剩宋襄公了。他睁大了眼睛问。

"这个，这个……"宋襄公脑门子上流下汗来。此刻他恨透了齐孝公，别的国君不来，你总得来捧场吧，别说当初鹿上会盟你答应得好好的，就是看在寡人扶持你回国即位的份上，也不能给寡人摆这么大的难堪吧！想到这里，宋襄公随即也恨透了其他中原诸侯，你们答应了前去报信的使臣，却连个屁也不放地就不来了，这岂不让楚国看到了中原诸侯的松散，只怕人家日后向北扩张会更加来劲了！唉，不争气呀，不争气！脑子里如旋风般刮过许多念头，宋襄公低下头去，苦笑一声："楚君有所不知，中原各国此刻忙于秋收，国内政务繁多，他们已经给寡人打过招呼，说是迟上一两天来。"

"哦，是这样，难怪，难怪。"楚成王大悟似地呵呵笑着，把杯中的酒一饮而尽。

可是中原诸侯们似乎是有意让宋襄公出丑。预定盟誓的日期已经过去了三天，齐、鲁等大小诸侯国的国君们，仍是一个没到。楚成王的脸色已经由调侃变作疑虑，又由疑虑改换成讥讽。再到后来，陈穆公、蔡庄公这帮子小跟班的，也不禁流露出不以为然的神色了。宋襄公暗暗把这些看在眼里，但丝毫没有办法，最后，他咬咬牙对他们说："诸位，寡人想来，中原诸侯个个忙于国内那点焦头烂额的政务，再者他们也对寡人格外信任，所有盟誓和承诺，寡人完全可以做主。不必等他们了，寡人愿意代表中原所有未到的诸侯！"

"唔，这个也好。"楚成王似笑非笑地点点头，"寡人国内有许多事务等着处理，总这样等下去也不是办法。就按宋君所言，开始盟会吧！"

宋襄公压住心头的不快与羞耻，振作精神，让目夷传令，诸侯大会盟即刻开始！

号角吹响，雄壮中透着苍凉，在高远而晦涩的天空下回荡。踏着阵阵鼓声，宋襄公和楚成王等人穿戴整齐，站在通往祭台的台阶下。按照规矩，宋襄公是主人，要从左侧的台阶登上高台，而楚成王他们则是客人，从右侧的台阶上去。宋襄公脸色凝重如山，一手微微提起袍摆，消瘦的脸上多了几分紧张和不安。他知道，登台的顺序好定，而登上祭台后，由谁来主祭，谁就是盟主了。这些天来，大家闭口不谈这个事情，其实心照不宣地都在惦记着这个问题。尤其是宋襄公，鹿上之盟时虽然是自己提出要召集这个盟会的，但也并未明确说自己要做盟主，楚成王他知道自己的意思吗？

忐忑中，大家分立在祭坑边沿的供桌旁，接下来就要由盟主上前执牛耳歃血为盟了。热血一股一股地直冲宋襄公脑际，他偷眼看看旁边的楚成王，真希望他能主动开口推举自己上前主祭，哪怕只是一句客套也算。可是楚成王昂首挺胸，直盯着远方，目无旁骛，在仔细观察着什么，根本没注意到自己的示意。宋襄公顺着他的眼光看去，前方是郁郁苍苍的树林，一片无边的暗绿色，漫无边际像一个碧波荡漾的湖泊，在瑟瑟秋风中暗流汹涌。宋襄公心烦意乱地收回目光，隔过楚成王再看看其他国君，一个个耷拉着脑袋，懒洋洋地打不起精神，好像这次盟会和他们并没多大关系似的。

宋襄公长叹口气，体体面面地当盟主是指望不上了，但强烈的冲动让宋襄公无法自抑，厚着脸皮也要当！他急匆匆地想了想，轻声咳嗽一下说："今日有劳诸位来盂地盟会，没别的原因，主要是继承齐桓公未竟的事业，尊王安民，中原各国与南北各族息兵罢战，让天下百姓共享太平。这是寡人最大的心愿，希望能在今日之盟上真正得到实现。诸位以为如何？"

陈、蔡等国的国君们依旧耷拉着脑袋，和没听到一样，丝毫没有表态的意思。宋襄公知道他们是等楚成王的口令，他们不过是一群木偶罢了，根本指望不上。可是楚成王仍呆呆注视着远方，不知心里想些什么。宋襄公忍不住扭过头去盯着他，提高声音说："方才寡人所说的，不知妥当与否，楚君有何见教？"

"啊，好，好。"楚成王看一眼面色肃穆甚至有些气愤的宋襄公，不急不躁地笑笑，"好当然是好，不过，一户之中必有当家之人，一事之上必有主事君子，不知这次主持盟会的盟主要推举谁呀？"

看着楚成王装疯卖傻的神态，宋襄公在心里恨恨地骂一声娘，咬着牙说："这个简单，谁做盟主不是靠大家谦让客气的，要有所凭据才成。要寡人说，标准其实很简单，有功劳论功劳，无功劳论爵位，简单明确，岂不是很好？"

楚成王不动声色地笑了，他抬起粗糙的大脸盘，用异样的眼光看看宋襄公，缓缓说："很好。既然宋君这样提议，说到功劳，大家都还谈不到为诸侯安定立过什么大功，就按爵位高低吧。那么，寡人只好勉为其难，做一回盟主了。"

宋襄公一愣，他之所以提到爵位，是因为自己在爵位方面有着先天的优势。当年周灭商后，或许是出于安慰商朝亡国遗民的缘故，周天子把商朝遗民集中起来居住在宋国这个地方，封宋国的国君为公爵，在诸侯中是爵位最高的一个等级。而楚国不过是被周朝征服的蛮夷部落，他们的君王被周天子封了个子爵，是爵位中最低的一级，负责给天子宗庙看守祭品，比起公爵来，要低微许多。他楚成王凭什么敢拿爵位和自己相提并论？宋襄公忽然想起来了，自周王室衰微以来，楚国国君就脱离了朝廷的控制，称起了"王"。可是他这个王是自封的呀！宋襄公又气又急，口不择言地说："论爵位寡人是公爵，位列第一，你不过是个子爵，爵位比寡人小了四级。至于你那个王位，不过是你自己冒用的，不足为凭。你那假王怎能比得了寡人这个真公！所以说，理当是寡人来主持盟会最为合理！"

宋襄公说到气头上，声音越来越高，语调也更加尖刻。目夷从身后悄悄扯一把他的衣袖，但宋襄公不管不顾，只顾唾沫喷溅地叫嚷。

楚成王却显得异常冷静，面无表情地打量一下宋襄公，撇撇嘴说："既然你说寡人爵位最低，寡人这个王是假冒的，那你如何还要邀请寡人这个假冒的王来这里参加盟会？你这样说，岂非当着天下人的面，自己打自己的耳光？"

宋襄公没料到楚成王会装疯卖傻，情急之下提高声音叫嚷："你之所以来这里参加盟会，是上次鹿上之盟时答应好了的，你答应要以宋国为主，召集诸侯盟会，还在简牍上署名。怎么事到如今，却突然不提前时所答应的事情了？"

楚成王目光一凛，脸色骤然大变："以宋国为主？宋国何德何能，就好意思让别国以你为主？你问问他们！"抬手指点着身旁的陈穆公、蔡庄公、郑文公、许僖公、曹共公等人说，"你问问他们，到底是为宋国而来，还是为楚国而来？你们不用怕，有寡人在此，实话实说就是！"

楚成王的声音不是很高，却透着一股说不出的震慑力量，和宋襄公高而空洞的嗓门恰好形成明显对比。此刻陈穆公他们不能再不发话了，他们面面相觑片刻，声音低微而明确地表示："我们正是接受了楚君的邀请，才赶过来的。"

"怎么样，听清楚了吧！"楚成王哈哈大笑，拍拍宋襄公的肩头，"谁是真正的盟主，宋君若是不傻，也不装傻，应该早就知晓了，何劳大家明说出来？也好，既然说出来了，寡人也就不客气，只好做一回盟主了。"说着伸手去取祭桌上托盘里的短刀。

宋襄公知道他这是要用短刀去割牺牲的耳朵，以便歃血为盟。如此一来，他就真正是执牛耳的盟主了。这还了得，自己没圆了做盟主的梦，倒给楚国做了一锅现成的好饭，这不是自己引火烧身徒惹笑料吗？宋襄公情急之下，来不及多想，忙抢先把托盘里的短刀抓在自己手中，刀尖恰好指着楚成王。楚成王似乎是吓了一跳，粗壮笨拙的身子向后蜷缩一下，把他身后站立的大臣成得臣显露出来。

成得臣膀大腰圆，脸上皮肉沟壑纵横，表情丑恶狰狞，让人望而生畏。成得臣不失时机地跳上前来，抓住宋襄公手中的短刀，高高举起，大喝一声："众目睽睽之下，宋君手握利刃对准我王，是什么意思！难道在你宋国的地盘上，就可以为所欲为了？宋君处处标榜仁义道德，可见都是扯谎！"

宋襄公不料自己一个贸然的举动会被人认作要行刺楚成王，气急败坏却说不出话来。宋襄公身后的目夷见状知道不好，但身边没有什么得力人手，自己一个文弱之人，和成得臣根本没法争斗，干着急却不知如何是好。他此刻才倍加后悔不该全听了宋襄公的话，以至于身边没带一个武将。

"你身为国君，满口仁义道德，却依仗会盟地点在宋国境内就欺侮别国国君，难道我们就不会提前做些准备吗？今天也叫你看看楚国的本事！"成得臣说着，一把将宋襄公手中的短刀夺过来扔在地上，一边把身上的长袍扯去，露出里边穿戴整齐的明晃晃的铠甲。

宋襄公差点瘫坐在地上，耳旁嗡嗡响着一个沉重的声音："不得善终……"

第九章　仁义大战遭惨败　霸主伟业成画饼

　　成得臣不等大家反应过来，一手拉住宋襄公，一手从腰间扯出一面红旗，冲台下来回摇摆。远处郁郁苍苍的树林里忽然亮光闪动，仔细一看，无数兵将正从树林里冲出来，直奔这边的祭台。宋襄公心里已经明白了怎么回事，还是低头眯缝了眼睛去看，那装束，可不就是楚兵嘛！他立刻绝望地知道，这次真的完了！情急之下，他还有些清醒，他匆忙朝身后使劲挥了挥手，趁乱大声说："快跑，快赶回去守城抵御！"

　　随着大队的楚军直冲到台前，场面立刻混乱起来。宋襄公来时只是象征性地带了几名侍卫，还是个个身穿便装，连兵刃也未曾随身携带，面对如狼似虎的楚军，只能惊慌失措地乱作一团。而陈国和蔡国等随同楚成王来的那些小国国君，其实也并不知道楚成王暗中带了这么多的兵马，他们也唯恐楚国趁机把他们一并给解决了。于是祭台上人头晃动，各种腔调的哭喊声此起彼伏，顿时乱成了一锅烂粥。不过，最恐惧的还是要数宋国臣僚，求生的本能让他们跌跌撞撞地往祭台后边跑，抱头从陡峭的斜坡上翻滚下去，然后再连滚带爬地越过几块庄稼地，看看楚兵没追上来，这才略松一口气，紧张连同惊吓，让这些侥幸逃脱性命的人险些晕厥过去。

　　而祭台上的宋襄公被成得臣牢牢抓住胳膊，丝毫动弹不得。目夷站在他身后，明知不起作用，还是伸手去撕扯成得臣。宋襄公满头大汗，瞪大眼睛在乱哄哄的声音中高喊："忘记来时所说的话了吗，快走！寡人可灭，宋国不可灭！"

目夷迟疑一下，看看楚兵已经从台阶冲上来，再不走，可真就走不脱了，他挥袖抹一把脸上说不清的汗水或是泪水，后退几步，叫一声："主君珍重，时局尚可挽回！"就翻身从后边的坡上滚落下去。

由于楚成王最初定的就是擒贼擒王的策略，并没有准备要大肆屠戮，所以成得臣和楚成王的心思只在宋襄公身上，对其他大小臣子的逃跑也就听之任之。而陈穆公等人看到楚兵冲上来之后，只是刀枪林立地站在四周，并没有要冲杀的意思，顿时放松许多。一番哄闹之后，宋国臣子和侍卫基本上跑得一个不剩，台上逐渐平静下来，楚成王示意成得臣松手，宋襄公浑身被汗水浸透，软绵绵地跌坐在地上。

楚成王慢步走到宋襄公跟前，凶恶的脸上掩饰不住嘲讽，盯着他看了片刻，哂笑着说："怎么样，宋君，今日盂地会盟，感觉很新鲜吧？"

宋襄公喘息着粗气，瞥了一眼楚成王，忽然不服气地大声说："论地域、人口和实力，楚国也算是响当当的大国了，怎么可以如此不讲信义？说好了衣裳之会，谁都不带兵马，当时你也答应了的，如今出尔反尔，寡人即便被擒，也不算失了脸面！"

楚成王冷冷一笑："迂腐之辈，放眼看看，如今的天下，弱肉强食，谁还管什么脸面！你失没失脸面，对寡人来说都是一样，都是案板上多了条任寡人宰割的牛羊。你方才不是说寡人的封号是假冒的吗，假的把真的给擒住杀掉了，你说说，到底什么才是真正的？"

宋襄公一愣，没心思和他饶舌，额头上滚下大粒汗珠，他结结巴巴反问一句："怎么，你，你真的……要杀寡人？"见楚成王不置可否地冷笑，宋襄公忽然激动起来，跳起身指着楚成王的鼻子大喊，"寡人向来以仁义待人，从不失信诸侯，此情此景，上天可鉴！寡人不过欲求造福天下百姓，让诸侯平息战乱，试问，这样做有何过错，竟然要招来杀身之祸？"

看宋襄公不顾一切激愤的神态，楚成王用眼睛余光扫视一下其他国君的表情，渐渐严肃起来，上前一步，也抬手指着宋襄公的鼻子，大声质问:"那好,既然你口口声声仁义道德,那么,寡人问你几件事情。第一,当初齐桓公离世之后,人家既然有长子公子无亏继任君位,你为何又挟持他的小儿子公子昭,大肆侵凌齐国,硬是干涉他国内政,又是趁人家国丧期间用兵,这合乎仁义道德吗?第二,曹南盟会中,鄫国国君不过因故稍微去迟了几日,你竟然痛下毒手,试问,古往今来有几个国君被这样对待过?第三,你既然如此痛恨盟会迟到之人,那么这次盂地盟会,齐国、鲁国等国的这么多国君一个没到,你如何不把他们尽数捉来,全部杀掉?由此看来,你言行不一,欺软怕硬,哪里是什么仁义道德,分明是作威作福!第四,你不顾宋国人少力微,疆域狭小,却妄图做什么盟主,简直是贻笑天下。不度德量力而盲目劳民伤财,算不算仁义?第五,你既然在鹿上盟会上求寡人帮你召集诸侯,你既然知道楚国实力要远胜宋国,却仍旧没有谦让之情,非得要争盟主的虚荣,这合乎不合乎礼仪?不合乎礼仪的言行,算不算仁义?寡人随口就能数上来你五大不仁义之举,亏你还有脸把仁义挂在嘴上!"

宋襄公从来没料到貌似粗鲁凶残的楚成王,竟然有如此心机和口才,一连串的发问,让他瞠目结舌,根本没有反驳的余地。看宋襄公耷拉下脑袋,楚成王冷笑一声:"你抬眼看看,寡人早就知道,这次盂地盟会不过是你借机抬高身价的把戏,寡人身为大国国君,岂能容忍被你玩弄于股掌之间?故此才带来兵马,以防不测。哼,既然你已把戏台搭建起来,寡人就陪你演到底!"说着他挺身招呼成得臣:"传寡人令,立刻把带来的千乘兵车和千员战将分作五队,就地休整准备,明日一早,杀奔睢阳城!"

宋襄公脑袋嗡的一声巨响,楚成王后边说的什么话他已经听不清楚,他的耳朵里只回荡着神灵借叔兴之口传达的预言:"若做霸主恐怕会不得善终,不得善终……"他拼命摇晃着脑袋,挣扎着大喊:"寡人性命可以不要,千万别伤害宋国百姓!"

目夷逃回睢阳城已经是第二天的正午时分。跟随宋襄公去参加盟会的其他大臣,也或前或后地陆续赶到城中。大家对视一下,不禁哑然苦笑，平日里都是衣服鲜亮、气度昂然，现如今一个个却和叫花子差不多，破衣烂衫蓬头垢面，有的人脸上、胳膊上还到处是擦伤，黑糊糊的血迹更显得恶心。但此刻大家顾不上相互揶揄，甚至连换洗的心情也没有，探马急匆匆跑回来禀报说，楚军大队兵车和兵卒已经向睢阳挺进，最迟明日就会兵临城下！

怎么办？大家惊魂未定又焦头烂额。国君被人扣押至今生死不明，群龙无首，面临的又是天下最强大凶残的楚兵，情势实在太凶险了。就在这个关键时刻，公子目夷回来了。大家立刻围拢过去，用期待的眼光盯住他，仿佛身家性命能不能保住，从他这里就可以得到答案。大家都知道，其实这些年来，宋国的大小事情，多半出自目夷的筹划，他能逃回来，群龙至少有主心骨了。目夷看看大家，把眼光落在留守睢阳的公孙固身上。自从目夷担任上卿大司马辅佐宋襄公之后，公孙固就身居司马职位，掌管兵马调动。

"公孙将军，楚兵说到就到，你即刻调兵把守四门，城墙上要多放兵力，楚军最善于登城，这个你是知道的。另外……"目夷把眼光又投向群臣，"诸位不用惊慌，我宋国虽然地势平坦，无险可守，但宋国数百年来居于四战之地，能至今而未被强国吞并，自有其道理。我宋国扬长避短，因地制宜，在无险可守的情况下，利用劳力和土木丰富的优势，把每一座城池都修建得异常高大坚固，特别是都城睢阳，更是如此，城墙高四丈，宽可跑马，全用上好的青砖垒砌而成，垒砌青砖用的是宋国特产的黏土，黏性极强。城墙修好后，再用大火烧烤数日，使之从里到外变作一个比岩石还要坚硬的整体，敲击起来铿然有声，如同生铁。城墙外边的护城河也是精心设计开凿而成，不但深不可测、宽阔无比，而且引来睢水注入，水位始终高涨。城内常年储藏着大批粮食，全城军民如果从一开始就节省着用，与围城敌人耗上一年半载都不成问题。所以说，大家根本不用惧怕楚军，务必各守其责，只要人心不动摇，宋国就不会被撼动半分！"

听他这样说，众人立刻放下心来，压抑的气氛轻松许多。公孙固钦佩地点点头，随即想起来一个事情："上卿，常言说得好，天不可一时无日，国不可一日无君。主君他如今被楚军扣留，国中无君主，终究会人心惶惑。公子虽然位列上卿，但发号施令终究受很大约束，于大敌当前的局面十分不利。臣冒死进言，请公子暂时摄居君位，代国君行令，这样一来，百姓心安，兵将振奋，才能确保宋国不被楚国攻下。"

"对呀，司马言之有理，请公子不要推辞！"

"就是，就是，主君如今生死不明，还是尽早安定人心为上策。"

经公孙固一开头，大家立刻喊喊喳喳议论起来，有人真心这样想，也有人是随大流，还有的认为宋襄公一定是凶多吉少，正好顺应潮流立他个拥立大功。场面顿时热烈许多。目夷含笑看看众人，点点头说："诸位，就是司马不提这个事情，目夷也正要说到。主君临赴会前，就告诉目夷说，楚国人凶残而狡诈，为了以防万一，倘若他有闪失，国事就暂交目夷接管。目夷不敢违令，只能先摄居君位，代替国君执法，望诸位努力向前，只有抗拒楚军，才能既保住宋国，又救回主君。"

大家纷纷点头称是。也有人不以为然，既然摄居君位了，救回不救回宋襄公，其实已经没多大意义，就是把他救回来了，难道再把君位还给他不成？到手的财宝拱手让人，谁信？不过，大家联想到他们兄弟当初相互推让君主位子的情形，不免又怀疑起自己的世俗见解。

目夷和公孙固沿城内四处奔波，一夜没有消停。刚刚把兵力分派完毕，登上城头眺望，远处的烟尘已经遮天蔽日、腾空而起，楚军杀气腾腾地来到了。

"不要惊慌，不要着急！"目夷站在墙头上，对着下边的兵将大声说，"敌军远来，必不急于发动进攻，他们要先安营扎寨，休整以后，明日或今夜来攻城。从容些，急则生乱，乱则生变。楚军并不可怕，从容应对，不要惊慌！"

目夷和公孙固等人四处吆喝，逐渐让大战来临前的紧张气氛宽松几分。目夷知道，不但是宋国，中原各诸侯国无不对楚军怀有一种天然的惧怕心理，这些楚国兵将身上似乎沾染着某种神秘气息，让人觉得和他们作战，就是同神巫比拼，心理上不大适应。

第二天天蒙蒙亮的时候，楚军开始发动进攻了。从城头上看下去，楚军的盔甲在阳光下闪着乌亮的光，战车上用各种油彩画着青面獠牙的鬼神，骇人心魄。他们的兵力很多，整个田野满满当当，望不到边际。不过，作战经验丰富的将领也看了出来，其实他们有意把战车的距离拉得很远，这样阵势固然大，但兵力绝对没他们宣扬的那样多。

楚成王站在最前边一辆装饰华丽的战车上，左边是大将斗勃，右边是成得臣。战车下边，两侧各站立百余名侍卫，高举着长戟和金瓜，淡青色寒光和黄铜的反光交相辉映，让人不敢逼视。战车上丈余高的大旗迎风呼啦啦作响，增加了威严和气势。楚成王抬眼观察片刻，他也被如此高大而坚固的城墙吓一跳，心里顿时有些发虚。

旁边的成得臣似乎看出楚成王的顾虑，低声说："大王不必担心，大王手中有最好的攻城利器，还用怕他城高池深？"

楚成王点点头，朝身后一挥手，一辆普通战车被推上前来。目夷和公孙固、公子荡等人站在城头，不眨眼睛地看他要玩什么花样。只见楚成王吩咐了句什么，有兵士从战车上拉起一个人来，身穿绛红色大袍，头发蓬乱，看情形表情很是激动，正嚷嚷着什么。城头上的众人立刻呆住，这不正是自己的主君宋襄公吗！

楚成王微微一笑，吩咐一个高嗓门的士兵走到护城河边，冲城上喊话："喂，城上的人听着，你们的国君在这里，要活要死，全都看你们这些臣子的啦！你们要是立刻开门投降，不但能救你们的国君，宋国所有臣民也可免去浩劫。否则就是你们逼死了国君，十恶不赦！"

虽然许多人预料到楚国会来这一招，但真正事到眼前，大家还是面面相觑不知该如何回答。投降固然不可取，但不管不顾地开打，似乎真像人家说的，是在有意逼死宋襄公。这个罪责太大了，谁也不敢担当起一点点。大家不约而同地把目光对准了目夷。

目夷似乎早有打算，他冷笑一声对众人说："楚人狡诈，这点诡计意欲把我等推向两难境地。好在主君提前有过交代，宋国在，他的性命就不会有危险，宋国亡，他必遭难。不但主君遭难，我等肯定无一幸免！故此，诸位不必多想，守城卫国，就是在保护主君！"见众人流露出赞许的神色，目夷叫过一个号令兵，低声吩咐几句。号令兵说声"遵命"，撒腿跑到城墙最往前突出的地方，亮开嗓子高喊："城下的听着，我宋国已经有新国君了，你们手中的先君，于宋国社稷已无任何影响，随你们如何处置，我们管不着。要是你们非要攻城，我们兵精粮足，支撑两年都没问题，不信就来试试吧！"

楚成王一愣，他没料到对方反应这么快，这么干脆利落，连个讨价还价的机会都没给。成得臣注意到了楚成王有些失望的神情，径自跳下战车，走到护城河边大喊："喂，宋国还仁义之国呢，连国君都不要了，还什么仁义，狗屁！要是我们把他给放了，你们如何报答我家大王？"

"看看，他们已经没底气了。"目夷笑着对大家说，也探身对下边高声喊，"先君曾有教诲，善待百姓为仁，保全社稷为义，宋国如今所作所为，正是最大的仁义。你们以别国国君为要挟，如同劫持了他人父母然后去索要财物，堂堂南方大国，如此作为，与强盗何异！有何脸面提起仁义二字！"

成得臣一介武夫，肚里本来就没什么墨水，被目夷几句铿锵话语说得哑口无言，面红耳赤地走回来。楚成王恶狠狠地甩动手中的长缨："小国只会饶舌，别无所长。不用和他们啰唆，立刻攻城！抓住他们，寡人要割下目夷的舌头下酒！"

成得臣和斗勃连忙挥动红旗，指挥各路兵车和士卒，开始搭建浮桥，准备强行登城，一边命令弓箭手向城上密集射箭，掩护城下的部队。

见楚兵开始进攻，目夷和公孙固等人各自指挥一侧，等敌人通过浮桥，来到墙根时，红旗招展，城头上顿时礌石和檑木如雨点般落下，另有弓箭手向浮桥上使劲发射火箭。片刻工夫，行进到墙根下的楚兵被檑木砸得哭爹叫娘，抱脑袋逃命都来不及，根本谈不到攀爬城墙。可是等他们当中少数人侥幸退到浮桥跟前时，浮桥已经被火箭点燃，成了火桥，最后烧得断作几截沉到水中。这些人顿时成了还在喘气的死鬼，绝望的喊叫惊心动魄，听得楚军阵营人人脊背发冷。

如此三番，几经冲锋，楚军死伤很大，睢阳城墙却丝毫没半点损伤。"常听人说，大小诸侯国中，唯有宋国城防最为坚固，看来实际情况比听说的更为厉害呀！"看着成队的伤残兵卒被抬着或搀扶着从旁边走过，楚成王完全没了最初的得意，摇头叹息一声，对身后战车中的宋襄公冷冷一笑，"宋君，怎么样，寡人虽然初战失利，而你却轻易被宋国抛弃，寡人如今虽然想送你回去，却也没有办法哟！可见你在国人心中，并非什么明君嘛！"

宋襄公刚成为楚国俘虏时，他是抱定了必死之心。可是看看楚成王似乎并没杀自己的意思，他又开始心存侥幸地想，或许楚成王只是恼羞成怒，完全为了争夺盟主之位罢了，并没有要彻底翻脸的打算。直到被楚成王带着杀奔睢阳，宋襄公才意识到了问题的严重性。楚成王不仅要掳掠自己，更要趁机吞并宋国！可叹自己一心要成就霸业，想为先祖争回面子，不料却最终引火烧身，反倒羞辱了祖宗，倘若真的就此毁掉了先祖基业，自己真是死了也无面目见先人于地下呀！这种要命的担心一直持续到亲眼看见楚军惨败，才完全轻松下来。短短的几天工夫，如同做梦一般，宋襄公经历了大喜大悲，从即将成就霸业到沦为阶下囚，从对死的恐惧到对生的渴求，从心怀侥幸到悲愤绝望，如此波澜起伏，简直让宋襄公有些经受不住了，他的精神几乎快要崩溃，神智开始有些恍惚。

在这种情况下，对于楚成王的嘲弄，宋襄公并没什么感觉。他只是摇了摇过早花白的脑袋，表示听到了，但什么也没说。

楚军围困住睢阳城，一连围攻了几个月，睢阳城始终坚固如初，铜墙铁壁般不可动摇。楚军使尽各种攻城办法，但都被守城经验丰富的宋军一一破解。最后，损失更为严重的，仍是楚军。更为泄气的是，架起云台观望城中情形的士兵禀报说，看见睢阳城内男女老少都在奔忙着运送礌石、檑木、箭镞等守城用具，还有许多人在城内的开阔场地晾晒小麦等粮食。楚成王本意是强攻不成后，还可以困死城中的兵将，让他们粮食匮乏时不战而降。如今看来，这个计划显然行不通了。楚成王长叹一声，无可奈何地下令撤兵回国。

在楚军撤围返回的前夜,成得臣进到楚成王大帐中,询问如何处置手里的这个宋襄公。

"大王,以臣看来,宋君兹父已经成了废物,杀掉算了,省得带来带去还碍事。"

楚成王沉吟片刻,忽然诡秘地笑笑,摇了摇头:"不。废物不废物,要看放在哪儿。兹父食古不化,如同一块烂石头,留在这里当然没什么用处。不过,既然一块烂石头,杀掉了也没什么好处,反倒给中原那些诸侯留下话柄,更要说楚国如何凶残了。寡人想在撤兵前,把他给放了。"

"放了?"成得臣一愣。

"对。让兹父自己安排造化。倘若目夷真的要做国君,他必然会杀掉兹父,这样,目夷就落个弑君的罪名,宋国必然大乱。若是目夷还像先前那样,把国君让给兹父,兹父如此迂腐,岂不是楚国之福?"楚成王手捻髭须,慢悠悠的话语里透着得意。

成得臣眼睛一亮,满是钦佩地连连点头。

不过,无论是退兵撤围还是释放宋襄公,都不是说做就能做那么简单。倘若就这样退去,好像自己吃了败仗似的,面子上不好看。假如不声不响地放了宋襄公,好像惧怕宋国似的,也说不过去。楚成王早就考虑好了这一点,他提前已经派大夫斗宜申出使鲁国,把攻打宋国掳掠的部分战利品送过去,作为见面礼,名曰"献捷"。鲁国国君鲁僖公对于楚国使臣突然到来,又无缘无故地给自己献捷,很快便明白其中的含义,原来楚成王是要自己从中调停,给楚国撤围找个台阶下。这种不出力又能讨好双方的事情,鲁僖公当然求之不得,尤其是能和楚国这样的强国拉上关系,更是让鲁僖公格外积极。于是,在鲁僖公出面调停下,宋国和楚国达成和解,楚国表示原谅了宋君的无礼,从宋国撤兵,并且把宋襄公予以释放。宋国也已经被围攻得精疲力竭,赶紧奉送上丰厚的礼品,作为慰劳和赔礼。一场战乱,就此化解。

短短的几个月里,宋襄公从险些登上霸主地位的国君,突然就变成了阶下囚,眼下又由阶下囚成为一个什么也不是的人物。从楚军兵营里出来，宋襄公满脸愧色，实在不好意思去鲁僖公那里答谢救命之恩，悄悄地溜走了。尽管这不合乎礼仪，但宋襄公已经顾不了那么多。他也没心思回宋国，而是绕道去了卫国。那里有自己的母亲和舅舅，他们的宽容与温情，可以让自己疲惫的身心得到栖息。

不过，宋国很快就知道了他的行踪。目夷亲自率领几个得力大臣，到卫国请求他回去，并诚恳地说："主君，目夷按主君的吩咐，为主君坚守城池，以待主君早日回国主政。如今楚王计穷力竭，主君其实是战胜了楚国，为何让宋国臣民长久期待却不赶紧回国呢？"

宋襄公知道，目夷的话是真诚的。而自己，身心平息了这些日子，羞辱已经渐渐消退，他也意识到，正如目夷所说的，宋国并未失败，而楚国其实也算不得胜利，没什么可羞辱的。那么，自己这么多年来一直坚持的仁义有错吗？没有，仁义是没错的，通向霸业的道路应该有坎坷，但争取霸业本身并没有错。对，要继续努力！宋襄公感激地看看目夷和公孙固等人，霍然站起身，踌躇满志地挺胸而立。

当宋襄公返回宋国，从兹父又成为宋襄公之后，他比以前改变了许多。他不但继续高举起仁义道德的大旗，和中原各诸侯国努力交好，更加强了兵力训练。和齐国尤其是齐桓公时期比起来，宋国的兵力要弱小许多。齐国在齐桓公的时候，军队分作三军，兵力总数要超过四万，加之每次征战，都有大批小国出兵出力地追随，气势当然更是其他国家望尘莫及的。而宋国最初只有一军，人数在一万二三千左右，到了宋襄公继位，把兵力扩充到左、右二军，由公子目夷率领左军，宋襄公则亲自统率右军，但即使这样，宋国处于南北争夺的战略要地，在没有任何天然屏障可以借用的情况下，兵力仍然显得要薄弱许多。尤其和南方的楚国比起来，更是单薄。盂地之盟，让宋襄公比以前任何时候都认识到兵力强大的好处。因此，返回宋国的宋襄公最大限度地充实了左、右二军，让公孙固和目夷等人着手抓紧训练。宋襄公又萌生了一个在他看起来更加现实的计划，既然依靠一次盟会难以确立霸主地位，看来霸业注定要在热血中铸就，宋国必须找机会来一次战斗，一次扬名天下、酣畅淋漓的战斗，只有这样，才能震慑小国，才能跻身于齐楚等强国的行列!

机会恰如其分地很快来到了。

就在宋襄公加强训练军队的第二年春天,一个令人惊讶的消息传来。也算是中原大国的郑国,其国君郑文公竟然带着丰厚的礼物,亲自去朝见楚王。据说郑文公在楚成王面前奴颜婢膝,一口一个臣子如何如何,低贱得真够可以。宋襄公闻听之后,气愤得满脸通红,拍打着桌案大叫:郑国国君是出身王室的姬姓贵族,是周天子之下关系最为密切的臣子之一,怎么可以在蛮夷之前低三下四到这种地步!试问郑国国君何曾在周天子面前如此小心侍奉过?这不是认贼作父又是什么!

气愤之后随即升上来的念头又让宋襄公激动不已。这些年来自己一直高张"仁义道德",何为"仁义"?代天子铲除奸邪就是最大的仁义!既然以目前的兵力不能和楚国作战,何不趁此机会讨伐郑国,一则给楚国看看,寡人依旧是中原诸侯的倡议主力,再则也让天下诸侯知道,宋国的"仁义道德"和兵力都足以称雄天下。对,就这样办!

找到突破口的激动让宋襄公坐立不安,他立刻安排目夷辅佐自己的儿子王臣留守国内,而他自己则亲率大军,要进攻郑国。

和许多先例一样,目夷对于这个决定并不赞成,他提醒宋襄公说,攻打郑国,必然会招致楚国的援助,只怕郑国没有拿下,自己反受其害,中原战乱若是由此开始,那宋国就成千古罪人了,所以说,还是暂时按兵不动,静观其变为好。

对于这个说法,宋襄公在心底里其实很认同,但他更期待着奇迹的发生。在守成与成就梦想的交叉路口上,宋襄公略微犹豫片刻,很快选择了后者。他断然拒绝了目夷的建议,并慷慨激昂地把世子王臣托付给他,要目夷和上次一样,不管自己遭遇到什么,都坚守城池,确保宋国自身万无一失。其他和目夷有同样想法的大臣,如公子荡和公孙固等,他们深知宋襄公的禀性,说什么也是无益,也就只好低首不言,硬着头皮去执行命令。

宋襄公率领大军浩浩荡荡地杀奔郑国的时候,正如目夷所预料的,郑国知道这会是一场恶战，立刻派人到楚国求救。接到消息，楚成王当即做出反应，郑国目前全力依附于自己，倘若不救，就会失去很多诸侯国的拥护，这个忙一定要帮，而且要帮到底！他马上召集大臣，商量出兵救助郑国的事宜。

自从上次劫持宋襄公立下大功之后，成得臣逐渐成为最受楚成王信任的得力将领之一。而成得臣也一直在寻找着下一个立功的机会。听楚成王说完自己的意思后，成得臣眼睛转动着，忽然有个绝妙的想法如上天赠送一般，毫无征兆地蹦跳出来。他立刻上前一步，拱手说："大王，臣以为，当今之计，救郑不如伐宋。大王试想，宋国国君并不善于治军，他此次征讨郑国，必然不会考虑得很周全。也就是说，宋国如今必然是国内空虚，若是楚军出其不意地直奔宋国都城，他们剩余的留守兵力当然很好解决。而远在郑国境内的宋军闻听消息，一定会赶紧回撤。这样一来，我军不但可以解除郑国的危急，更可以与疲于奔命的宋军来次决战，把他们彻底消灭，乘势灭了宋国！如此一举两得的好事，实在是机会难得，请大王考虑！"

大殿上沉默片刻，紧接着发出一阵啧啧赞叹之声。楚成王和众大臣无不为这个绝妙的主意击掌叫好。于是，在成得臣的率领下，楚军很快就准备停当，开始径直向宋国进发。楚国的兵力，即使比起齐国齐桓公时候来，也丝毫不弱。中原各诸侯国每辆战车配备一百名士兵，而楚国的军制则是每辆战车配备有一百五十人的兵力，这样推算下来，楚国兵力当在十万左右，是宋国总兵力的四倍左右，加之在楚国威压之下随同出兵的各小国兵将，众寡之势就显得更加突出。更何况楚军向来巫风甚重，对生死轮回自有一番见解，兵卒多不怕死，也就无形中凶悍许多。

这样一来，战斗形势很快就变得明朗。楚军进入宋国国境之后，烧杀抢掠，所向披靡，没几天的工夫，就攻打到都城睢阳城下。世子王臣在目夷的辅佐下，带领剩余兵力左抵右挡，好容易才把成得臣这只猛虎阻挡在城下，宋国才算勉强没有这么快就亡了国。

远在郑国激战正酣的宋襄公闻听消息，大吃一惊，毫无选择地匆匆撤军，赶回去挽救自己的国都。郑国当然知道是怎么回事，尾随其后追杀一阵，又使宋军白白葬送了不少的兵力。

通过上次攻打睢阳，成得臣已经领教了宋国都城的坚固程度。他其实并不是要拼消耗打硬仗，他是在等待一个机会，一个彻底消灭宋军主力的机会。而随着宋襄公率兵返回宋国境内，这个机会终于来到了。成得臣立刻掉转马头，把军队后撤到睢水的一个重要支流泓水河的南岸，然后派人到宋襄公阵营中去下战书，约定就在这里展开决战。

这其实是个阴谋。成得臣避开宋国坚固城防，而在开阔地带展开大规模兵团作战，这当然对楚军有着不可估量的好处。同样很显然的，对宋军而言，这却是个致命的打击。但宋襄公别无选择。目前宋军主要兵力和都城睢阳之间，被楚军隔开，已经没有了什么城池可供坚守，只有拼死一战，或许还能返回去和目夷他们共同守城，确保宋国不致灭亡。

在这样的情况下，宋襄公几乎是悲壮地答应了成得臣。在战书上签字的时候，叔兴代神灵而发的预言又一次回响在耳畔。"霸业或许可成，国君不得善终。"宋襄公狠狠地扑棱一下脑袋，想把这些杂念甩开。不得善终又能如何，大不了一死而已！想想刚才公孙固等人还在请求自己不要硬拼，不硬拼又能怎样，像郑国那样屈膝投降，向楚国表示忠心？哼，堂堂宋国国君，商代王室的后裔，岂能做出这等羞辱宗族之事？寡人毕生追求殷商后裔的复兴，就算是碰得头破血流，就算是遭到上天惩罚，也管不了那么多了！一定要干到底！

当时是周襄王十四年（公元前638年）的十一月，寒风已经开始料峭，一个冬季即将全面来临。宋襄公带领宋国几乎全部的精锐，在泓水北岸驻扎列阵，一场大战终于爆发了！

或许是出于对宋军的蔑视，成得臣很长时间没有把军队从南岸调动到北岸。当然，也或许是他另有考虑。但不管怎么说，一直等到宋襄公把军队驻扎在泓水北岸之后，楚军才开始在宋军的眼皮子底下渡河，成得臣的举动，从用兵的角度而言，这样做确实是有些古怪和反常。

楚军古怪与反常的举动被很多人所注意。当宋军战阵整齐地站在河边不远处，看着楚军松散混乱地渡河过来要与自己决战时，公孙固忍不住兴奋地对宋襄公说："真是天助宋国！主君，现在楚军一大半在河对岸，一部分在河当中，这边岸上只有不到一半兵马，又没来得及准备，赶紧冲杀吧，杀他个措手不及，我们必定大胜！"

宋襄公枯瘦的脸呈灰黑色，由于紧张，他上下牙齿不由自主地相互碰撞。但宋襄公表面是镇静的，他直视着不远处的前方，楚军正在那里乱糟糟地忙着渡河。他轻轻摆了摆手："不可。寡人向来倡导仁义，宋国之所以能得到诸侯国认同，全仗仁义二字。什么是仁义，最关键的，不在别人危难之时推波助澜，不在别人厄运之际落井下石。寡人倘若自己违背自己的信条，以后谁还会相信寡人？传令各队，不得轻举妄动，等他们完全渡过河来，再堂堂正正地决战！"

公孙固不甘地嘟囔一声，在心里火急火燎地说：等他们过来，恐怕就没有以后啦！使劲咽了口唾沫，这话他没能说出口。

楚军人数众多，用了一晌的工夫才全部过河。过河之后便忙着陈列队形，整治战车。整个楚军乱哄哄的，好像是在准备出去打猎，根本不像是要厮杀疆场。这一切都在宋军眼前发生着，从将到兵，大家都握紧了武器，恨不能立刻冲上去，杀他们个猝不及防。而宋襄公似乎也看出了大家的情绪，正要发话，公孙固一脸焦急地凑过来说："主君，楚军已经全部过河，此刻攻击，算不得不仁，还是趁他们没有准备好，赶紧冲杀吧！"

宋襄公脸色愈发灰黑，但他决然地摇了摇头："不可。他们虽然渡河，但毕竟还未列阵，此刻冲杀，仍是乘人之危之举。仁义之君子，岂能做这等事情？还是再等一等，等他们列阵好了再战。他们不是说要决战吗？寡人就陪他们真正决战好了。"

公孙固觉得宋襄公今天特别的奇怪。他知道宋襄公动不动就把仁义挂到嘴上，但在他的印象中，宋襄公似乎还不至于迂腐到这种程度。上次曹南盟会，他不是还坚持要杀掉鄫国国君吗？可见他还是在仁慈和血性之间力求保持平衡的。可是，今天他怎么了？

大战即将来临的紧张中，公孙固还是忽然回过神来。宋襄公今天奇怪的举动，确实是有他自己很深的用意的。或许在主君看来，成得臣是个很高明的将领，断然不会犯下如此可笑的错误，他为什么没有在宋军赶到之前把兵力调动到泓水的北岸，他为什么敢于在宋军眼皮子底下这样磨蹭？楚军的反常之举，只能有一种最合理的解释，成得臣在耍阴谋诡计，在故意引诱宋军冲杀，以便中了他的圈套，被他更加轻易地消灭掉。对，主君一定是这样考虑的，所以他宁可把仁义坚持到底，这样即便失败了，也可以用仁义这面大旗去激励中原的其他诸侯国，去激起其他诸侯的愤怒，形成一个共同反对楚国的强大力量。

以灭亡自身来唤起别国觉醒，唉，用心良苦呀！公孙固在心里长叹一声，无奈地摇了摇头。

又是少半晌的时间，楚军终于列队整齐，散布开来，黑压压的漫无边际，如同一团移动的乌云，又像是丑陋而破坏力极强的吃人蚂蚁。相比之下，宋军立刻单薄了许多。虽然这个差别早在预料之中，但真正到了眼前，人人都还是流露出恐惧神色。宋襄公站在战车上扫视一眼身后的众人，忽然挥舞起手中的利剑，声嘶力竭地大呼："楚国恃其强大，欺凌弱国，蚕食中原，乃是诸侯共同之仇敌！宋国不主动求战，日后也要遭其侵凌。与其被动挨打，何如拼死一搏？诸位将士，随寡人冲上前去！"呼喊着，催动战车，率先冲向楚军阵列。

公孙固和公子荡见状，立刻敲击战鼓，率领大军，呐喊着冲了上去。那边楚军也战鼓激荡，加快了移动的速度。两军终于在泓水河边交错冲杀，开始了生死决战。由于宋襄公冲锋在前，也最先进入到楚军阵列之中。公孙固等人担心宋襄公的安危，急忙往敌军最密集处冲杀。震天喊杀声中，宋军很快就被兵力强大的楚军包裹在里边。而对宋军而言，决斗也很快变作突围。

公孙固和公子荡等将领在敌军中左突右闯，等他们终于找到被围困在核心的宋襄公时，发现宋襄公已经斜躺在战车上，狼狈不堪。负责保卫宋襄公的门官们也死伤殆尽。公孙固急忙把宋襄公往自己战车上拉，就在这时他才发现，宋襄公身上挨了好几刀，尤其是右腿膝盖处中了一箭，看情形半条腿已经断了，血污横流中根本不能站立。

形势危急，公孙固自己跳到宋襄公的战车上，一边挥动长戟抵挡着楚军密集的进攻，奋力前冲，一边让公子荡负责断后，减轻来自后边的压力。残存的门官们个个抖擞精神，拼命地砍杀。满眼都是刀光剑影，满身分不清是谁的鲜血。如同一场噩梦，等公孙固终于保护着宋襄公杀出重围，向睢阳方向疾奔的时候，身边已经没几个兵将了。回首看看正遭楚军围攻屠戮的宋国残兵，宋襄公斜躺在车厢中，拉着公孙固的手，呜呜地痛哭失声。

泓水一战，宋军精锐尽失，公子荡也死于乱军之中。所幸的是，目夷守城得法，都城总算没有被楚军攻下，而宋国也侥幸保存了下来。

战后的宋国实力大为削弱，而宋襄公的伤情也一天比一天严重。只有他自己知道，自己的伤不但在身上，更在心里。霸业梦想的彻底破灭，如同一支直射心头的利箭，他的心死了。更给他带来致命一击的是，就在他奄奄一息养伤的第二年春天，齐孝公竟然不顾当初宋国对他的恩义，趁着宋国元气大亏的时机，发兵攻打宋国，包围宋齐边境的缗地，掳掠财物，侵蚀宋国地盘。听到这个消息，宋襄公再也支持不住，哇地吐出一摊鲜血。仁义啊，这天下已经不再有仁义了，一生的心血，就这样烟消云散，化为乌有了。那么，自己还有必要存在于这样的人间吗？

宋襄公十四年（公元前637年），一个夏日的夜晚，在亲人围绕中，宋襄公安详地走到了人生的终点。他没有把无法完成的期望留给世子王臣，他心里很清楚，世子王臣不能再走自己的道路了。他叮嘱王臣说，前些日子在宋国逗留过一段时间的晋国公子，就是那个叫重耳的人，看样子是个不仅仁厚而且深有机谋的人，日后必成大事，宋国可以借助他的力量，借助晋国的实力，来消泯自己毕生的遗恨。

在目夷、公孙固和王臣等人的含泪答应声中，宋襄公最后冲这个令他困惑而失望的世界笑了笑，闭上了眼睛……

第一〇章　联姻求贤谋大志　平乱安邻渡河东

公元前656年（周惠王二十一年，秦穆公四年）。秦都雍城（今陕西凤翔县南，渭河上游）。仲秋清爽的风拂弄着新落成的宫廷，穿梭忙碌的宫人们脸上挂着不同寻常的喜色，按惯例，君上的婚礼后，他们多多少少都会得些赏赐，怎么也得是一盏酒、一盘肉。何况，今天喜事的女主人可不是以往那些本地人和戎女，而是东方上邦的公主。听着就有气势，就高贵，就注定美得不可捉摸。又听说那晋国是天子亲戚。那不就是娶了天子家的人了吗。对一点儿都还没准备跟"天子"搭上边儿的秦人来讲，那公主到底美成啥样儿，高贵成啥样儿，以及他们的君上施了什么魔法娶到她都是令人兴奋的谜。那谜后面藏着的赏也该绝不止是一盏酒、一盘肉那么简单……

应该说，那天的赏赐没令他们失望，除了酒肉，还有软软的布和漂亮的鞋子。"东方的公主"不像他们想象的那么美丽，跟本地人差不多。相比之下，他们觉得自己的君上更有风姿——黝黑、健壮、优雅的胡子、眼睛放着光，走起来如一阵疾风，精神得就像太阳……他迎住公主的车，把新娘搀下来，挽着瘦瘦小小的公主成了大礼。那还算美丽但并不出众的公主因为在太阳旁边，也就十分像月亮了。

按周礼，这天是大婚"六礼"中最后的"迎亲"礼（"六礼"为纳采、问名、纳吉、纳征、请期、迎亲）。晋国来了一大帮大人物。礼成，婚事就算办完了，新人也就该入喜房了。那时候不讲究一干闲杂人等大吃大喝一通。至少秦国不讲究。秦人没有聚众吃喝的习惯，能填饱肚子不过才是四五十年来的事。因此，自家大臣宫人祝福跪拜完了也就各司其职地散开了。晋国的送亲使臣们则被接回馆驿招待，按程序，他们要等到第三天公主和秦伯的召见后才起程回国复命。

黄昏时候，做了新郎的秦伯（他名叫"嬴任好"，爵位为"伯"，谥"穆公"，史称"秦穆公"）换去礼服，对静坐帐中的新娘深拜一礼道："公主请宽适吧，秦乃化外奔放之地，礼数无多，公主大可卸了累赘。今日寡人旷政，须得补上，去去就来，绝无怠慢之意，还请见谅。"晋国公主听了微微一笑："君上莫这般谦恭，你我是夫妻，不该再称妾'公主'了。且请理政去吧，妾自在此料理，翘盼君上。"

后来很久，这位被后世称为"穆姬"的晋国公主才知道，她那威风凛凛的夫君并不是每天都得理政。那天，其实是有特别重要的事，三十五岁的男人，一国之君，总会有比享受新婚夜更重要的事。

那天，秦伯任好跟近臣公子縶（宗室成员）和公子縶在晋国田野上发现的大能人公孙枝有过一番重要的对话。那场对话其实就是秦国后来一系列命运转变的开始，也可能就是他当夜就向晋国新娘摊牌的最主要动因。

当时的情况大致是这样的——

公子縶："臣弟闻，晋侯愈宠骊姬，有改立其子奚齐为储之意，而当今储君申生公子似乎一点颜色都没有，君上如何看待此势？"

秦伯："申生公子乃真君子，岂肯争执；晋侯深谋，想还不至轻言废立吧。"

公孙枝："君上所言虽是，但也不能不防晋国生变。君夫人乃申生公子胞姊，凡于申生公子不利之事，我等都不可无视。"

秦伯："晋若废立，我必伐之，复立申生公子，其必感，则秦之东路平矣。"

公孙枝："敢问君上，伐若不胜，当如何？"

秦伯："我嬴秦世代尚武善战，如今兵足将勇，岂有不胜之理？"

公孙枝："莫非君上以为仅以兵戎即可东进吗？晋沃野千里，人丁茂盛，风化精深，岂能仅以干戈平定；一旦攻伐，东方诸侯岂不更以秦为蛮邦，愈发拒之千里？甚或，齐侯盟诸侯反攻，君上以为能敌否？即便能敌，于秦何益？"

秦伯："唉，卿言中矣！此亦寡人日夜所虑。寡人蒙兄长以国相托，凡四余载，平生之志即在使秦与东方诸侯并列，一改'化外蛮邦'之讽；怎奈终未得其门而入；今娶晋女，也无非为此。然欲奋而求进，远非联姻所能及……"

公孙枝："君上勿忧，依臣见，秦不乏征战之力，然需有贤才治国，开化风物，智国教民，再兴伐交之策，方可大成。然今之秦，尚无旷世之贤达……"

秦伯："寡人看来，卿即为旷世之贤达。"

公孙枝："臣之浅学，实不堪胜此大任。"

秦伯："絷弟此番赴晋，可又寻到贤才？"

公子絷："臣弟倒是听公孙枝先生讲起过，不妨请其详禀。"

……

于是，公孙枝向秦伯讲了虞国百里大夫的故事——

本生在虞国的百里先生，年少饱学，但出身卑微，无人问津，虞国也实在小得令其无法施展才华。百里先生立志高远，怎奈战乱不息，天灾连年，日子越来越过不下去，终在四十岁上决心离开故土，往大国求仕。临别，发妻劈碎门槛当柴火，炖了家里下蛋的鸡给他饯行。百里先生去了很多国家。在齐国赶上内乱，走掉了，恰跟当今齐侯擦肩而过。要不，如今的齐国相国未必就是那老管仲。再走，不是遇到君主昏聩就是赶上陡生变乱，始终未得知遇。好在有一手养牛绝技，聊以谋生。在周廷还当过御饲，天子复位时，他逃难似的还是回了虞国。虞国大夫宫之奇是他老友蹇叔的朋友，引荐他做大夫。想是实在穷得过不下去了，又失散了妻儿，加上年纪老了，不得已屈就。如今，正到处着人寻妻儿下落……

秦伯听了，有些不以为然，问："这位百里先生该是年岁不小了吧。"

公孙枝答："少说也是六十有余了。"

秦伯:"此人当真有才?"

公孙枝点头。

秦伯:"其才比卿如何?"

公孙枝:"臣比之,如滴水之于泾渭也。"

回到喜房的秦伯想着公孙枝对那百里大夫倍加推崇的劲头,心里翻腾,人也就显得有些坐立不安。新夫人问是不是有什么难决之事。他以令人难以察觉的目光审视了一下已经算不上年轻的新娘,轻叹一声,整整衣冠,十分郑重地说:"爱姬既与任好结为夫妇,寡人就不瞒你了——其实,咱们之间的婚事,是任好,也是秦国,往中原去的路……"

他顿住,静静看着她。她也同样专注地凝视着他:"君上,臣妾在听。"

秦伯于是清清嗓子:"我嬴秦原乃周廷罪人,血战数百年,方得封爵立国,历代先君无不翘望东进图强,再不负'蛮秦'之丑。故,秦将东进而无返,寡人亦以之为终生之志。奈东方诸侯盖轻秦,求姻实为进身。寡人欲借爱姬,联秦晋之好,以秦之武威拱卫晋土之西,以晋之贵辅秦之誉。寡人乃一武人,愿以诚待卿,以诚事晋,故而倾吐。若以为恶,则寡人无弗卿,秦无弗晋,寡人愿亲送卿归国,向晋侯谢罪……"

新娘看着深深施礼的丈夫的头顶,心里默然交织起酸楚、温暖、惊愕、钦佩、疑惑、亲切混杂的滋味。当发现丈夫还躬在那儿,意识到自己必须有所表示,至少结束他那个肯定很吃力,也肯定已经很陌生的姿势的时候,她就下了决心,在搀起丈夫的同时跪了下去。"臣妾万没想到,君上竟如此坦诚。"她仔细斟酌着自己的措辞,"臣妾……钦服君上……"她让丈夫扶着站起身,整个人似乎刹那间被那双手的力量和热度融化。她定定神,直直看着还很陌生的丈夫道:"臣妾君父使成此婚,亦非无所图。在晋,秦之勇武早为君臣所议,秦东来之势亦已昭然。使妾事君,乃为避战祸,图西境安宁。今闻君言,妾知秦绝非图小利而不顾大义之邦，秦之志亦不在扰晋。以君上之胆略，日后必有大成。妾愿随君百年，长相左右，以助秦晋长保相好……"

秦伯注意到，她说的是"秦晋"，而不是"晋秦"。悬着的心放回了肚子。

倾吐了心事的新婚夫妇痛痛快快分享了新婚夜的正题。后来，新娘深深扎入丈夫怀抱，说了另一桩心事：她的父亲很可能要废掉弟弟申生，可还有重耳、夷吾及十几个其他成年公子；到时候，晋国一定会出乱子。

丈夫听懂了她的话，一面爱抚地摩挲一怀温香软玉，一面告诉她：不必担心，作为邻国和亲戚，他知道该怎么做……

次日，秦伯向公子絷下了两道命令：一、密切注意晋国的废立动向；二、派人去虞国秘密接触那个百里大夫，详细考察。

事情的发展多少有些出乎他的意料：

婚庆的喜气还没散去，晋国就出事了。大事！申生被骊姬诬陷，抱恨自刎。晋侯还要杀重耳和夷吾。俩人都跑出了国。骊姬的儿子奚齐成了储君。晋侯怕秦钻空子，先下了手——再次向虞国借道攻虢国，结果把两个国家都灭了。虞君和百里大夫被俘。虞、虢两地进驻了晋国军队，封死了秦国东进的咽喉。

百里大夫没寻着，还被堵了路。老晋侯看来是不想要女儿了。秦伯心里犯堵，看着新婚妻子因为死了弟弟和被父亲抛弃而流下的泪水就更堵，就有点儿压不住腰间那恨不得自己蹦出来的剑了。于是，一支由他亲自率领的秦国尖兵乘着扫尽落叶的秋风，飞一般袭击了晋国，把秦人的黑旗插到了晋国河西要地河曲的城头。老晋侯这才从骊姬的怀里警醒过来，掂出了新女婿拳头的分量。又听说女婿在找虞国那个百里大夫，急忙扫听。见面几番询问下来，就更明白女婿为什么要找这个牛一般壮实的老头儿了。他说：先生高才，我晋国的官位随你挑。老头儿回答：虞君不死，我不再仕。晋灭虞，我终生不事晋。话头儿封得死死的。晋侯就想杀了老头儿，可又觉得没来由，说出去也不好听，就让他去当奴隶了，让人叫他"百里奚"。

聪明的公子絷得知了情况，想了个好主意：送新夫人回国省亲，罢战修好，赖下河曲那块地，顺便把百里奚神不知鬼不觉弄去秦国。晋侯没想女儿能活着回来，心里一愧，一软，就答应不要河曲那地方了。可没想到还有百里奚的事——他都把那老头儿忘了。岁数大了，记不住事儿了。相比之下，他那逃到蒲城和屈城的两个儿子才更是心腹大患。遗憾的是，本计划赴秦的百里奚也没想到秦公子此来有一半儿是冲着自己，更不知道自己和虞君都已被编入归秦随行的奴仆名单。仗着聪明谋算和一身牛劲儿，硬是背着病病歪歪的虞君逃出了晋国都城。他怨恨虞君不听自己劝谏，为点儿小利借道给晋国，闹得国破家亡。可这蠢货在最困难的时候帮了自己，不能丢下不管，更不能让他沦为奴隶。受人恩惠，要加倍报答，这是他的准则。

公子絷编队点名时才发现百里奚和虞君都不见了。跟谁也没说，密派耳目撒开了网东南西北找了开去。自己不露声色护着君夫人回了雍城。秦伯听说百里奚丢了，又听了公子絷的搜索计划，做出了让人费解的反应：即日起，把雍水改名为"霸水"，把新建的宫殿命名为"霸城宫"。

病病歪歪的虞君到底还是在老百里奚的肩头活活颠死了。百里奚埋了旧主，又没了方向。他好不容易下决心去宋国找蹇叔（那老头儿讲信用，当年在虞国分手，说了去宋国的，一定在），偏遇上山洪暴发断了路。绕着绕着就进了楚国的北境。饿得走不动道儿了才找地儿住下，拿养牛的本事报答人家给的那顿救命饭。不想竟被留住，说他养牛养得好。唉，虽有满腹经纶，看来也只能养一辈子牛了！

春暖花开的时候，牛儿正在交配，来了个干干瘦瘦的老爷子，管他叫老哥，吹了大半日养牛的事。看出对方不是一般人，故意给了些暗示，可瘦老头儿好像没听懂，只说等秋凉了再来看他养的牛。后来有人告诉他，那瘦老头儿就是楚王熊恽。他于是摇头叹息，认准了这辈子就是个养牛的命了，也就不想找蹇叔了——连跟霸主齐侯对阵分疆的楚王都不识自己，还谈什么大展才学呢。

要不是秦国人找来，百里奚怕是真就终老在那个草场了。他不明白，自己怎么就成了秦国"逃奴"，更不知道秦国的公孙枝大夫是怎样挖空心思使出五张羊皮赎"逃奴"的计策的。公子絷的耳目察知百里奚踪迹的同时，也获知了楚王来访的消息。那熊恽几乎称霸中原，机敏诡谲闻名天下！大大咧咧地去请百里奚，必被察觉。那可是人家的地面，说扣就扣说杀就杀。于是，就不张不扬地以追索逃奴的名义把百里奚买到手，再一路囚车押进秦国。百里奚不明白为什么进了秦国就被待若上宾了，问了个遍也没人露一个字。他心想：秦人嘴巴真严呀。冥冥中，他感到此行未必是凶，可又实在猜不出究竟。直到在秦都东门见到秦伯，才明白了。

秦伯问："敢问先生，春秋几何？"

百里奚答："虚度七十。"

秦伯说："老矣——老矣。"

百里奚对道："逐禽搏兽，携山跃海，固不能矣；理国治军，尚比吕尚年轻……"

秦伯问："先生以为可比吕尚？"

百里奚答："虽不能如吕尚助武王得天下，然佐君上强秦，则必成于有生之年矣！"

秦伯："敢问先生，秦何以强？"

百里奚只回答了六个字："定西戎以为本。"

这区区六个字，犹如黑暗的夜空划过的电光，霍地点亮了秦伯任好的思绪。那思绪推着他确定了秦国后来沿袭了数百年的基本国策，推着他做出了把这个"老矣"的百里奚任为上大夫的决定。

百里奚很感激秦伯对老迈的自己的器重，也感激公孙枝大夫甘为己下的风骨。把埋在心里多年的争霸图强蓝图中的"秦国篇"做了毫无保留的呈现。

他告诉秦伯：如今秦所在的雍、岐之地是周的发祥地，东望黄河，西临百戎，山川险峻，田野丰茂，是不可多得的盘踞要地。周廷不能自守而东迁，将此地给了秦的开国先祖襄公，应善加经营，绝不要将国力一味耗在东扩上。西陲戎地有千里之大，如为秦所用，则耕牧可丰国，戢民可利战。纵视东方诸侯，大都受制于邻国，谁能拥有如此广袤的资源。何况，平定西戎诸部后，仍可继续西扩。是时，怕是齐、楚这样的大国也不及秦的扩张潜力大呢。而且，西进等于为周廷开疆拓土，又并不妨碍东方各国利益，应该没什么真正的反力、阻挠。当东方诸侯忙着你争我夺的时候，秦完全可能已经成为地广粮足的大国，赢得东方诸侯的尊敬应该并非难事。就算遇上麻烦，也有足够的战力可用。就算真失利了，也大有退守、翻身的本钱……

秦伯完全被这幅前景迷住了，连忙追问实施步骤。百里奚告诉秦伯，多聚贤能是最要紧的事，随即向他推荐了蹇叔。说蹇叔虽比自己还要老些，但也更有计谋。早年在齐国相识，恰逢乱世，老蹇叔一路规劝着自己，虽无大成，但也还算保全。唯独自己出任虞国大夫一事没听蹇叔的，就出了后来那一串子波折……

秦伯被说服了，立刻遣人寻访蹇叔。结果不仅找到了老爷子，还把百里奚失散多年的妻儿也接到了雍城。家人团聚的百里奚更是对秦伯感激有加，把自己毕生所学，连同养牛绝技和盘托出。蹇叔见好友终于遇到了明主，也觉出了秦伯对自己由衷的尊重，便也就决定事秦，还向秦伯推荐了白乙丙、自己的儿子蹇术（西乞术）和百里奚的儿子百里视（孟明视）等几位孔武有力之士。秦伯是打仗的行家，把三人一试，便知道他们都是可以为将的材料，于是都拜为大夫。

秦国朝堂一下子多出了半边外来的臣子，也多出了无数以前没听说过、没想到过的好主意。那些好主意使秦国的农耕技术、制度和成果在短短的三年里都获得了长足发展，使秦国的军队掌握了诸多更有效、更犀利的战法和武器，使秦国的国库逐渐饱满，也使得秦国在对西戎的短线交锋中屡屡获胜，迅速地、几乎完全地排除了西部边境的困扰。

如果老晋侯不死，秦国大概还会沿着这样的途径走得更深更远些。如果没有了老晋侯的晋国平安无事，秦伯也八成不会那么快就又把视线投向东方。

秦穆公九年（公元前651年），老晋侯死了，谥为"晋献公"。他最宠爱的妻子骊姬的儿子奚齐做了晋侯。可以大夫里克、丕郑为首的一干实力派大臣并不接受，骊姬也实在得罪人太多了。老晋侯尸骨未寒，骊姬和儿子奚齐就被杀了。里克一派一不做二不休，把骊姬的妹妹及其跟老晋侯生的儿子卓子也杀了。骊姬的亲信大夫荀息及其党羽也没能逃过灭顶之灾。一时间，老晋侯的灵堂前血光飞溅，尸横枕藉，泱泱晋国的君位空空如也。晋都绛城里弥漫着浓浓的血腥气，晋国的千里国土让追杀者的马蹄和被追杀者的惨呼震得瑟瑟发抖。

秦伯做了个梦。梦里的他被一位华贵美妇引到琼楼玉宇，被看不清颜面的上天大神赐饮了琼浆，那大神自称天帝，命他不遗余力平定晋国。那引路的美妇送他离去时说：她就是秦国先君祭祀过的宝夫人，如果再给她立庙，她将保佑秦国成就霸业……梦醒来时，晋夫人（申生的姐姐，老晋侯的女儿，前章里的新娘）泪眼婆娑地跪在面前，恳求他帮助晋国结束眼前无君无父、杀戮不尽的黑暗……他把妻子抱上床，给她讲了刚刚的梦。第二天，他也给群臣讲了那个梦，引来了好一阵嗡嗡议论。最后，还是百里奚先站出来说话了："君上，晋里克、丕郑之举其意非在自立，然又未立新君，想是在等逃亡在外的重耳、夷吾二位公子。可他们既做不出明确的抉择，也不知抉择后该如何行事，更不知拥立之后能否服众和如何自处。如臣所料不错，他们实际上正在期待外力干预。而秦离得最近，又是亲戚，老臣想，他们的使臣很快就到了……"

说话间，晋使入境的报告就来了，秦伯不禁向白发苍苍的百里奚投去饱含钦佩的一瞥。随着那一瞥，秦伯就安安心心地把后面的事全交给老爷子了。

在百里奚的安排下，公子絷以吊唁名义赴晋国，面见了里克、丕郑二位政变主策划，印证了百里大夫的分析，也看出他们心中首选的新君是流落在狄国的公子重耳。于是又以晋国诸臣代表和秦使的双重身份去狄国见了以宽厚仁爱著称于世的重耳。令人想不到的是，重耳竟不准备回国即位。更令人想不到的是，拒绝的理由竟是"生前未侍奉君父，死后又不能去祭奠，没有资格即位"。

"这是他亲口说的？"秦伯追问公子絷派回雍城传话的官员时，眉宇间掠过一丝不易察觉的寒意。后来，另一位传信官来报：逃亡在梁国的夷吾得知如愿即位，秦国将出兵护送其归晋，很痛快就答应了，并立刻做出一旦即位，即将晋河西的八座城池割让给秦的许诺。秦伯听了，脸上那丝寒意变成了谁都能看出来的暖意。百里奚和蹇叔还看出，那暖意里多多少少带着些得意的成分。蹇叔就提醒了：夷吾公子这样的反应，从做人上看确实比不上重耳了！舍弃真君子，而立一个比较世故之人，不大合适不说，也显得咱秦国眼光不济……

秦伯没听懂似地注视了老爷子好一阵，把老头儿看得直检查自己的衣冠。秦伯就笑了，笑得很轻松，说："您老真是仁义长者，仁义得可爱……"言罢，转向传信官："回信：请夷吾公子作客雍城，寡人亲率秦师卫其归晋！"并不再对还是一头雾水的蹇叔做进一步的解释。

其实，秦伯对这个结果也并不满意。但平心而论，也不会有太满意的结果。蹇叔说得对，重耳更贤明，更谦恭，更君子。可蹇叔并没看透，重耳其实也更狡猾。他既不想背负靠外国力量登位的名声，骨子里对秦的诚意和力量也并不信任。就算勉强成了事，也必将非常不易被秦所控制。相比之下，夷吾更急切，也更容易在事成后亲秦。可外边还有个贤明、谦恭的君子重耳，晋国恐怕还是不得安生。夷吾比重耳更功利，既是好事也有风险。可眼前的形势，也实在没有别的选择。所以，在其他声音出现之前，秦伯果断地做了决定。所以，他跟夷吾在雍城把那八座河西城池的事砸得死死的。他看得出，仁义得可爱的老蹇叔事后也明白了一切。

可在他对这件势必深远影响秦晋两国未来的大事的种种决绝、思虑和无奈中，并没有做出中途被更强的外力干扰的设想和对策，所以，当他非常趾高气扬地带着自己一手调教的宗室劲旅，浩浩荡荡拥着夷吾进入晋国地界、渡过黄河的时候，并没事先料到对面打着硕大"齐"字旗号、同样甚至更强大的部队的出现，也当然就一时间陷入了不知所措的尴尬。他当时并不明白——数百年来只知含辛茹苦，一心惨淡经营的秦人还没有"一山不容二虎"和"天无二日"的概念；而这恰是作为中原霸主的齐侯（齐桓公）无比重视、不容动摇的规则。

刚刚在葵丘会盟中原诸侯的齐桓公自然也听说了晋国的情况。作为霸主，天子的代言人，当然要去匡扶。他没想到，"蛮秦"竟敢自作主张地充大头，气得不善。就派了最善战的将军隰朋率领重兵迎头而去，做了大打一仗的打算。不能丢面子是一方面，另外也是想见识一下那据说战无不胜，除了打仗别的什么都不会的蛮秦到底几斤几两，而他自己则先期进入了晋都绛城，坐在晋侯的宝座上等消息。这时候，老管仲就来劝了，说齐离晋太远，秦更是够不着，可他们两家却又是邻居又是亲戚的搞得不清不楚；咱打胜了，日后也管不了，万一败了，或者平手，倒给那蛮秦长了脸了，在晋面前也失了面子，君上还得三思啊……老管仲就是这样，总比别人看得远，想得深。齐桓公信他，一辈子都信他。让这么一劝，也觉得为这八竿子打不着的事有点儿犯不上。可寡人的面子呢，霸主的面子呢？老管仲也说了：当然，蛮秦如若真的无视君上，也肯定是要给他些颜色的。于是齐桓公传话给隰朋：蛮秦要是老实，就合军而归；要是不服，就给寡人狠狠地打，把夷吾饶进去都不要紧！

齐国的军队及其杀气腾腾更让秦伯认定了重耳的狡猾和对秦国的不信任。也让他明白了，从今天到"使秦与东方诸侯并列"的目标之间的路，要比从雍城到绛城的路长得多，也艰难得多。他清楚地记得，永远地记得，这是他平生第一次主动议和。他在心里发誓：这将是，一定是，最后一次！

第一一章　恩怨交织偿旧愿　仁威并举谱新篇

当秦军与齐军议和的消息传到夷吾耳朵里的时候，他对跟随自己逃亡的勇将吕甥、郤芮说："秦不敢与齐争锋，我有点儿后悔跟他们结盟了。"

当霸主齐侯和天子使节共同主持的即位典礼开始的时候，夷吾望着只能站在主持人身后一言不发的秦伯，那股子"后悔"就不再只是"有点儿"了。"河西八城"的许诺在这种情绪的驱使下，也就自然退到了可有可无的位置上。

礼成，齐军风风光光地走了。夷吾迫不及待地把跟随自己逃亡的一干臣下封了官位，却再也不提对里克、丕郑等人许下的封赏。要不是丕郑被派去秦国干那趟跟送死差不多的差事，他们可能还对那些封赏的兑现抱着一丝希望。可要是连对有复国夺位大恩的秦国的许诺都要反悔，自己作为臣子还能指望什么呢！

作为晋国大臣，丕郑自己都觉得夷吾毁约的理由可笑，大臣们不同意，说君上流亡在外时还不是君主，没有权力拿祖宗的土地跟人做交易，因此，所说的话也就不能算是真正的承诺。我也没办法，不能拂逆众意啊……

秦伯险些没把毁约的信简砸到丕郑脑袋上。要不是正赶上里克被夷吾以"弑君"之罪处死的消息传来，丕郑的脑袋怕是真要开花了。丕郑听了消息倒从容了，腰杆儿也直了，说："君上您看，臣也想必逃不过那'弑君'之罪了。与其那样，还不如死在秦国。早知今天，还不如拥立重耳公子。君上可以考虑重耳公子了，夷吾是个小人。他身边的人也是！"见秦伯没打断，就又接着劝："夷吾所倚仗的，无非齐侯的气势和身边吕甥、郤芮一干人。齐侯是霸主，想来不会再眷顾这个小人了，那吕甥、郤芮是武夫，君上让他们来秦国切磋武艺，杀了便是。那时候，夷吾轻轻一碰就倒了……"

秦伯不觉得这是什么好主意，可也没想出其他办法。偏又咽不下这口气，就依了丕郑的计，让他回去请吕甥、郤芮来雍城"切磋"武艺。或多或少，他也感到丕郑这一去就回不来了。

果然，也就打个来回的工夫，丕郑的儿子丕豹就破衣烂衫、浑身是血地跪到了面前，说吕甥、郤芮识破了丕郑的计谋，把他们全杀了，一共八个大臣，八家子老小，一夜之间全都身首异处，只有他一人拼死逃脱了……

这时候，百里奚说话了：君上啊，夷吾虽是小人，可尚能须臾间尽除异己，说明他说话还是有人听的，并非丕郑大夫说的轻轻一碰就能倒的。君上一旦有所行事，齐侯怕也不会干看着自己亲自主持即位大典的君主这么快就被推翻。就算我们能打胜齐国，就算齐国不管，夷吾的力量尚存，那新立起来的晋君也坐不稳。既知坐不稳，又有哪个明白人会去坐呢……

蹇叔又说：夷吾显然小人无疑了，君上又何必急在一时呢；我老头子敢说，他这样的小人，没多少日子就会众叛亲离。那时候，咱再做什么会比现在顺得多……

大概受了秦伯的感召，激烈主战的宗室将领们也开始细细琢磨起两位中原老人的分析来了，也就琢磨了一些道理出来。于是，主战的声音渐渐小了，没了，大家似乎都接受了老蹇叔的见解，等着夷吾这个小人自己完蛋。

虽说没有征伐，可秦人在秦晋交界处也没闲着。他们按照百里奚大夫的规划，将秦国的"爱田制"推荐给晋国一些没落贵族和有地的富人。用这种制度有效刺激了这些人名下的农人、奴隶，使收成有了明显增长。土地所有者和耕种者都因而获得了更丰足的收获。秦晋交界的人们就觉得，秦人厚道，他们的办法也厚道。就觉得秦人不像原来以为的那么凶蛮了，就慢慢地有了亲切的感觉了。

晋国高层并没注意到秦国的"小动作"，精力几乎全都铺在中原争霸上。

齐侯立晋的威风让夷吾对"霸主"的地位产生了无法抑制的艳羡，继而向往，继而萌生取而代之的欲念。为什么不呢，齐侯老矣，管仲老矣，可寡人正当盛年；晋国已然熬过内乱，如今兵多将勇，国力日盛，一点儿不比齐国差。楚国虽也厉害，可毕竟是蛮夷，没资格跟晋这样的天子亲戚争高低。况且，楚子年岁也不小了……

在他的如意算盘中，没有什么关于秦国的考虑。在他心里，秦国对自己毁约的沉默已经不折不扣地表明甘拜下风了。巧的是，面对晋、齐、楚三强鼎立的中原格局，秦伯似乎也完全没有介入的兴趣，只是冷眼旁观。以往的经验教训和从百里奚、蹇叔他们那里学来的"中原头脑"，让这个四十多岁的汉子学会了冷静和等待。

也许是上苍有意要抚慰秦伯的耐心和隐忍，又或许是想要考验他的老成。没过多久，就再一次地把亦亲亦怨的晋国托到了他眼皮子底下。

秦穆公十二年（公元前648年），晋国出现百年不遇的大旱，几乎绝收。正狠命恢复家底的晋国一下陷入了空前的饥荒和震恐之境。不断接到急报的晋侯夷吾还是首先想到了憨直的西邻。一封饱含亲情的求救书信摊到了秦伯面前。秦国朝堂上沸腾起憋了很久的喊杀声："是时候了，夷吾那小子要垮了，君上，动手吧！""此时晋国必定人心躁动，可以拥重耳公子，逼晋侯让位！""晋国的兵士怕是都饿得走不动了，杀过去吧，必定大获全胜！"……秦伯静静听着，悄悄看着一言不发的百里奚和蹇叔。当众人大片大片跪倒铿锵请战的时候，他明白了一向礼仪周到的百里奚和蹇叔默默伫立不跪的原因。当请战者充满渴望地凝视着他，整个朝堂陷入期待的寂静时，他不紧不慢地开口了："众位莫非忘了，寡人是晋侯的姐夫，秦晋是郎舅至亲啊！"

晋夫人对丈夫做出的借粮给晋国度过饥荒的决定充满感激，主战的秦国众臣也多少有些无奈地收了声。旬月工夫，无数载满新收的粮食，散发着谷香和泥土气息的船只涌入渭水，汇入汾河，停靠在一个个饥饿而充满希望的滩涂、口岸、埠头。温存的渭水戴满了粮船的白帆，清冽的汾河跳跃出欢快的浪花，劫后余生的晋国人心里溢满了感激的热流。"秦人真厚道，把自己的口粮都给咱拿来了。""秦伯真是个好亲戚，救了咱的命啊。"摊上秦国这样的好邻居，真是咱的福分呐。"……

　　请战的秦国臣子们听着这些话，看着晋国百姓像对待神灵一般向他们和他们的兵士叩谢，隐隐约约明白了君上为什么会放弃绝好的攻城略地的机会，又为什么宁可让自己的子民吃不饱也要送粮给晋国。如果照他们的意思攻打过来，就是占了晋国，灭了晋国，也是乘人之危。那样的话，这些百姓该多么地恨秦国啊。可如今，他们感谢秦国，他们拿秦人当朋友和亲人，多温暖啊。有什么比这份温暖来得更让人踏实的呢，又有什么比整个国家的人心更丰厚的战利品呢……

　　对秦国的义举，晋侯本也是很感激的。可听说了百姓们竟然对送粮的秦军顶礼膜拜，就又有些不自在了。当又听说了死去的申生太子托梦说秦国大仁，让人将其供奉到秦国去的传言，那"不自在"就变成刺痛和担心了。痛的是，如果说在河西八城的事情上占了上风的话，这一局可真真正正是自己输了。输了最输不起的人心！担心的是，秦国把自己口粮都拿出来了的这份"傻气"背后的深刻用意。他这才发现——秦伯——自己的姐夫，绝不只是个恃武逞强的军汉，那看似粗犷的胸怀中藏着大得吓人的图谋，藏着鲸吞晋国的勃勃野心！

　　不能再任由他膨胀了！他想。一定要把他消灭在还没真正长大的时候！

　　也许是为了公平，或者为了进一步考验秦伯，又或许什么也不为，纯粹凑巧了，决心昭昭却无计可施的晋侯夷吾很快就等到了遏制甚至击垮秦国的机会。

事隔一年，也就是秦穆公十四年（公元前646年），秦国也由于天灾损失了大半收成。已经在公孙枝、百里奚等客卿推动下完全走上农耕经济轨道，但家底仍很有限的秦国陷入了饥荒。朝中就有人议论说不该放弃牧猎，这下可好，草场荒了，粮食又收不上来，等着饿死人吧。有人甚至已经开始在自家封地废农复牧。本就粒粒可数的粮食不几日就被羊群啃翻了根儿。东边的农人们连羊群都没有，只好成群结伙往晋国跑。眉头紧锁的秦伯实在想不出更好的办法，下决心修书向晋国借粮，想着怎么也能靠着前年的救助之谊讨些安民的吃食回来。

可事实令他大失所望。晋国以"刚度过饥荒，没有余粮"为由，轻描淡写地拒绝了求助。秦伯只得再想别的办法——杀了几个放羊啃庄稼的和贩卖种子粮的，觍着脸管楚国借了些粮，又抢了戎人几次，还自己带头喝稀的，一脸菜色地总算熬到开春。刚发了免征令，就听说了晋国军队大规模向西集结的消息。

按照大夫虢射等人的建议，不能再容忍自己的国民私自济助、收留秦国难民的夷吾，决心出重兵一举打垮深陷饥荒的秦国，把他们赶回岐山以西，把秦伯的霸城宫当成自己的行宫。他谨慎而周密地做了平生第一次军事部署，在东、南两个方向构筑了坚固的城防，封死了齐、楚的进攻线路，亲自率领优势兵力，浩浩荡荡开向把自己推上君位的秦国，兵锋直指救了晋国无数百姓性命的秦人。

秦伯的剑这次真的像是自己从鞘里蹦出来的，割破了他的袍襟和手指。那袍襟的碎片愤怒地飘起，落向跪成一片的请战者的盔缨。那渗出的鲜血无声地滴落，爬上凝固着杀气的森冷剑锋。他发现，百里奚、蹇叔也跪在他们当中。他知道，所有秦人的心正在和自己的心一起跳动。那无数一起跳动的心汇成烈火，汇成无坚不摧的洪流，燃起永不言败的决心，涌向滔滔黄河和用自己的口粮填饱肚子的敌人。

晋军显然没料到秦军来得这样快，这样凶猛。那些被秦国的粮食救了自己和家人性命的军士骨子里并不愿意跟恩人交战，暗地里也多少对传说中秦人的嗜血善战有几分忌惮。在既不想杀死恩人又不打算白白送死的忐忑中，就显得有几分疲沓和迟滞。所以，当在韩地遭遇秦军，远远看见跃马挥戈的秦伯的时候，他们很自然地放慢了脚步。听到自己君上传来停止前进的命令，他们像得了救似的松了一口气，直想先就地坐下歇歇脚，盼望着君上再传令说："算了，回吧。"

从没打过仗的夷吾看着秦军的来势也不免有几分怯。派人传书过去说我带的这些兵打你不成问题的，如果你退回去，咱还是好亲戚。要是你坚持要打，我是愿意退让的，但这些兵可能不答应啊，你还是好好想想吧。秦伯的话也回得绝："当初，你想即位，我使了吃奶的力气帮你成事；你缺粮，我勒紧腰带，鞭子抽着让人给你送去；如今，你要打一仗，我怎么能不陪你玩到底呢。"

得，没什么好说的了。不管愿不愿意，鼓声一响就得往前冲。两边人潮涌般冲到一处，顿时金戈迸火，血肉横飞。夷吾站在高处，看秦军一个劲儿往前压，一副玩命的架势，完全不顾退路。忽而心生一计，继而手痒难耐，随便向左右交代了几句，领着一队近身卫队就朝看准了能封死秦军退路的一个山洼冲去。

一路只遭遇了小股策应的秦军，被砍瓜切菜似地撂倒了。于是，夷吾信心倍增，冲到最前。正冲得带劲，斜刺里却又杀出一股秦军，人虽不多，可还是让夷吾蓦地扼住了缰绳，求胜的疯劲儿瞬间跑了一半。前方怒目相向的秦军首领不就是秦伯任好吗？

秦伯说："你胆子不小啊。"话音未落，人车已欺近三十步。又说："你当寡人没看到你吗？"又近了四十步。夷吾这才警醒，横戟驱车迎上，还没来得及说什么，就又听见对方的声音："该说的都说了，招架吧！"最后一个字其实已经是响在身后了。他没明白，自己的戟怎么就飞了，持戟手的虎口怎么就裂了，只觉背后阴风袭来，腰背似乎遭到雷霆闪电，向前一挺，整个人就飞下车，栽进泥里。堪堪爬起的时候，脸上已溅满了自己军士的热血，四周到处都是晋军支离破碎的尸体。

要不是看到吕甥带着大队人马奔来，他很可能会大哭出来。看着吕甥跟秦伯相拼的兵器溅出的火花，他才知道自己刚刚简直是找死，不由吓出一身冷汗。"吕大夫，杀了他！"他几乎是在嘶吼。吕甥没有答话，但显然听到了命令，乘隙反手砍倒一名秦国军士，顺手抓起跟那秦兵交战的晋兵，大叫一声，抡起整个人向秦伯砸去，那晋兵发出垂死的惨叫。秦伯一惊，忙侧身闪过，已经刺出去的戈猛地收回，人由于用力过猛，发力过快而歪倒，正迎住吕甥刺来的重矛。随着沉闷的利刃穿甲声，秦伯整个人腾空而起，叶子般飘向车下。吕甥的矛紧随其后，在就地翻滚躲闪的秦伯身侧飞速戳出十几个大洞，泥水扬得能把人埋住。"杀！杀！！杀！！！"夷吾失声高喊，全不顾自己被糊了一身烂泥。在他眼里，秦伯此时已经跟一具尸体差不多了。

他万没想到，悄无声息奔来连个车都没有，只拿着柴刀斧头的秦军竟一个个、一群群往吕甥矛尖上送，再一片片倒下。没有惨叫，只有一声紧似一声，一声高过一声的"君上快走！""君上快走！！"那吕甥红着眼杀了百十人，就是挪不动一步。吕甥的马被柴刀斧子砍断了腿，人从车上栽下来时，夷吾知道，秦伯杀不成了。他立刻决定撤退。可"撤"字还没出口，脚下混杂了尸体和鲜血的泥沼中，忽然伸出一双硬石般的手，一把拽住夷吾脚踝，硬生生把他扳倒在地，摔得头晕眼花。

他来不及叫喊，也失去了挣扎的气力，只觉得被一支坚硬的臂膀死死夹住，双脚磕磕绊绊离了地。耳畔传来阴森沙哑的声音："晋国君上，跟寡人回雍城受死吧。"

吕甥眼睁睁看着自己的君上被秦伯夹走，就是前进不了半步。眼中到处是手持柴刀斧头的秦军尸体，到处都是还活着的秦军飞掷过来的柴刀斧头。活着的已经不多了，可没一个人后退。他杀得手都软了，心里也越来越害怕。最后，终于决定放弃营救国君，在被剁成肉酱之前逃跑。

吕甥一逃，余下的晋军也就跟着逃。国君被擒的消息传开了，晋军迅速形成解体般的大溃败。几乎同时，筋疲力尽的秦军得到了撤回的命令。两国兵马朝着相反的方向越离越远。一面是全无序的溃逃，一面是沉重的归乡，把数以千计正在冷却的尸体留在了韩地的山川原野。

归国路上，秦伯下令表彰那支不知名的敢死队，不料竟没人知道这支队伍的隶属。细查之下才搞清，他们原是岐山山民，中途硬是磕着头要加入的，所以也没发长兵器，更没人觉得他们能起什么作用。他们说，君上待他们有恩。当年，君上巡猎岐山，他们不知道，饿昏了头把君上带去替换的马杀了吃了。按秦律，罪当斩。可君上没罚他们，还赐了好酒，告诉他们：那可都是些好马，吃好马的肉要喝烈酒，不然要生病……君上还跟他们一起吃喝，全然没有怪罪。他们感激君上的不杀之恩，更感激那烈酒般的情谊。他们愿意为君上去死……这么一说，秦伯隐隐约约想起有过这么回事。良久，他发出一声长叹，没再说什么。在他心里，祭奠忠勇山民可以先放一放。最难办的，也是最急着要办的是怎么处置后面囚车里的小舅子。

快到雍城的时候，秦伯基本想好了——夷吾不能杀。连小舅子都杀，谁还敢再跟他秦国来往呢。何况，不杀，或许还能获得些利益；杀了，就只剩下可能无休止的征伐了。在百里奚"定西戎以为本"的策略变成现实之前，秦国还经不住长年的战争。主意定了，还缺个下台的台阶，好不容易把夷吾抓来了，底下一干将领就等着以血祭祖了，一下子又说不杀，算怎么回事呢！

他打心眼儿里感激自己的夫人，也就是夷吾的异母姐姐。要不是她穿着一身丧服，披散着头发，光着双脚孤零零地在雍城东门外跪迎，他还真一时找不着别的台阶可下。晋夫人（穆姬）哭着说："怎么说也是自家弟弟，毁约、趁危发兵都是他的不对，可看在两家、两国亲情分上，还望君上留夷吾弟弟性命。相信他也知错了，一定能悔改的，自己了解这个弟弟……当然，如果君上坚持要杀他，也没什么不对。那样，自己就既无法面对跟君上的夫妻关系，也无法面对自己的母国和臣民了。夷吾弟弟早晨死，妾就中午自戮，夷吾弟弟中午死，妾也绝不会活过黄昏。全凭君上……"

这一哭一跪，凯旋的秦军里就有人心软了，就也跪下给刚刚还憧憬着将其杀戮肢解的俘虏求情了。那时候的人们远比现在的人更容易原谅别人的过错。特别是普通的军民，特别是还质朴着的秦人。

秦伯一剑劈开囚车，揪下夷吾，往夫人面前一推，说："跟你姐姐相聚一下吧，寡人少时再来找你算账！"晋夫人明白，这就是免死了，赶忙一把将夷吾搂过来连连叩头谢恩。秦伯也没管她，兀自奔了霸城宫。

夷吾受了伤，又没吃没喝颠了一路，连病带怕一头倒进姐姐的寝宫，个把月才缓出个人模样，所以也并不知道周天子派使节为自己求过情，更不知道秦国君臣和姐姐如何商定自己的命运。姐姐来告诉他的时候，他只想赶快离开这个随时可能丧命的地方。所以，姐姐说的，他全然认同，全然应允。姐姐说："秦伯是念着亲情的，不然，战场上那一家伙就早把你劈成两半了。你简直昏了头，跟他打架，他家就是打出来的，打了几百年……赶紧把许的城池给了，拿你儿子圉来换你……"

平心而论，这个条件比夷吾自己设想的低，所以，他打心眼儿里认同了姐夫的厚道，很有诚意地履行了。厚道的姐夫没亏待他，风风光光送回国不说，还把最宠爱的女儿怀嬴（秦穆公之女先嫁于晋怀公姬圉，史称怀嬴）嫁给自己的儿子圉，让当人质的儿子在秦国有了主子的感觉。那圉是他定的储君，这样一来，等于两国亲上加亲了。也就是说，姐夫并没打算跟他撕破面皮。

夷吾发诏向全国臣民检讨自己的错误，说了晋秦永结盟好的话，并表示自己不配做国君，大伙儿另立新主吧……于是臣民就很感动，就原谅他了，到底是自己的国君、主心骨啊。大臣们劝："您还是继续履行君上的职责吧，我们都会帮您，咱再从头来！"于是他下决心做个好国君。一下变得勤奋而谦逊了，不仅能听得进臣下的谏言，还下令全面吸收秦的爰田制，又大力推行平时务农，战时为兵的"州兵"制度，大大激发了晋国百姓的劳作热情。很快，地广田丰的晋国就呈现出了繁荣的大国气象，直追先君在位时的鼎盛阶段。

得了河西八城的秦国此时也已俨然不再是可有可无的化外之邦了。他的国界到了黄河边，铮铮东望的强弩可以射穿岸边草人身上的铠甲，就地打造的几百只战船随时可以升帆东渡。虽然，在周天子的朝会上还没有秦伯的位置，那些有位置的诸侯也还是称其为"蛮秦"和"嬴夷"，可谁心里都知道，这蛮夷的嬴秦已经从牧马边民变成了事农的邻邦，也已经从卑微的奴隶变成了不可一世的胜利者。

当称霸一时的齐桓公，以谁都想不到的悲惨方式死去的时候，鬓发已现出丝丝花白的任好再次把目光投向滔滔黄水，投向彼岸的浩浩中原。对此，秦伯心里是有数的。随着生命中第五十个年头一天天切近，他越发觉得时间紧了，也就越发想趁着还没老去，为秦国，为子孙创下丰厚的基业和发展的本钱。已经不得不拄着拐杖行走的老蹇叔来泼冷水，说往东就得先挫败晋国，可晋国正在日益强大，比起韩原之战时更加难啃。况且，这些年两国一直交好，未来的晋君又是您女婿，这种关系是不好轻易打破的……八十多岁的百里奚也劝："还是坚持定西方针，不要轻易动摇。试想，西戎比中原诸侯要弱，我们这么些年了还没真正有什么收获，贸然东进，结果未必很乐观啊。秦国还得蓄积力量，还得稳稳当当地自己先打好基础……"秦伯有些不爱听，觉得他们都太老了，一点儿激情都没有了，就知道一味守成。

相比之下，他更喜欢公孙枝、丕豹他们的说法：跟晋国倒也先不忙大打，可以试探着碰一碰。既是看看他们的态度，也是考察一下实力，另外也能练练兵。中原诸侯间小打小闹不断，并不见得就能真正败坏联盟联姻的关系……这论调和着女儿怀嬴日渐消瘦憔悴的容颜及其衍射出的跟晋国公子婚姻生活的不愉快，在他心里叠加成了难以按捺的行动欲。他问女儿："成亲几年了，怎么还没有个孩子？"女儿说："您就别问了……"女儿的话少了，我那如太阳般灿烂的女儿眼看就变成怨妇了。你晋小子有点儿过分了，寡人真得给你些颜色看看了……

他花了些气力统一臣下们的思想，直到蹇叔、百里奚也点了头，才真正开始行动。秦穆公二十年（公元前640年），由白乙丙率领的秦军大模大样地在秦晋两国的夹缝中摆开战场，轻而易举消灭了晋国安在秦身边的两个属国梁和芮，形成了秦晋全面接壤的格局。

对这个行动，周廷没有反应，晋国也没有反应。只有留在秦的晋公子圉有反应。他向秦伯抗议说梁国是其父夷吾生母故国，没有理由就兴兵讨伐，有悖秦晋交好的原则。伐就伐吧，还一举灭掉，有点儿太不够意思了吧……秦伯一看这小子就来气，说你老子还没说话呢轮得着你在这儿质问寡人吗？到你姑母那里好好问问你为什么在这儿，再来跟寡人讲话。噎得年轻人没了对应，回去拿妻子撒气。怀嬴对那几乎等于强奸的对待并没声张，自己默默洗净身体，整好衣衫，没事人似地去看望父亲。她告诉父亲：自己的丈夫看晋国日渐强大，很想回去呢。又回过头对丈夫说，我君父问你是不是想回国。丈夫说当然，换了你不想吗？她就说，不是换我，是换你君父。我来帮你准备书具，你这就写信问问你君父，愿不愿意拿他自己来换你……

这么一说，圉就没词儿了，也就没敢再拿妻子出气，心里却更愁了：可不是吗，谁愿意来换我呢。甭说君父，就是哪个弟兄，哪个臣子，也八成是不愿意的。时间长了，他们都能把我忘了。到最后，怕也就是老爹还记得我了。要不是怕我吃亏，老爹能咽下白白让人一下灭了两个属国这口气？爹啊，您怎么不趁秦国欠您人情把儿子要回去呢。回了晋国，我要好好整治整治这妇人，让她光着屁股跪到天亮，让她哭。您说，哪有女人不哭的。我就不信，他秦国的女人就不是女人，就没有眼泪！

他还不知道，君父没及时要求用那两个属国赎回自己既不是因为不心疼儿子，也不是怕搞不成，更不是简单的疏忽。他励精图治、殚精竭虑经年的父亲此时正卧在病榻上，一时明白一时糊涂地算计着剩下的日子。韩原之战受伤的身体其实一直都没恢复。被姐夫秦伯扳倒之后，头脑就一直时不时发作震痛。痛得茶饭不思，痛得浑身抽筋，耳鼓里总是震响着无数垂死的惨叫。吃了又吐出来，吐得心慌慌的，吐得周身酸疼。眼看瘦成一把骨头，什么药都吃了，就是不见半点儿好转。

夷吾浑浑噩噩躺在榻上，隐约记得秦国发兵了，但并没打过来。隔了好久，才想起自己那在秦国的儿子。该把他叫回来了。他手里有秦国公主，他在秦国几年，比晋国任何人都更了解秦国，这位子怕也只能传给他了……

他趁着两次发病间的清醒，向吕甥交代了想法。十几天后，扮成小贩的晋国密使在雍城一处茶棚把写有只姬姓贵族能看懂的密文的羊皮交到公子圉手上。三天后，圉消失了。怀嬴到处找不到，就上报了秦伯，说可以肯定，他偷偷逃回国去了。

刚刚得知晋君病重的秦伯吃了一惊，心下凉了半截——夷吾怕是不成了。圉逃回肯定是去争位了，这个"逃"字跟弃妻的事实都表明，随着夷吾咽下最后一口气，秦晋之间的关系和基于这种关系的平静马上就会被撕碎。而走脱了圉的秦国也再没什么可以抑制庞然大物的晋国的政治本钱了。

秦伯心里乱极了，理不出个头绪，真想找那两个老家伙商量一下。他看看还跪在面前的女儿，不由伸手抚了抚她的头发。多美啊，这如云的乌发。"伤心吗？"他问女儿。女儿说："不。一点儿都不。他走了，女儿解脱了。"秦伯明白了，证实了女儿跟圉的婚姻是个错误。无论之于女儿的幸福，还是之于两国的关系，都是个错误。他说："为父对不住你啊……如果让你选，你愿意嫁个什么样的人？"女儿说："女儿没有选择，今后就当没有过这个丈夫，没有过这场婚姻，终身侍奉父亲。""那怎么行，女人总要嫁人的。"他说。女儿就说："要嫁，就嫁个老成持重的，嫁个懂得尊重自己的，哪怕他是个贩夫走卒，哪怕他已经是个老头子……"

似乎暗夜里忽然点亮了一豆微光，秦伯的心绪一下被"老头子"三个字拽向了一个似乎越来越明亮的方向。他扶起女儿，拥到身边，认真地看着这个坚强的孩子，说："我女儿这么年轻貌美，怎么能嫁老头子呢？"怀嬴让父亲看得有些害羞，就说："跟您开玩笑的，不打算再嫁了。"秦伯就说："胡扯，这么年轻，哪能不嫁。寡人一定给你再择佳婿。"沉吟良久，他又说："你要是真的不嫌弃老头子，寡人还真就能给你找个好老头子，一个好得天下无双的老头子。"

到了这会儿，怀嬴还以为父亲是在说笑。可秦伯脑子里却清楚得

145

不能再清楚了。虽然，他自己也觉得这个想法有点儿对不住女儿，可这确实是个好想法，好得实在舍不得连试都不试一下。不过，他也拿定了心思：要是女儿不愿意，哪怕有半分的勉强，就打消这个念头。他清清嗓子，鼓起勇气，看定女儿，很郑重地说："寡人没有跟你说笑。那个老头子，他的名字叫重耳。"

秦穆公二十三年（公元前637年），晋侯夷吾病逝，谥为"晋惠公"。从秦国逃跑的公子圉即位。与此同时，秦国君臣也确切获知了晋国流亡公子重耳的下落。

自申生被诬陷自杀后逃出晋国，这已经是重耳在外漂泊的第十九个年头了。一路上，他尝遍人间冷暖，也深切了解了各诸侯国的情况。当被以盟国公子身份迎进楚国郢都的时候，还没去过的有分量的诸侯国就只差一个秦国了。但是，自从秦国的公子絷找他谈回国即位的事情的时候起，他其实一刻也没停止过对这个蓬勃崛起的邻居加亲戚的关注。所以，当在楚国朝堂上见到代表秦伯"迎接亲戚去作客"的秦国重臣公孙枝时，他并没有多少惊奇。他，还有秦伯，以及所有秦国大臣和自己身边的臣子，甚至包括楚王，都不是小孩子，都知道这些年晋和秦之间发生了什么，也都知道接下来将要发生什么。虽然，他也还是有些无奈，有些不甘。可他更清楚，自己老了，恐怕不会再有别的机会了。至少，那莫须有的"别的"机会绝不会像今天的公孙枝，以及他背后的秦伯那样来得这么快，这么主动。

所以，重耳决定抓住这很可能是平生仅剩的一次机会。所以，他愉快地接受了赴秦"访亲"的邀请，还当着楚王的面问了很多姐姐的情况，一副久久思念的样子，不露声色地给了老奸巨猾的楚王风风光光把自己这个浑身是非的贵客送走的理由。

带着楚王昂贵的馈赠和作壁上观式的问候，重耳踏上了秦的土地。当被以国君之礼迎进雍城，迎进霸城宫后，他并没急着去看姐姐，而是堂而皇之坐了姐夫秦伯摆下的国宴的上座。

那是一场十分富有戏剧性和文化氛围的宴饮，也是一场唇枪舌剑的外交会谈。老成持重的秦伯深深知道，重耳不同于夷吾，更不是公子圉。重耳是君子，没那么功利。重耳很骄傲，所以要给足他面子。重耳也懂得，一切亲情热烈的背后都藏着深远的图谋。重耳更懂得，越是这个时候，就越要表现得高雅矜持。于是，先是秦伯吟诵天子欢迎诸侯来朝时惯用的《采菽》，重耳的随行赵衰就选了一首《黍苗》让他回应，秦伯马上以《鸠飞》接上，他就又赋一曲《河水》……俩人你方唱罢我登场，把在座的秦国悍将们听得险些打起瞌睡。而百里奚、公孙枝等中原客卿和重耳身边的随臣却都和着拍子，越听越得意，越听越舒展。那些诗词就不多述了，总归是些难懂的古话和很早很早的典故。咱用最直白最老百姓的方式破译一下，他俩你来我往的弦外之音，大概是这么个意思——

秦伯说：咱虽是郎舅关系，可如今主动权在我手上，我就得压你一头。日后若助你成了事，晋国就得是我秦的附属。

重耳就答：今天的我孤苦飘零，要不是姐夫你帮助，我就好似那快要干死的禾苗。您就是让禾苗成长的雨露啊。禾苗对雨露的依赖难道还用怀疑吗？

秦伯：行啊你，会说话！这忙我帮了。

重耳：那再好不过了。你会看到，重耳执国的晋之于秦就像流水之于大海……

秦伯：如此便好，你就准备干一番大事业吧……

事情算谈成了。但严格讲，这并不是一场真正的谈判。通常，我们叫做"谈判"的活动必须建立在一个最最基本的条件上，那就是"对等"。可今天的秦伯和重耳不对等。对此，双方都心知肚明。所以，占了上风的秦伯很惬意，喝了不少酒，还借着酒力半开玩笑似地把五个美女派去了重耳的寝处。而很有些憋屈的酸涩的重耳也喝了不少，越喝心里越憋屈，越自叹自怜。所以，回到寝处的他没半点儿欢喜兴致，也就不经意地对那伺候洗脚的女子很不客气地做了个"下去吧"的手势。那被甩的女子很不高兴，端起洗脚盆气哼哼往外走，到门口定住，斜过脸说："我当公子何等高士，却也不过如此。"重耳听了,不禁冷笑。心说你一个小侍女好大口气啊,就算你们君上在我这儿占了上风,也轮不着你颐指气使的啊。女人又说:"你笑什么,秦、晋本是比肩邻国,我怀嬴虽侍候着公子,却也还是秦伯的女儿,莫非就低你一头!"

"轰"的一声,重耳的脑子差点儿没炸开。她是谁?秦伯的女儿?秦伯让他女儿给我端洗脚水!这、这,到底是练达的老男人,反应迅速,忙不迭赤脚奔过去,抢过洗脚盆,纳头便拜,说:"重耳酒后失态,不识公主,罪过罪过。公主责备的是,漫说您,所有秦人都是重耳的恩人,都不应慢待,请公主责罚。请公主责罚!我这就去向秦伯谢罪。这就去!"

看着窸窸窣窣整理衣冠准备去找父亲磕头赔罪的老头子,怀嬴笑了。这一笑,心里就暖起来——要是换了公子圉,这会儿准会说:"你去让你老子来拧下我的头啊,你去啊!"这一笑,重耳就僵在那儿了。她就说:"去什么呀,他早睡了。"她就把他往回推:"开玩笑呢,看把你认真得……"这一推,就觉得这老头子的胸膛真硬实,手就软下来,嘴上也软下来:"看,脚又踩脏了,我再去打热水来洗……"

"这孩子嫁过当今晋侯。"翌日,秦伯跟前来谢罪的重耳说,"她自愿去侍候你。我秦国没那许多高低贵贱的规矩。若非嫁过,嫁的还是你本家侄子,寡人都想把她许配给公子……"说到这儿,他故意顿住,悄悄观察重耳的神色。重耳的脸秋水一样平静。他于是又说:"这孩子不懂事,跟寡人说过想要终身侍奉公子的话,寡人未允……"重耳的脸还是秋水一般,心里却已经翻起浪头,而且,越翻越大,越翻越猛。那浪头让随臣们的一句"取其所弃,以济大事,不亦可乎"抚平了,进而迅速变成了一个锁定计划,变成了主动向秦伯求亲的举动。直到这时,重耳才去看望了姐姐。由于姐姐出面,秦伯非常"勉强"地答应了求婚,附加上了"弃妇再嫁,不宜大张"的条件。随即,一场弃"六礼"于不顾的俭朴婚礼迅速在霸城宫举行。唯一的余兴节目是翁婿二人并肩检阅驻扎在雍城的秦国军队。

正当重耳被盔明甲亮、血脉贲张的秦国雄师激起从没有过的复国情绪的时候,从霸城宫匆匆赶来的宫人向秦伯报告了刚得到的消息——新即晋侯请诸侯传话给流亡在外的晋宗室和臣下,限三月内归国,听候发落,逾期不归者死。秦伯听了,当场乐出了声,心想好你个小家伙,真不知天高地厚啊。重耳听了则差点儿没气晕过去。秦伯就劝:"甭理他。人活一世,怎么也得风光一下啊。咱做长辈的要给人家机会表现。别忘了,还有个温情脉脉的新娘子等着你呢。等开了春,这帮兵士吃饱了养足了,寡人陪你一起去晋国'看望'那小子。十九年都等得,莫非只在新婚燕尔这一刻吗?"

转年,也就是秦穆公二十四年(公元前636年)春,秦伯亲自率领重兵,拥着重耳、文嬴(怀嬴后嫁于晋文公重耳,史称文嬴)夫妇渡过黄河,举手间击溃了星星点点的晋国守军,攻占了晋国的桑泉和臼衰,围困了令狐这个地方,与晋军主力在庐柳相遇,摆成了对峙姿态。

见到重耳旗帜的晋军主将不敢冒失,一边跟秦军交涉一边派人回都城请示下一步怎么办。晋侯的消息还没等到,倒先让公子絷几句话给说憷了,稀里糊涂地就往后退,退到郇城(今山西临猗西)才又停下脚步。妈的怎么国君连句话都没有,到底打还是不打啊,再耗下去,军心可就动摇了!

就在晋军最忐忑的时候,狐偃代表重耳来了,向晋军将领们宣读了重耳的诏告。那些文绉绉的词儿,孔武军人们是听不懂的,可他们听懂了最后那一句"逆我者死"。再看看秦军的架势,再想想韩原之战,就不由自主地跪下了。

随着这一跪,重耳步向晋军大营的路铺平了。当日,狐偃与秦、晋两国军队的主要将领就地盟誓,拥戴重耳即君位。翌日,晋军依盟接受重耳指挥。五天后,重耳和秦伯并肩来到了晋都绛城城下,背后是他们的千军万马,面前是跪迎新君的吕甥等一干重臣。

重耳问:"圉呢?"吕甥答:"畏君上之威别居去了。"重耳驱车近前,照着吕甥的头顶就是一鞭子。抽得三军心里都不由得发颤。接着,又是一鞭。

抽到第九鞭时，吕甥终于颤颤巍巍又开了口："圉公子，别居……别居去了高梁。"重耳缓缓垂下持鞭的手，一松，那鞭子就掉到了吕甥面前。吕甥拾起来，深深叩头，静静听着潮水般涌进城去的车马声。

三天后，在高梁圉的秘密居所，吕甥亲手用那根鞭子勒死了自己曾立誓死命相保的国君。当他抱着当儿子一样看待的圉的尸体跟跄出门的时候，迎面来了晋侯重耳的使臣，宣布承认圉的君位，谥为"怀"。是夜，吕甥亲手埋了圉，揣着写有"先君怀公"字样的灵牌，踏上了返回绛城复命的路。路上，这个杀人如麻的硬汉平生第一次流下了眼泪。

重耳坐上宝座的第一件事跟他的弟弟夷吾如出一辙，就是先封赏跟随自己逃亡的臣下。不过，他还多做了一件事，就是惩罚当初把自己逼出国门的帮凶。作为儿子，作为君主，也作为天下闻名的谦谦君子，重耳不能谴责自己的父亲，可又不能不把自己十九年所有的惊恐、所有的艰辛、所有的屈辱找个发泄的去处。于是，那帮当初奉了老晋侯献公的命追杀他的人们就只好自认倒霉了。其中有个叫"披"的寺人，当属罪大恶极，却偏偏捡回了一条命。因为在生死攸关的当口，他向重耳透露了一个天大的秘密：吕甥他们是假意拜服，其实正在策划杀死君上的计谋呢。重耳本不信，可当听到披"我只是个受过腐刑的废人，君上让干什么就干什么，就是个执行命令的工具。所不同的，仅仅是比别人执行得更认真、更彻底而已"的自我表白后，就觉得宁可信其有不可信其无了。当远远看见自己寝宫冲天的火光时，他不由得出了一身冷汗，下意识地搂紧不知所措的文嬴。那火光让他明白了，刚刚坐上去的君位还远没有稳固，纷纷跪倒在面前的臣子中还包藏着要命的祸心。

秦伯在秦晋边城王城见到重耳和女儿的时候，倒好像并没多少担心，轻描淡写地说："这有什么，个把逆臣作乱，小事一桩。他们杀了你，还能立谁呢？"重耳就答："还有个公子雍。"秦伯捻捻胡须，眯起眼睛，自言自语似地说："那就好办了……"

接到秦伯的来信时，吕甥、郤芮及其亲信已经在往秦国方向追杀重耳的路上了。秦伯在信中说：跟当初立夷吾一样，他现在发现立重耳也是个错误。他不愿意让错误重演，希望能帮助晋国立公子雍。雍现在已经在他这里，请你们来共同商议废立的步骤……其实，并不是那么可信。可吕甥等武者出身的人当时并没生出多少疑虑。特别是吕甥——韩原之战和秦伯的交手使他对秦伯本人建立起了一种武者之间的钦服与信任。所以，当在王城见到秦伯的时候，他居然还在心底生出了几分亲切感。当秦伯让他们叩拜新君的时候，他毫不犹豫地就跪下了，就低下头虔诚地叩首了。抬起头，看见眼前的"新君"，还是拿鞭子抽自己的重耳，他的头脑顿时一片空白。虎狼一样的秦将闪电般切断了他的手筋脚筋。他没有一点儿反抗。砍头的刀落在脖子上的一刹那，他终于紧紧咬住了落在地上的"先君怀公"的灵牌。或许，对他来讲，找回这枚小小的灵牌，比保住自己的性命要重要得多。

随着吕甥、郤芮一干人的头颅落地，重耳悄悄松了一口气。当再次在秦伯派遣的三千精兵的护送下进入绛城的时候，重耳没再拿鞭子抽任何人。身后扬起的烟尘似乎把过去的重耳和今天的晋侯分成了两个从来都不曾相识的人。

第一二章　誓崤山责己警人　定百戎称霸图强

坐稳君位的重耳迅速在国内展开了一系列改革。作为自古以来即位时年龄最大、之前遭受磨难最多的君主，他用所有的智慧和毅力，只用了短短不到两年的时间，便有力地撑起了晋国的天地，使这个老牌大国高速运转，迎来空前的大发展。

他进而有效利用天子近亲的条件，以飞速膨胀的国力为后盾，打起了"尊王"的招牌。随着本是被看做练兵的击杀周襄王弟弟姬带的军事行动取得完全胜利，他对自己的军队有了充分的信心。复位的周襄王感激性质的推崇，使他完全不在意当初对秦国"流水之于大海"的承诺，把被艰苦漂泊磨砺得无比锐利的眼睛寒霜般投向没有霸主的中原大地。秦穆公二十八年（公元前632年），这双眼睛终于遭遇了强大的楚国兵甲，退避三舍的城濮成了他一生中最辉煌的地方。城濮楚军败逃的零乱车辙和楚国令尹若敖子玉引咎自刎的鲜血，让中原诸侯在他面前低下了头。

天子节在践土的土地上牢牢插住的时候，天子的信使到了，说天子刚好游猎此间，听说晋侯在此会盟诸侯，特来问候。见了这阵势，那些低着头不得不应命前来的诸侯就把头压得更低了。老重耳寒霜一样的面孔绽出一丝浅浅的笑容。

这丝笑容犹如诡谲的利刃，深深刺痛了远在雍城的秦伯。刺痛之后，他不得不承认，自己没有接到前去践土会盟的号令，就已经是重耳所说的"流水之于大海"了。"新霸主的姐夫和妻翁"，就是如今的他可以享受到的最高荣誉了。

九十多岁的蹇叔说话已经断断续续，百里奚还硬实，大概跟总去野外教人养牛有关，他负责把蹇叔的话连起来，好让走路也已经微微发颤的君上能听得更明白些："君上啊，不要挂怀。晋侯称霸是命里注定的。他老了，这么玩命，肯定死在您前头。咱秦国已经等了二百年，就再等等吧。别忘了咱的立国之本呀。那个本，在西边儿……晋侯的风光只是一时，咱秦国的千年基业才最重要啊……晋侯，早晚还得需要您的帮助……"

践土称霸的重耳收到楚王媾和的书信时，不由倒吸一口凉气。换了旁人，一定会觉得楚国损兵折将一败涂地，没底气了。换了旁人，这一封媾和的书信也就八成是表示俯首称臣了。可许下退避三舍诺言的重耳不是旁人，而在位四十年，撂下宝剑就让最宠爱的臣子自杀谢罪的老楚王熊恽也不是旁人。那媾和书字里行间藏着的话其实是："老家伙，差不多得了。咱都快死的人了，我不跟你计较。等着瞧后生们翻盘吧……"如果你是一个六十多岁、浑身积症、强装硬汉、对子孙未来一点儿底都没有，只是想给他们多打些基础的老人，听了这番话，恐怕心里也会发冷的。

心里发冷的时候，重耳就想起一堵墙似的姐夫兼老丈人来了。被梦里楚王熊恽阴森森的目光吓醒的时候，他拿定主意——一定要尽一切努力削弱楚国、孤立楚国，让他再也翻不了身，让他百年之内不敢挑战晋国。一定要！还得赶紧！！

秦伯接到一封晋国来的书信，邀请（不是命令）他亲自领兵跟晋侯率领的晋军合攻晋、楚之间的郑国。虽是按女婿给老丈人的称呼写的，可那口吻分明就是霸主号令。踌躇再三，日渐老去的秦伯还是带兵去了。

那郑国哪经得住他们打，秦晋大军都没怎么遇到抵抗就到了郑国国都城下。秦军几乎没有伤亡。晋侯对秦军的疲沓有些不满，按住秦伯商议攻城方案。秦伯也没怎么认真，心里只想着怎么能既不受责怪，又把自家损失降到最低。好不容易散了，打着哈欠回了寝帐，却被幕后闪出来的陌生人吓了一跳。那人自称是郑国大夫烛之武，冒死从城墙上顺绳下来，专门来献计，自称手无缚鸡之力，一点儿危险都没有。大夫不大夫的难讲，但手无缚鸡之力，秦伯倒也看出来了。就问献什么计，寡人听着呢。

这就是"烛之武退秦师"的故事了——

烛之武告诉秦伯，晋国要灭郑国，用得着非叫上您吗？他是想让您背一半儿的黑锅。郑国完了，他晋国往楚国去的路通了，除了一个更加骄横更加有本钱对您吆三喝四的霸主之外，秦国什么也得不到。再下去，让您跟着一块儿打楚国您去不去呢？晋国啊，没谁比您更了解了——他们什么时候满足过？我们知道，就是秦国不参加，明天晋国也能攻下郑国，我们死定了。看您厚道，这些话全是为秦国着想。君上若觉得还有些道理，就请三思吧。日后，我等无家可归的时候，没准儿还会找您周济呢。倘若此番郑国侥幸不亡，我们君臣都会感激您的。日后，郑国就是秦国往东来路上的好朋友了……秦伯越听越打心眼儿里认同，就说既是好朋友，我留几个人在你们这儿吧，也好早晚给你们君上请安呐。当夜，秦军悄无声息地撤走了，留下杞子、逢孙、杨孙三位大夫及所部的小股人马，抄着晋军大营的边儿随烛之武一起返回了郑国都城里。

重耳并不是不知道秦军悄悄在撤。可当狐偃来请战，要带兵追杀秦军的时候，他却说："你别忘了，那可是我妻子的父亲。没有他，哪有我等的今天。"随后，发出一声长叹：这个任好啊，有什么不能当面说呢，难道在你心里，我竟是那么一意孤行，知错不改的人吗……狐偃不解地问，君上难道觉得自己错了？重耳又是一声长叹。随着这一叹，熊恽的嬭和在心里就多出了许多真诚。那不是服软，而是一个老人对另一个老人的规劝。"回去吧，"他似乎听到熊恽在说，"你已经很了不起了，回去享享清福吧，这辈子多不容易啊……"

"咱也撤吧。"他对狐偃说，总不能一个人把什么事都做完。让子孙们自己去摔打吧。寡人累了。

那由于烛之武一番充满智慧和勇气的进言而侥幸逃过劫难的郑国后来还存在了很多年，甚至比差一点就把他灭亡了的晋国还长寿。

一个人，尤其是一个雄心勃勃的老人，一旦觉得"累了"，就可能真的再也兴奋不起来了，也就临近他所有辉煌的终点了。

放弃了攻郑制楚计划的重耳没再出征过，也没再跟他的老丈人秦伯见过面。两年以后的秦穆公三十二年（公元前628年）的隆冬，他带着霸主的辉煌和对晋国未来的深切忧虑，病死在了绛城自己的寝宫，谥为"文公"。临终，他握着文嬴的手，说："寡人对不住你，要是哪天想家了，就回去看看吧……"

就在晋国举国发丧的时候，秦伯收到留在郑都的杞子大夫的信，说拿到了郑都北门的钥匙，只要大军前来，不用攻城，可灭郑国。

也许是重耳的死越发让秦伯觉得来日无多，迫切地想迈开东进的脚步，也许是霸主的出缺又一次激起了称霸中原的欲念，又或许是觉得重耳一死没了顾忌，他并没怎么多想就做出了派兵袭击郑国的决定。当也已经有些年迈的孟明视（百里视，百里奚之子）、西乞术（蹇术，蹇叔之子）、白乙丙三将点兵待发的时候，老蹇叔拄着拐杖来了，扑到儿子身上就哭，说爹看不到你们回来了，爹这么老了，还得给你们这些后生送葬，好伤心呐……秦伯一听就急了，说您是不是糊涂了，要哭回家哭去，不要在这儿动摇军心。蹇叔就又冲他哭，说君上啊，不能让孩子去送死啊，这么多人，这么远的路，没有理由就打过去，怎么能胜晋国呢？那路上有座崤山，南北两峰，其间山谷是必经之路，那就是孩子们的死地啊……

秦伯想叫人把蹇叔拉走，问旁边人怎么不见百里奚，答曰老妻死了，送葬守墓去了。于是心里就有些软了，就不想责备蹇叔了。说：您老回去吧，硬硬朗朗活着，等着孩子们的好消息。直到这时候，他还觉得老蹇叔太仁义，太老，太操闲心了。

百里奚听说了此事，火急火燎地跑回来，磕着头求他赶紧叫回已经出发了的部队。那话说得跟蹇叔简直一模一样，就是没哭罢了。秦伯说，走远了，追不回来了。老百里奚就颓然坐倒了，说："完了，孩子们完了，秦晋之盟，完了……"

见百里奚也这样说，臣下里就也有人站出来主张召回部队，取消行动了。秦伯这才彻底冷静下来。莫非寡人真错了？……忽然，他腾身而起，急促发布命令——快马追上大军，叫他们回来。

然而，再快的马也追不上求胜的心。耀武扬威的秦军以飞一般的速度逼近郑国。新即位的晋侯听到探报，一下就火了，啪地一拍几案，还没骂出口，就有人来报说先君棺椁里发出牛叫般的声音。今天的我们可以知道，那其实是尸体内腔腐败气体增压释放在厚重的棺木里产生的回音。可当时的人们则认为那应该是死者有什么意思要表达，而且，十有八九跟愤怒、不安、悲哀等情绪有关。就当时的情形，这种征兆也就自然而然被演绎成了作为霸主的老晋侯对秦国的声讨。新君落了泪，后槽牙咬得嘣嘣响，下令晋国军民把丧服染成黑色（古人认为，穿着丧服打仗不吉利，意味着不能活着回来了），倾全国之力剿灭秦军！

兴冲冲只想着立功的三将并不知道晋国动态，只是在路过周都雒邑北门时听说了十几岁的周室王孙姬满发出的微词："这是哪家军队，这么没规矩。不管他们要去干什么，肯定干不成……"小屁孩儿的话没人当真。可后来在郑国的小邻居滑国边境遇上的郑国使臣则让他们着实吃了一惊。

那一身普通行商打扮的使臣拿了四张熟牛皮，赶了十二头牛，躬身施礼说："敝国君上特意派我来拿这些犒劳上邦大军。敝邑虽不富裕，也不强大，可愿意拿出东西招待远道的贵客，也还自认为有能力保卫诸位的安全……"

三将一听，顿时傻在当地——这哪儿是偷袭啊，人家都知道了。想必那所谓的内应也不好使了……

郑国得好好感谢这个冒充使臣的牛贩子弦高，他看到秦军汹汹而至就想到是来攻郑，就想到要派人回去报信。要不是他，郑国真的就完了。

当前哨回报说留在郑的三位大夫已经逃离郑都的时候，三将认定搞不成了。就下了撤回的命令。要不是觉得就这么回去没法交代，不去顺道攻灭归途中的滑国，也许还能有一线生机。可就这么会儿工夫，晋国军队和当地的姜戎兵就在蹇叔说的那个崤山山谷完成了设伏。毫无准备的秦军被满山遍野滚落的巨石残木砸得顷刻间乱了阵脚，四散逃开，让晋军如雨的箭矢追上。三将没了主张，也失去了调遣的机会，只横下一条跟将士们死在一起的心。可到底还是拼断了兵器，让人擒去了绛城。

文嬴看着囚车里的三将，心里火烧般急，远远见新君来了，急中生智对三将破口大骂起来：谁让你们冒冒失失出来的，我君父知道吗！你们几个蠢货，等着回去大卸八块儿吧……回头跟新君说，这几个蠢货肯定是违了我君父之命，出来乱搞，我君父一定非常生气，正到处拿他们呢。就让他们回去受死吧，别脏了君上的手。

许是新君心下生了恻隐，也可能是有些感激这位母夫人对自己的照顾，不忍驳她，混混沌沌地答应了。没一盏茶工夫就遭了老臣先轸的臭骂，说你晕了，她是秦国人，当然要救那几个家伙了！听谁的也不能听她的呀！！

可还是说晚了。派去追杀三将的阳处父到黄河岸边的时候，三将刚好驶离箭弩的射程。连骗带哄人家就是不回来。他们并不是想逃生，在秦国，全军覆没的败将是要被处死的。他们只想回去跟自己的君上有个交代，只想回去再看一眼年迈的父亲。

他们没想到，自己的君上一身丧服迎在雍城门外。更没想到，君上搀起他们的时候，眼里竟闪出了泪光。君上告诉他们："都是寡人的错。是寡人贪功昏了头，害了你们，害了那些死去的将士，害了秦国。该被处死的是寡人呐……"

他们见君上的眼泪流下来，自己的视线也模糊了。他们说："君上啊，您让我们去死吧。让我们的父亲为我们送葬吧。是我们无能，怎么能怪君上呢？"

秦伯帮他们擦干眼泪，自己也擦干眼泪，说："是寡人的错，寡人就要认,这是咱秦人的风骨。寡人是君,就更要认错。"

他领着三将和群臣就地祭拜了阵亡将士,在众人的跪求中缓缓起立,看定三将,坚定地说:"寡人不死!咱谁也不死!!咱活着,给死在崤山的弟兄们报仇!"

崤山的血还没干透,百里奚就寿极而终了。临死前,他再一次劝谏秦伯坚持定西为本的战略。他一死,老蹇叔也没能耐上几天。老人们就是这样子,在一起大半辈子,一个走了,另一个也会跟过去。

看着蹇叔的棺材下葬,秦伯觉得自己好孤单,好无助。他想告诉他们,其实,几十年来,自己一刻都不曾忘却"定西"。可正如他不了解中原一样,两个雄图大略的老人也远不如他了解西戎:在西戎诸部眼里,亦敌亦友,亦亲亦仇的秦是先进的、值得敬畏的。一味的武力攻伐只会打破这份敬畏,换来仇恨和不断的报复,到头来,还是秦国损失大,白白让中原诸侯看笑话不说,战争的胜利也远不能挽回必然的消耗,根本谈不上"定"。他理解的"定",是让对方仰视、倚靠、彻底臣服。只有那样,秦人的犁锄才能安安稳稳地啃上西戎的土地,不那么容易战胜,也绝不可能赶尽杀绝的戎人才能心甘情愿接受统治。而仰视、倚靠、彻底臣服并不是直接作战能赢得的,或者说主要不能靠作战,而要靠秦国自身的不断充裕、壮大、显贵。而充裕、壮大、显贵的根本恰在于兴农和东进……可他并没有跟两个老人说透这些想法。他甚至来不及告诉他们一声——那个自己苦苦等待的时机就要到了。

崤山之败翌年,晋夫人穆姬病逝。秦伯当时没在身边,得知的唯一遗言是"把文嬴接回来吧"。他明白,她是怕自己死后文嬴留在晋国不安全。她一辈子都在想着秦国,想着丈夫。她用三十年的默默相伴诠释了新婚之夜的倾诉。

文嬴离开了晋国,再没回去过。滚滚西去的车轮碾碎了维系三十年、历经晋国五世君主的秦晋联盟。几乎同时,一支花花绿绿的队伍正从西戎向雍城开来。秦伯为女儿洗尘的宴会还没结束,"戎王"使者就到了。在晋夫人去世之前，秦伯其实并不知道女儿何年何月才能归返。可对于"戎王"使者的到来，他却早就想到了。

在处心积虑的兼并西戎诸部的计划中，秦伯曾不露声色地早早落下了一颗棋子，就是现在的"戎王"。除了他和戎王，谁也不知道，那以武力统一西戎各主要部族的主意来自秦国，那使得这个主意最终变成现实的十年如一日的幕后资助也来自秦国。戎马半生一个劲儿打江山的戎王为自己制伏了百戎而志得意满，而由衷地想要向秦伯表达感激，但他并不知道，在大小部族首领成片地俯首在自己眼前的时候，秦伯平定西戎的敌人也瞬间由一百个、两百个，变成了一个。

要不是跟那个名叫由余的戎王使臣的一番对话，要没有骤然听说楚国的剧变，或许，秦国军队真会循着使臣由余的来路杀将过去，做一举鲸吞西戎的尝试了。

心里暗自高兴的秦伯见由余不似一般戎人，就多聊了几句。小聊之后才知道他本是晋国人，幼年随长辈逃亡到了戎部。秦伯听了，不禁一惊——戎王身边居然有个晋国人做谋士！但相比之下，这个晋国人后来的言论则更加令他吃惊。

为向戎人炫耀秦的富庶，秦伯在宫廷摆了不少宝物和制作精美的工艺品。别人啧啧叹赞的时候，由余却说：虽美而富，但太过劳民。秦伯不爱听了，又不好直接抬杠，可又不能不应，就问："中原礼仪法度齐备，仍纷乱不止，戎部想是缺乏礼仪法度的，那么又能拿什么来统治呢？"由余坦然对曰："我国各部族民风质朴，尊者爱下，臣民敬主，上下体恤，寒暖相连，有如头脑和手足。头脑手足之间的和谐是最真实、最自然、也最坚固的，难道还需要礼仪法度来平衡约束吗？再看中原诸侯，为了私利，把礼仪法度拿来用做愚弄和压迫臣民的工具，完全扭曲了先人圣贤创始的初衷，结果上下相怨，乃至欺诈谋篡，征伐杀戮，我国幸而没有那些悲剧……"

一番话下来，秦伯心里发了紧——有这样的人在戎王身边，那戎王早晚还不什么都明白了！寡人的计划，最终怕是要败在这后生手里啊……

楚国的消息虽没这么让人担心，却更令人震惊——称雄一生的老楚王居然让自己儿子给逼死了！那叫商臣的儿子即了位，立刻向北面的晋国摆开全面战争的架势。晋国于是加紧对中原诸侯的笼络和控制，集结军队防楚，放松了对秦的戒备。

一番审度后，秦伯做了两个决定：一是集结兵力袭击晋，试探反应的同时争取报复崤山之战。二是想尽一切办法除掉由余，至少也要把他从戎王身边搬开。

两个策略都得到了忠实执行，可东面的情况却很不乐观——崤山败回的三大将太过复仇心切，经历崤山惨败的秦国也伤了些元气，竟又一次在晋国彭衙吃了败仗。三将组织的反攻也无一获胜。好在长了教训，没吃大亏。秦伯试出来了：晋对秦并没真正放松警惕；也明白了：要想洗刷崤山的痛楚，秦国还需要再恢复一段时间。

西边倒是比较顺利：按照内使王廖的计策，他先以"讨教"为名将由余滞留在雍城，又给戎王送去美女乐舞，说这些都送你了，让由余陪寡人玩一年。那戎王没怎么见识过中原之美，看进眼里拔不出来了——这些可比那个成天在耳边絮叨说要提防秦国的由余可爱多了。看，秦国对我多好，由余啊，太过虑了，中原人就是心眼儿太多，总以为谁都像他们似的脸后面还藏着一张脸……

没有由余在旁聒噪的戎王扎进美人酥胸，喝起粮食酿造的秦国美酒，游猎歌舞，尽情享受"一统江山"和没人劝阻的快乐。与此同时，雍城这边的秦伯和由余则业已经历了多次倾谈——由余啊，想家乡吗？家乡还有什么亲人？……由余啊，成家了吗？寡人给你说一桩好婚事如何……若在下所料不错的话，恰是君上暗中助吾王并诸部的吧……恕由余冒昧，君上经年资助吾王统一诸部，是否意在铺平西进之路……年轻人，你很聪明，聪明人不该埋没在那个地方啊……年轻人，你太聪明了，太聪明了跟太笨了一样，都会吃大亏的呀……君上，请允由余归国……你看，寡人才喜欢上你，不急吗？有寡人在，没人敢欺负你的戎王……君上莫不是想困住由余，不准归国了吗……你看你看,别说得那么难听嘛。实说了吧,寡人是不想放你回去,你说的那些都对,你倒跟寡人说说,寡人的想法又有哪儿错了呢?……由余敬服君上的坦诚,可不能背弃吾王,请君上宽恕……不是你背弃他,是他背弃你。傻小子,用脑子想想,他这么久了都不叫你回去,怕是早把你忘了呢……

戎王久不见由余,也有几分想。可当听说由余在雍城跟秦伯经常饮酒畅谈,彻夜不绝,就有些不高兴了。中原人到底是中原人,一去那花花世界就变了,就把咱忘了。于是,由余就听到了家人在戎地受人欺负的事。秦伯就说你看,寡人说什么来着。年轻人,别急,他欠你的,寡人他日都加倍帮你讨回来……

说话间,关于中原形势的报告就来了,秦伯命令说:讲,秦之国事盖不瞒由余。于是,由余就听说了中原小国陈、郑联姻结盟,背楚附晋,楚王调兵遣将要伐郑国,晋国集结大股兵力准备迎战的消息。秦伯眯着眼,思忖了一刻,挥手让报信的去了。转过来问由余:听说过寡人大败崤山的事吗?由余点头。秦伯又说:寡人要报仇去了。年轻人,看老头子打完这仗,就送你归国,如何?

做梦都在复崤山之仇的孟明视、西乞术、白乙丙这次准备得很充分,也下了不胜不还的决心。部队渡过黄河后,他们下令焚烧渡船,断了败回的路。秦军个个抱了必死的决心,眼里喷着复仇的烈火,洪水猛兽般扑向抽去了大半主力的晋军。很快,秦国的黑旗就插到了晋国的王官和鄀地。晋军不得不调回主力应付。要不是秦伯一道停止推进的命令,一场规模庞大的生死较量就在所难免了。

秦军扎住阵脚,晋军也就远远地对面停住——那狡诈狠毒的楚王一定会趁两家相拼打过来。相比之下,秦伯还是厚道得多,秦国还是更好说话些。

秦伯被终于复了仇、雪了耻的三将扶下船,扶上车,身后跟着由余和自己的千军万马,默默开往崤山山谷的战场。当年阵亡秦军的尸骨还随处可见。老秦伯亲手挖开了第一块土,眼泪无声地滴在土上,瞬间渗得无影无踪。那无数秦军将士的尸骨被恭恭敬敬埋进一个硕大的坑里，接受他们年迈的国君虔诚的道歉和安慰。

这件事被后来的史家称为"崤山封尸"，是历史上非常著名的战地祭祀。年近七旬的秦伯亲自祭拜后，在那象征着悲恸与缅怀、镌刻着鲜血和痛楚的大坟前，当众诵读了亲手写就的祭文，为自己的错误忏悔，为历代死于征战的秦人追魂，也为秦的后人留下知错必改、自强不息的警示。那篇祭文一直留传至今，被后世称为《秦誓》，被认为是君主自责风范的代表，也被后来的秦人奉为立国警言。一旁听着的由余，当时也被深深感动，进而对眼前这个老人生出了由衷的敬意。

认清晋国在御秦和伐楚之间徘徊不定的楚王商臣果断改变了策略——绕开晋国正面，派重兵围攻晋的属国、秦的同姓国江（今河南息县西南），一把把秦国拉下了水。见秦国无意再战的晋国大着胆子抽回主力，直扑楚国正面，想要迫使楚国撤回攻江的兵力。未果后又转而救江，与秦伯亲率的救江部队遭遇在半路。两家摩擦的当儿，楚国灭了江国，晋军随即撤回。气不打一处来的秦伯顺势攻打楚的属国鄀（今河南淅川西南）。本想给楚国点儿颜色看看，可不想刚一碰，楚国就拱手把鄀让给了秦。楚国使臣说，江是秦的亲戚，可毕竟是晋的属国。我们大王很想把它送给您，可又怕晋国来生是非。我们大王是后生晚辈，这麻烦自己扛了，把鄀给秦，算是赔礼……本不怎么在乎江国存亡的秦伯顺坡下地说了几句客气话，心里不禁暗暗佩服起年轻的楚王来了。这一灭一让，楚压了晋的威风。秦晋边境延长，晋背负的秦国方面的压力更大了，楚对晋也就更有优势了……好狡猾！由余也说，这楚王当真是谋深计险啊。随着话出口，戎王在他心里悄悄地退到了秦伯的身后。而当深切感到归戎后戎王对自己的不信任之后，那退到后排的身影就又缩了一圈儿，淡了几层。当秦伯老友问候般热情的邀请来到面前时，戎王的影子竟就好像已经不见了。

有了由余的帮助，秦国兼并西戎的战争变得异常顺利。那并没有来得及真正赢得诸部人心的戎王危急时刻调遣不灵，很快溃败，死于乱军之中。他所兼并的西戎诸部既没有作战准备，也不觉得秋毫无犯的秦军对自己有什么威胁。在他们心里，秦军的对手只有一个，就是戎王。在这样的形势下，秦国迅速控制了最主要的十二个部族，把他们的首领封了官职。其他部族也就随着拜倒在秦国的黑旗之下了。

秦穆公三十七年（公元前623年），秦伯遣使致书周天子，请求兑现一百多年前周廷对秦国先君襄公许下的"秦能攻逐戎，即有其地"的承诺。周天子没怎么犹豫就允了。派召公为使臣，带着御赐金鼓来到雍城，宣布了封西戎之地予秦的诏书。随后，宋、楚等国也派来使节，对秦国特地表示祝贺。自此，西戎十二部的千里疆土并入了秦国版图，秦伯成了西戎诸部共尊的君主。

两年以后，即秦穆公三十九年（公元前621年），完成了"定西"宏愿的秦伯含笑而终。谥号"穆公"。穆公去世翌日，文嬴公主在棺椁前向臣下留下与其父并葬的遗言，当场横剑自刎。随后，众多受过恩惠的姬妾、近臣也自愿殉葬，总共竟达一百七十七人之多，震惊了早已废除人殉制度几百年的周廷和中原诸侯。

秦穆公嬴任好一生征伐，取得了西部的广袤土地及西戎各部在经济和军事上的长期支持，为秦国的发展壮大奠定了坚实基础。他的后世子孙，便在这样的基础上不断地变革图强，使秦国由"化外"之邦成长为最强大的诸侯国之一。

第一三章　废立太子酿祸端　刺杀重耳起变乱

秦穆公争霸中原的光芒，不应该掩盖了另一个英豪。他与秦穆公有千丝万缕的联系，又几乎是齐头并进，所以，现在可以从容地说一说他了——

当夜幕悄悄垂下，站在蒲地并不高大的城墙之上，重耳内心的恐惧就随着暮霭的变浓，一点一点地加重。他甚至下意识地摸摸自己的脖子，阴森的城池内外，貌似显得杀机重重。

重耳是晋国国君晋献公的儿子，和几乎所有的国君家庭一样，家中的复杂关系，让重耳想起来就感觉头疼不已。当晋献公还是晋国的太子的时候，他的父亲晋武公给他娶了房妻子，叫贾姬。可惜结婚许多年，贾姬一直没能生育。后来，晋献公给自己找了两个夫人，一个是大戎主的侄女，叫狐姬，一个是小戎部落的允姬。没多久，狐姬生下一个儿子，就是此刻被恐惧和不安所缠绕着的重耳。允姬所生的儿子取名夷吾。但晋献公并不就此满足。他的父亲晋武公晚年时娶回当时霸主齐桓公的女儿齐姜。因为齐桓公的关系，晋武公把齐姜当成宝贝一般。但齐姜正值青春年少，整日和个老头子在一起，未免心里老大不舒服，加之晋武公身体衰朽，有心无力，更让齐姜不满。于是，晋武公的那个年少英俊的太子便很快钻了空子。晋武公去世不久，由太子成为国君的晋献公，胆子立刻大了起来，他干脆把这个表面上的继母，给名正言顺地娶到身边，成了自己的夫人。后来，齐姜给献公生下了个儿子，名叫申生。从年龄上说，申生虽然年龄最小，但他的背景很特殊，也就顺理成章地被立为太子。

如果仅仅止于此，似乎也不算太繁杂。但晋献公娶妻纳妾的心思远没有停止。晋献公五年（公元前672年），晋国攻打西边的游牧部落骊戎，骊戎被接连打败，只好卑辞求和。为了讨好晋国君主，骊戎主投其所好，送给晋献公两个美女。这两个美女是亲姐妹，姐姐叫骊姬，妹妹叫少姬。她们除了具有中原女子的丽质之外，更多了几分撩人心魄的野性，如同磁铁般紧紧吸引住晋献公，三人日夜厮守，形影不离。后来，骊姬生下个儿子奚齐，少姬生了个儿子卓子。晋献公对这两个小儿子自是百倍怜爱，简直忘记了自己还有其他儿女。

也就在这个时候，伴随着晋国国力的上升，霸主齐桓公的霸业却走上了下坡路，齐国的国力开始呈现衰微。既然齐国不行了，晋国又距离它很是遥远，晋献公也就不用再顾及夫人齐姜的家庭背景，况且，齐姜毕竟年岁大些，单独看还挺不错，和骊姬姐妹站在一起一比，那就真正是凋落的秋菊碰上正在绽放的玫瑰，黯然失色许多。尤其是骊姬，不但美貌多情，更工于心计，处处挠到晋献公的痒处，让晋献公品尝到在其他妻妾身上从未有过的快乐，逍遥中不知还有什么比和骊姬在一起更美妙的事情。于是，废掉齐姜把骊姬立为夫人的念头，在晋献公脑海里一天比一天强烈。

终于有一天，在骊姬的婉转暗示下，晋献公召来负责卜筮凶吉的太卜郭偃，他直截了当地问："这几年来，齐姜未能替寡人分忧，反倒平添了不少的乱子。而骊姬虽然进宫稍迟，却处处为寡人着想，让寡人轻松许多。为此，寡人想废掉齐姜的夫人之位，另立骊姬，你来给卜筮一番，看看凶吉如何？"

郭偃当然知道晋献公的心思，但他更清楚宫廷内乱会给国家带来很大的危害。于是他做出认真的样子占卜一番，摇晃着脑袋说："主君，臣方才烧烤龟甲，观其裂纹，蜿蜒以至于边缘，交错纵横，此乃大不吉利之兆。卜文有言，先后不分，长幼无序，错乱之象，既错且乱，大凶。"

晋献公脸色顿时阴沉下来，瓮声瓮气地问："废立夫人乃是国家大事，你可看清楚了？"

郭偃慌忙拜倒禀奏："事关国家兴衰，臣怎敢马虎。主君，当年微子曾奉劝周武王说，每逢重大决策，只要自己认为可以，占卜也认为可以，即便其他臣民全都反对，也是可以。占卜不可以，即便人人都认为可以，也要谨慎遵从上天的意旨。由此可见，天道惶惶，人在其中，如盐浸水，理当天人一体呀！望主君遵从上天的意思。"

晋献公本以为让郭偃占卜不过是走个过场，不料却给自己找来无可反驳的理由，心里暗暗懊恼，没好声气地说："天人一体，归根结底做事的还是人。具体事情，只要对人有利，完全可以由人来判断，一味相信天命鬼神，也不可取。倘若敌军来犯，占卜说不用抵挡，难道就等着人家来砍杀不成？你且退下，寡人自有主张！"

就这样，晋献公打消依靠鬼神来使废立名正言顺的念头，也不再和别人商量，选了个吉利日子，带领众人到太庙，祭告祖宗，历数齐姜的缺点，当即宣布，废掉齐姜，册立骊姬为夫人。

这个突然决定让许多大臣如里克等人惊讶不已，里克摇着头悄声对太卜史苏说："自古君王无由地宠幸后宫，都是国家遭殃乃至灭亡的前兆。夏桀宠幸妹喜，纣王偏好妲己，幽王迁就褒姒，都是活生生的先例呀！"

史苏看着站立在宗庙门口的晋献公，叹口气没有说话。

作为对晋献公的回报，成为晋国夫人的骊姬，更加施展手段，和少姬一唱一和，侍奉得晋献公欲仙欲死，对她们的话句句奉从。晋献公觉得，既然册立了骊姬为夫人，那就应该好人做到底，把骊姬所生的儿子奚齐立为太子才对。他带着讨好的口气和骊姬商量，满以为骊姬会喜出望外，给自己奉上更大的温柔。不料，骊姬却扑通跪倒，哽咽着说："主君，申生已经被册立为太子这么多年，不但晋国百姓人人尽知申生是他们未来的国君，就是周天子和诸侯们也都知晓，此刻若是为了照顾臣妾的缘故，废申生而立奚齐，恐怕会给主君带来许多麻烦，对晋国也会大不利。臣妾宁愿死在主君面前，也不能让主君担这个风险。"说到最后已是泪流满面，低声抽噎起来。

见她这样，晋献公大为感动，忙弯腰扶起，一边欣赏着她梨花带雨般的别样风姿，一边感叹地说："夫人贤惠到此种地步，实在是寡人的福分，也是晋国百姓的福气啊！那就待寡人再考虑考虑。"反正讨好的目的已经达到，他也不再坚持，搂着破涕为笑的骊姬，转到后殿寝宫，品尝夫人带给他的福分去了。

晋献公并不知道，骊姬的工于心计在自己毫不觉察的时候已经施展出来。她之所以断然拒绝晋献公的提议，并非贤惠。骊姬清楚，自己虽然被册立为夫人，但在大臣们心目中，名不正言不顺，并未得到认可，此时让奚齐去谋求太子的地位，只怕会引起众怒，连自己这个夫人的地位也要受到牵连。与其无妄冒险，倒还不如趁机捞取些情感资本，慢慢从长计议。更何况，太子申生未必有多可怕，关键是太子的哥哥重耳，生性仁厚，擅长接人待物，加上他每个眼睛竟然长着两个瞳孔，真正是天生异人，许多人预测此人将来必成大器，因此，他拉拢了不少的朝堂大臣。倘若为此惹恼了重耳，只怕更加危险。

但骊姬也很清楚，朝堂上的事情很难预料，何况自己凭借色相和乖巧取悦晋献公，根基很不牢固，往往说变就变，齐姜就是最好的明证。所谓从长计议，也得越快越好。她外松内紧地时时寻找着机会。

天缘巧合，机会很快就来了。

就在晋献公主动提出更换太子之后没有几天，骊姬的心腹优施探听到一个消息，兴冲冲地对骊姬说："夫人，'二五'从外地回来了，夫人的心思可以实现了！"

骊姬知道，"二五"指的是晋献公身边两个最得力的大臣梁五和东关五，这两人善于阿谀奉承，深得信任，晋国臣民私下里称二人为"二五"。前些日子，晋献公派他俩到各地去巡视，一是替自己看看晋国的民情，再者也有树立他俩威信以便进一步提拔的意思。

见骊姬沉吟不语，优施眉飞色舞地说："夫人何不破费一些去拉拢'二五'，让他俩在主君跟前提议，以保卫晋国疆域为名，把太子和他的两个哥哥重耳、夷吾都给支出去。他们都不在朝廷，夫人然后再想法子废立太子，就会简单许多。"

这正是骊姬的想法。优施不过是顺着她的意思说出来罢了。骊姬当即授意优施带了不少的钱财和宝物，奉送给"二五"，请他们帮忙。

梁五和东关五既贪恋人家的钱财，更愿意趁机结交上国君最宠爱的夫人，他们赶忙合计一番，找个借口，到内殿拜见晋献公说："主君，臣这次巡视各地，感受颇多。晋国西南的曲沃，是晋国祖先最初的封地，先君宗庙设立在那里，其地位不用说是最最重要的。可惜那里防守薄弱，令人担忧，一旦被秦国入侵，宗庙有个三长两短，会让主君蒙羞啊！所以，这个地方最好让太子亲自去驻守，才最令人放心。再者，蒲地和屈地濒临黄河，与戎狄接壤，也是边防要地，如果能让公子重耳和夷吾驻扎在这两处，这样，主君在朝堂居中调度，公子三人在各处要地亲自指挥，晋国江山一定固若金汤，主君也可以放心享受舒心日子，再不用整日宵衣旰食，让为臣的心里过意不去了。"

晋献公听他们说得头头是道，很有道理，点点头沉吟着说："如此好倒是好。可……让太子在外地驻守，恐怕会引起众人的猜测，以为寡人父子有什么矛盾……"

东关五早有准备，立刻拱手说："这个不妨。太子是未来的国君，曲沃是晋国宗庙所在地。未来的国君守护祖上宗庙，实在是再合适不过了，其他诸侯国也有类似情形。只要于国有利，主君不必担心这个。"

晋献公对内听从骊姬，对外听从"二五"，已经成了习惯。当下点头同意。时隔不久，晋献公便指派太子申生去曲沃驻守，由太傅杜原款辅佐；派重耳去治理蒲地，大臣狐毛随从辅佐；派夷吾到屈地驻扎，让大夫吕甥辅佐。三人当然不敢说什么，只能领命前去。这样，晋献公身边就只剩下骊姬的儿子奚齐和少姬的儿子卓子，他们在骊姬的指点下，整日围绕在晋献公身边，大献殷勤，百般问候。晋献公沉浸在美妻孝子的温柔旋涡中，乐不可支，越发对他们言听计从。

目的初步达到之后，骊姬便开始大着胆子实施下一步更为险恶的计划。

转眼已是晋献公二十一年（公元前656年）。期间发生了很多事情：被废掉的夫人齐姜身故，晋献公越发昏聩而更加离不开骊姬母子，晋国时常遭到临近各国侵扰……作为太子，申生这段日子更多地活跃在朝堂中，帮助父亲处理政务，已经很少去曲沃。这让骊姬很快捕捉到机会。

这年的秋天来得格外凄清。论节气应该还是夏天的时候，树叶便开始凋零，瑟瑟秋风直刺入胸腹，让人很不舒服。天刚刚放亮，申生就被带到内殿，他的继母，那个比他年龄大不了多少的骊姬，神情憔悴，皱着眉头说："儿呀，昨夜我一闭上眼睛，就看见你娘走进屋来，似乎是要和我说话，我吓一大跳赶紧睁开眼睛，她人影就不见了。再闭上眼睛，她又在跟前。唉，翻来覆去的，一夜没睡着。想来是你好久没祭祀了，她那边缺少用度吧。我儿要是有空，赶紧把这个事情办了。"

申生天性孝顺，无论对生身父母还是对这个继母。他连忙愧疚地答应，当天就动身返回曲沃。那里是宗庙所在地，是祭祀先人的地方。

申生在宗庙中以最隆重的标准，为齐姜祭奠三日。祭奠完毕后，按照当时规矩，把祭品如牛、羊和猪等，派人送给父亲晋献公享用。而这些祭品送回到都城的时候，晋献公正在"二五"等人的极力撺掇下，在郊外射猎，一连玩了两日才尽兴而回。作为迎接晋献公回来的丰盛宴席，骊姬特意安排厨师把祭肉做成美味佳肴奉送上来。而就在晋献公颇有兴致地要品尝时，骊姬忽然好像想起了什么，说："主君，虽然说最亲莫过父子，但自古朝堂都有规矩，远道来的吃食，必定下人尝过，主君才能入口。有道是无例不可兴，有例不可灭，还是让臣妾先试一试吧。"说着端起一小碗肉汤要喝，不料手被身旁的一个宫女触动一下，泼洒在地上。她正要责备宫女，眼光落到地上，惊讶地叫出声来。

晋献公低头看去，也是瞠目结舌说不出话来。肉汤泼洒处，地面上竟然隆起一个大包！晋献公哆嗦着嘴唇，顺手用短刀绰起一块腌渍的祭肉，递到身旁一个侍者跟前："吃下去！"

侍者并没看到地上发生了什么,只是觉得气氛不大对劲,赶忙顺从地把肉片塞进嘴里,吞了下去。不料,几乎就在瞬间,他惊叫着搂住肚子,满脸痛苦地弯下腰,随即蜷缩在地上滚来滚去,片刻工夫,竟然七窍流血惨死在晋献公脚下。

"啊,主君,太子他……他竟然……"骊姬掩面哭泣起来,"人心叵测,险些……臣妾该死!"

"这……这……"晋献公脸上肌肉猛烈抖动,忽然神经质地跳脚大叫,"快,拿下申生这个忤逆的东西!快!"

关于这些事情,重耳都听人详细禀报过了。并且,接下来的事情,他也听说了一些——当晋献公派去捉拿申生的人赶到曲沃,有人劝申生赶紧逃走,先避一避风头,日后再找机会澄清事实。而申生却另有考虑,他对劝他逃走的人说:"我不能逃走。我如果逃到他国,宫中的事情就会吵得沸沸扬扬,这对父亲不利。再说,我逃走了,将来若坚持要澄清事情真相,骊姬的颜面往哪里放?父亲上了年岁,身边时时需要安慰,我不能因为自己受不了委屈而让父亲失去骊姬。我还是用一死来成全父亲的合家之欢吧!"就这样,申生在曲沃的宫内自杀身亡了。

此刻,重耳从城头上走下来,站在紧贴城墙下的一个小院中。院子虽然不大,但坐落于花木葱茏、假山环绕之中,倒也很是精致。自从来到蒲地后,重耳总觉得内心不大安稳,他特意在城墙下边修建了这个小院子,每当不祥预感升腾的时候,就住在这里,以便最早得到消息。凉风四起,重耳踱步回到屋里,从半开的窗扇中望着沉沉暮色,院中的花草树木早已模糊不清,只在耳畔荡漾起瑟瑟风声。当申生自杀以后,家里出了这么大的事情,作为儿子,不能不回去探望。然而,当重耳和夷吾见到父亲晋献公和骊姬之后,心绪立刻变得极为复杂。重耳明显觉察出,父亲虽为一国的君主,但此时已完全没了自己的意志,他的喜怒哀乐悉数掌握在了骊姬手里。而骊姬在达到初步目的后,眼神中分明对他和弟弟夷吾充满了恶毒的敌意。也正是因为如此,他和夷吾唯恐闹出什么不愉快来,便悄悄地返回了各自的封地。

想到这里,重耳脑海中又浮现出骊姬的眼神,仇恨、妒忌、杀机,还有一些迫不及待。重耳猛地打个冷战，他知道，危险就在眼前了。

果然，当知道重耳和夷吾不辞而别后，已经除去眼中钉的骊姬开始放开手脚毫无顾忌，她做出强忍悲伤的神情，对献公说："主君，人间最哀痛的事情，莫过于亲人叛离。这几日臣妾寝食不安，真是伤心到了极点。本指望重耳和夷吾来后能给主君和臣妾一些安慰。不料他俩整日躲在一处嘀嘀咕咕，不知商议些什么。臣妾有次从房前路过，无意中还听见重耳叹了口气说：'唉，功亏一篑呀！'主君，这样想来，申生撒毒药，重耳、夷吾一定是知道的。他们分明是合谋毒害主君，然后三人瓜分晋国。鸦有反哺之义，羊懂跪乳之恩，没想到……"说着掩面抽噎不止。

晋献公在骊姬的长期缠磨下，已经分不清孰是孰非，并且随着年纪变大，越来越多疑而猜忌。况且重耳和夷吾两人确实不辞而别，于礼节上大不通，这就更让他相信，一定是这两个浑小子跟太子合谋。都不是什么好东西！被冲昏了头脑的晋献公，立即派勃鞮和贾华各率一支军队，兵分两路，到蒲地和屈地去抓捕重耳、夷吾。

朝廷出动兵马前去袭击公子，这等大事自然很难瞒过大臣。就在勃鞮和贾华整队出发的时候，这天深夜，朝廷老臣狐突把小儿子狐偃叫到跟前，脸色凝重地说："听说了吧，主君派人去捉拿在外地的两个公子去了。夷吾性格刻薄而喜欢贪图小便宜，不是成就大事业的人，其人死活倒于国家无关紧要。倒是公子重耳，自小便待人忠厚，是个仁人君子，加之天生异相，迟早要成就大事，我晋国臣民的兴盛，或许就在这个人身上。你哥哥狐毛现在正在蒲地辅佐他，如今情况危急，你也赶紧去吧，无论前途多么艰险，都不可心生动摇，持之以恒，终成大业。"

狐偃看着白发苍苍的老父亲，不大放心："父亲，哥哥追随公子远在异地，生死未卜，我若再去，家中留下父亲一人，年老体迈……"

狐突一摆手："年老体迈怕什么，黄土终究要埋人。人不怕老而无用，最怕无用而老。为父身为朝堂老臣，历经两代国君，却未能真正使晋国百姓安家乐业，着实惭愧。后面就看你们兄弟啦，只要遇人得当，相信一定会有所作为的。听为父的话，快去吧！"

狐偃含泪给父亲磕了一个头，赶紧回去整理行装。

夜色更加浓重了。重耳满腹忧虑地转过身，想认真考虑一下今后应该何去何从。也就在这个时候，外边山崩地裂般响起剧烈的嘈杂声。嘈杂声很快传到城下，人喊马嘶，还夹杂着刀枪清脆的撞击声。重耳心头一颤，迅速跳起身，不祥的预感立刻又如阴云般笼罩过来。

"公子，不好了……"狐毛跌跌撞撞跑进来，两只胳膊使劲舞动着，好像掉落在水中的人要抓住救命稻草，"主君派一个叫勃鞮的将官，带领宫廷侍卫，前来捉拿公子，说公子与太子一伙，合谋造反。公子……"

重耳心头一紧，所担心的事情果然来到了，而且比预想的还要快。看来，骊姬不把他们兄弟赶尽杀绝，是不会罢休啊！可是，就这么和太子一样，为了维持父亲那一点不正常的和睦，委曲求全，心甘情愿地被人家宰割吗？这个问题，从都城偷跑回来后，重耳就想过无数遍了。他觉得，一个人尽孝，当然不是错，但孝顺并非是为了孝而盲目地顺从。倘若他和夷吾都跟太子申生一样，统统自行了断了，父亲是否就真的能得到幸福呢？应该不会，虽然接触不多，但重耳认定骊姬是个心地毒辣、贪得无厌的女人，没了他们兄弟的阻碍，她首先当然会把她的儿子奚齐立为太子，接着她就会在父亲身上打主意，或者用色相使父亲过早老去，甚至有可能直接害了父亲性命。只要能让她的儿子尽快成为君主、她尽快掌握晋国江山，她什么手段都敢用的。正因为如此，重耳坚定地对自己说，不能让坏人得逞，让坏人得逞就是最大的罪过！所以，自己不能死，要想尽办法活下去！

"公子……"见重耳脸色凝重如山，外边的声音越来越激烈，已经有人在拍打城门，狐毛焦急万分，嘴唇直哆嗦。

"快开门，主君有令，我们是奉主君命令来见公子的，谁敢阻拦！"一个粗暴的声音骤然响起。接着听见守门的士兵高声回话说：

"你们来历不明，我们得禀报过公子后才能开门，这里不是你们撒野的地方，放斯文点儿！"

急促的脚步声响起，一个将官跑到门外，喘着粗气禀报："公子，城门外有车马兵丁，他们气势汹汹，自称是奉了主君命令要见公子。在下觉得他们来者不善，不敢放他们进来。故此请示公子。"

狐毛急不可耐地走到重耳跟前，慌不择言地出主意说："公子，太子已被骊姬陷害而死，这次厄运必然降临到公子身上。倘若是在都城，只好自认倒霉。如今是在蒲地，公子的地盘上，与其让小人得逞，何如先下手为强？不如……"顿一顿，狐毛还是说了出来："不如就说来人是假传君令，来勒索钱财，不管三七二十一，统统杀掉算了！将来主君追究下来，再想办法应付，横竖先度过眼前危机。"随后走进来的狐偃也是连连点头，响应哥哥的主张。

这倒是个好办法，重耳心头一动。但他随即想到了另外一个念头，迅速调动整个蒲地的兵力，把这帮官兵赶尽杀绝并非难事，但倘若把来人杀了，消息必然走漏，父亲知道了会怎样想，国人乃至天下人知道了，自己不是叛臣也是叛臣了，到时候百口莫辩，那才真正是生不如死啊！不行，要保全性命，也得保全声誉，唯有如此，才有翻身的机会。

外边的嘈杂声越来越强烈，已经由不得仔细考虑。重耳镇静地吩咐将官："去，既然是主君派来的人马，赶紧放他们进来说话。"

"公子，他们要……"狐偃焦急的双手乱搓。

传下令去，重耳反倒立刻冷静下来，他看着狐毛和狐偃，淡淡一笑："人家大老远的来了，不听听他们到底要说些什么，岂不可惜？你们立刻到外边等着，见机行事。"

随着城门大开，勃鞮率领大批人马，气势汹汹地闯了进来。火把灯影中，勃鞮身披铁甲，站在战车上，横冲直闯地叫嚷："公子呢，快带我去见公子，有重要事情！"

当勃鞮听说重耳就住在城墙下边的这个小院子中，有些不大相信，他命令手下兵将把院子团团围住，自己一个人快步走了进来。一直走进假山后边的正房内,见重耳果然身着便装站在几案旁,他才如释重负地松下一口气。

"勃鞮,你不在朝堂侍卫主君,深更半夜跑到这里做什么?"重耳故作懵懂。

勃鞮双手抱拳施礼,然后挺起胸膛大声说:"公子恕罪。在下奉主君之命,前来接公子回都城,主君立刻要见公子!"

"噢?"重耳摆手示意勃鞮坐下,勃鞮却视而不见地依旧挺立在屋子当中,"勃鞮,我自从来到蒲地后,经常回朝堂禀奏事务,也多次蒙主君召唤,却从未如此兴师动众呀!这次是怎么了?"

勃鞮干咳一声,忽然有些不耐烦地说:"在下是个直人,只知奉命办差,公子也不必兜圈子了。太子图谋毒杀主君,被夫人识破,故此太子畏罪自杀。依照礼节,发生这么大的事情,两位公子理当陪伴和宽慰主君,慢慢消弭他心中的忧虑怨气。不料两位竟然不辞而别,这分明是心中有鬼。夫人据此断定,两位公子一定和太子有过预谋。主君大为震怒,这才派在下来捉拿公子。临行时,夫人有过交代,倘若公子能顺从跟在下回去,如何处置全听主君安排。若是公子企图抗命不遵,就让在下当即斩杀公子于蒲地。何去何从,公子自己从速定夺!"

该来的终究是来了,重耳反而浑身轻松许多。他努力定定神,语气尽量平淡:"勃鞮,你久在主君身边,朝堂里的情形应该再清楚不过。如今主君年事已高,事事听从夫人安排。夫人极力要让她的儿子奚齐成为太子,故此不惜陷害太子与我等。太子天性至孝,怎么可能做下如此丧失人伦之事?他献给主君的祭肉,从曲沃到都城绛城,再在宫内存放了几天,其间有多少人接触过?怎么就敢一口咬定是太子放的毒药?主君品尝祭肉也不是一次两次了,为何只有这次夫人才想起来要试验有无危险?这分明是欲加之罪,何患无辞。你难道就真没想过?"

勃鞮在一连串的质问下,张张嘴没说出话,略微低下头去。

"勃鞮,"重耳把他的表情变化看在眼里,心头又是一松,"夫人想把她的儿子奚齐扶上君主宝座,为此非要置我们兄弟于死地,以扫清障碍。她一个妇人,贪欲甚重,还可以理解。而你身为大臣,却为虎作伥,不顾人伦大义,不惜陷晋国于动乱,就太不应该了……"

"别说了!"勃鞮忽然昂起脑袋,粗暴地打断重耳,"勃鞮是个直爽粗人,不懂得那么多大道理,只知道受人俸禄解人之忧,奉命办差不问曲直。若是公子需要申辩,自可到主君跟前敞开心扉去说,跟在下说什么都是无用。请公子立刻跟随在下上路吧!"

重耳一愣,他对勃鞮并不熟悉,只是略有耳闻,没想到勃鞮竟然是这样一个不通情理的家伙。重耳有些着急地冷笑一声:"到主君跟前申辩?有夫人在,我可能有这个机会吗?勃鞮,你不会想不到,只要我一到达都城,夫人早就安排好了我的死法。所以说,我不能跟你回去。"

"既然如此,在下就只好奉夫人之命了!"勃鞮也是冷笑着,刷地抽出腰间的短刀。

重耳忽然为自己的大意感到后悔。面对刀刃,自己手无缚鸡之力,身边又没有一个得力武士,怎么办?难道就这样死掉,未免太可惜了!面对勃鞮的步步逼近,恐惧感和强烈的不甘心让重耳惊恐地转动脑筋,寻求着一切可能的机会。狐毛和狐偃被自己打发到了屋外,侍卫们都在院子外边和勃鞮的兵将对峙,没人注意到这里发生的凶险,即使他们此刻知道了,也无济于事,勃鞮要杀掉自己,只需要一瞬间而已。怎么办?冷汗从重耳的额头蜿蜒淌下,凉风吹过来,让他浑身激灵打个哆嗦。也就在这个时刻,重耳看见了半开着的窗户,他的心里猛地透出星星亮光。

"勃鞮,"重耳挪动着身子,"与其不明不白地死在这里,倒不如冒险跟你回去,即便无法申辩,在主君面前就死,也是堂堂正正。好,我愿意跟你回去。"

勃鞮得意地笑了笑,略微收回短刀:"公子早放明白些,何必逼迫在下得罪公子。"

他的话音未落,重耳已经悄无声息地挪到窗子下边,他忽然猛地蹿起身,跳上窗台,翻身跳了出去。这一切来得实在太突然,勃鞮反应再快也措手不及，慌乱中只是伸手抓住了重耳的衣袖，他顾不上多想，挥刀砍过去，不料重耳大半个身子探在窗外，他的短刀只砍在扯拽住的衣袖上，这下反倒帮了重耳的忙，衣袖被砍断，重耳扑通掉在屋子外边。

"他奶奶的！"勃鞮暗骂一句，大步跑出门外，却见两个人影从假山后边闪出，一左一右，直奔跌落在地的重耳。勃鞮仗刀猛扑上去，心急火燎地要完成使命。就在此时，假山后边又蹿出几条人影，手中各有明晃晃的刀剑，他们围住勃鞮，不由分说，狠命劈杀。勃鞮大吃一惊，慌忙招架。电光石火间，先前两个人已经把重耳拉起，绕到屋子后边，闪身不见了。

勃鞮一阵着急，叮叮当当地和那几个人打斗着，扯开嗓子大喊："快冲进来，重耳要跑！"

勃鞮带来的兵将听到喊声，立刻叫喊着要往院子里冲。而护卫院子的侍卫们，平时得过重耳不少照顾，个个都十分忠勇，他们奋然地迎上去，一场厮杀不可避免地开始了。勃鞮见自己的兵力迟迟不进来，院外喊杀声四起，知道最不愿意看到的情形还是发生了，他咬牙大喝："你们都要跟着重耳造反吗？这可是诛杀全家的大罪！"手里的短刀舞动得越发来劲。那几个人也不恋战，感觉时间拖延得也差不多了，身形晃动，纷纷败退下来，也绕到屋子后边，不见了。

守卫院子的侍卫毕竟人数少，没支撑多久就被冲散，勃鞮的兵丁闯进院子。勃鞮气急败坏地带头跑到屋子后边，寻找重耳。院子不大，正房后边是片树林，枝叶茂密，黑糊糊的，阴气森森，树林中落叶堆积。黑暗中深一脚浅一脚搜索半天，并没发现一个人影。

这就怪了，明明亲眼看见他们跑到这里的，怎么转眼就不见了？勃鞮在心里嘀咕着，在院墙下边来回查看，高高的青砖，有近一丈高，凭重耳的本事，不可能爬上去，就是有那几个人帮忙，也得留下攀爬的痕迹。可是湿滑的苔藓表明，没有丝毫走动的迹象。

"哼，我就不相信他们能插翅飞了！"勃鞮命令部下，把院子内外严密围困住，等到天亮后再仔细查看，务必抓住重耳，回去交差。

第一四章　两公子同落一下场　一国丧连杀两国君

蒲地郊外官道旁，一间简陋的小屋内，灯火如豆，摇曳在几个人的脸上，幢幢如同鬼魅。屋外秋风呼啸，撕扯起长长的哨音，更平添了几许凄凉和杀气。

"公子，事情已经无可挽回，接下来有什么打算？"一个沙哑的声音打破僵硬的寂静。

坐在灯影正中间的，正是刚刚逃脱了死亡的重耳。自从到蒲地后，强烈的不安让他不得不假想某些危险。他在自己的宫殿内和这个城墙下的小院中，都开凿了地道。小院的地道口设在树林中堆积的落叶下，被厚厚的落叶遮掩着，即使有人走在上边，也发现不了。从这个地道可以穿过城墙，直接来到城外。而知道这个出口的，也只有他和狐毛、狐偃。所以他们三人连同几名侍卫，在勃鞮严密坚守院落的时候，已经神不知鬼不觉地来到城外的这个小屋内。

暂时躲过了被宰杀的命运，并不意味着就平安了。只要身在晋国境内，时刻都有丢命的危险。重耳凝视着跳动的灯火，嗓音也有些沙哑："目前要想不死，唯一的出路就是逃亡，逃到他国躲避一时。只是，到哪个国家去合适呢？"

狐毛想一想说："虽说国事不尽如人意，但晋国毕竟幅员辽阔，是个大国，为周围小国所惧怕。要是随意去个国家避难，到时候晋国发兵要人，小国不得不屈服，倒霉的仍然是咱们。何去何从还是要慎重考虑清楚。"见大家满腹忧虑地点头，沉默片刻，狐偃忽然拍着大腿叫嚷:"有了!紧邻晋国的翟国,其国君向来仰慕公子的为人。公子这些年在蒲地,与翟国互通有无,帮过他们不少忙。加上翟国国君熟悉晋国内部纷争,知道晋国将来的希望在公子身上,必然不惧怕晋国的威压,公子性命之忧可以暂时消除了。"

重耳点点头,这个分析不无道理。他霍地站起身,带起的风把如豆的灯火一下子扇灭了。"事不宜迟,赶紧出发!"

另一处的公子夷吾,命运同样多舛,也同样幸运。当贾华率领兵马赶赴屈地的时候,朝廷重臣郤芮最先得到消息,郤芮有两个最要好的朋友分别是虢射和吕甥。而虢射恰恰是公子夷吾的舅舅。他们三人合计一番,立刻动身赶往屈地,赶在贾华的兵马前边,把这个消息告诉给夷吾。

夷吾和重耳的想法并不一样,他在宫中从小到大,上边有哥哥,下边有弟弟,未曾承担过什么风雨责任,他既不像重耳那样厚重诚恳,也不像太子申生那样对父母百依百顺,他自小便以自己为中心,属于自己的东西,从不把半点让给别人;不属于自己的,则想尽办法归为己有,性情吝啬而贪多。听说父亲派兵来捉拿自己,那和等待斩杀有什么区别?他立即紧急调动屈地所有兵马,加紧城池防守,做好战前准备。

有惊无险的是,贾华和虢射等人的关系很好,对夷吾也并无多少恶意,并且还怀着对朝廷争斗观望的心理。他带兵来到屈地城下时,并没有发动什么猛烈的进攻,而是派心腹将校告诉夷吾,让他尽快出逃避难,不然的话,主君派后继兵力赶来,屈地是抵挡不住的。夷吾当然知道这是实情,他赶忙和郤芮等人商议。以夷吾的意思,重耳既然逃难到了翟国,说明那里比较安全,大家干脆也跟着去翟国好了。

这些人当中,数郤芮的年纪最大,他沉吟片刻,摇摇头说:"这样不好。主君之所以捉拿公子,正是听信了骊姬的话,说你们几位公子与太子合谋造反。现在重耳逃到翟国,公子你随后也跟了去,在外人看来,分明是早就串通好了的。这样,不是合谋也是合谋了,将来在主君面前更说不清楚，对国人也不好交代。"见夷吾神色顿时有些沮丧，郤芮很有把握地接着说："以老臣看，我们不如逃到梁国去。那里距离秦国很近，晋国投鼠忌器，不敢贸然发兵要人。而且秦国是强国，又和晋国有婚姻关系，公子姐姐现在是秦国国君夫人，将来主君百年之后，公子可以借助秦国的力量，返回国内成为国君，再好不过了。"

大家都觉得这个想法好。夷吾听说将来有可能成为国君，更是兴奋，立刻同意。当天夜里，夷吾他们跑出城去，向梁国方向疾奔。等他们跑出去两三个时辰之后，贾华才假装发觉，呐喊着追赶一程，最终也没见到人影，匆匆收兵回去复命了。

贾华回到都城绛城的同时，勃鞮也垂头丧气地回来了。晋献公怒气冲冲，指着两人的鼻子大骂："兵分两路，结果一个都没抓回来，你们是干什么吃的！"见身旁的骊姬满脸不悦，晋献公更加生气，呵斥着要把两人拉出去斩了。幸亏勃鞮和贾华都很机灵，他们一面叩头求饶，一边信誓旦旦地请求带兵讨伐翟国和梁国，把两个公子给要回来，将功赎罪。

晋献公本来也没打算非要杀掉他俩，不过是讨骊姬喜欢罢了。当即点头应允勃鞮率兵去翟国施压，要回重耳。至于梁国，晋献公果然如郤芮所分析的，唯恐得罪了秦国，引起大的纷争，暂时不了了之。好在骊姬听说要继续捉拿重耳，立刻高兴起来，她贴在晋献公耳畔说："主君英明。夷吾这孩子，臣妾觉得并没多大出息，喜欢贪个小便宜，让他逍遥去吧。倒是重耳，表面上倒挺忠厚老实，其实肚子里乾坤大着呢！臣妾听说，朝堂上大半臣子，都受过重耳的拉拢，都在心里念叨着重耳呢。若是不把重耳抓回来，不但主君时时要受其造反的害，就是以后等奚齐做了国君，也大不稳当呢！"见晋献公连连点头，骊姬甩动袖子对勃鞮笑笑："愣着干什么，还不快去！把重耳抓回来后，主君自然会重重赏你。要是拿不回人来，哼，你就死到外边吧！"

勃鞮唯唯诺诺地答应着，垂头丧气地退出大殿。

重耳来到翟国已经几天了。

虽然翟国国君对自己确实不错，招待得很热情，也满口保证不会向晋献公屈服，确保他们几个人的安全，但重耳总是不能安心，他时刻担心着父亲身边的骊姬，这个女人是不会善罢甘休的，她下一步是否会怂恿父亲发兵向翟国施压，要对他们兄弟赶尽杀绝呢？为此，重耳养成了一个习惯，总是时不时地登上城头，向远处眺望。至于眺望什么，他自己也说不清楚。

这天一大清早，重耳便和狐毛、狐偃两兄弟站在了城头之上。重耳昨夜显然没有睡好，脸色泛青，哈欠连天。狐毛不安地看看重耳，话语里透着关切，也有几分担忧："公子，怎么，心里不大安稳？"

重耳并不掩饰，点点头："暂时少了性命之忧，许多心思就开始活动起来了。你说，咱们寄居在这里，何时是个尽头？接下来该做什么？唉，都说一年之计在于春，一日之计在于寅，一家之计在于和，一生之计在于勤。可惜我年岁渐大，春日寅时都已过去，如今是家不和，想勤却不知从何做起。身处尴尬，身处尴尬啊！"

狐毛知道重耳自小虽然忠厚善良，但却是个素有大志向的人，当然能理解他此刻的心情，想一想刚要说几句安慰的话，忽然狐偃惊叫起来："看，那是什么？"

大家一惊，忙伸长脖子向城下张望。正对着城门的官道上，一团烟尘急速滚动而来，看不清烟尘中包裹的是什么。重耳心头突然颤动了一下。骊姬果然不肯罢休，派兵马来要人了！但他随即又摇了摇头，看样子来人并不是很多，莫非先派了使者来讲道理？那么，满口答应保护他们的翟国国君会真的不屈服威压吗？如果出现意外，自己这些人该怎么办？

重耳的心提到了嗓子眼上，嗓子干涩地说不出一句话来。

烟尘很快接近城门，两辆破旧的马车终于映入众人视线。马车后边，还跟着几个人，虽然站在远处，也能看得出，这帮人破衣烂衫，憔悴疲惫，分明是一群逃难的百姓。众人长舒口气，重新把心放回肚里。"真正成了树叶掉下来怕砸破头，诚惶诚恐了。一群难民就把我们吓成这样！"重耳苦笑着摇了摇头。

还是狐偃眼尖，那群人刚走到城门下边时，狐偃忽然惊叫着指指点点："咦，怪了，你们看，车上那人怎么和赵大人如此相像！哎呀，简直就是一个人！"

重耳和狐毛好奇地朝下观望。果然，前边马车上站立着一位中年汉子，青灰色长袍，腰身挺直，面色清瘦，矍铄而干练。"哎呀，不是像，此人绝对就是赵衰赵大人！"重耳手扶墙头青砖，跳着脚喊叫，看情形几乎要跳下去。狐毛和狐偃也看清楚了，来人正是赵衰！

赵衰是晋国重臣赵威的弟弟，现在担任着晋国大夫。和赵衰在一起的，有胥臣、魏犨、狐射姑、介子推、颠颉和先轸等人。对于他们，重耳当然再熟悉不过了，当初在都城做公子时，他们都是很能谈得来的好朋友。大家每日聚在一处，谈论各国发生的事情，评论天下诸侯的得失，探讨周朝将来的走势，指点江山，彼此都很尽兴，是一种难得的享受。自从被分派到蒲地之后，在朝堂的时间很少了，又唯恐惹得骊姬猜忌，大家也就如浮萍飘散，分多聚少了。每当心思闲暇的时候，重耳总是忍不住要怀念昔时挚友相聚的日子。可是，让重耳疑惑不解的是，他们怎么跑到这里来了？莫非，朝廷上发生了什么更为不测的事情？

城下的人并没有看见他们，马车在城门前停下。自从重耳一行来到翟国，为了防止晋军袭击，翟国都城经常是关闭的。赵衰站在车上高喊："喂，守城的兄弟，我们是晋国公子重耳的好朋友，特意来投奔他的，快开城门让我们进去！"

喊了两遍，守城士卒仍不敢轻易相信。重耳见状，忙走下城头。士卒们认得重耳，赶紧施礼。重耳对一个领队模样的将校说："外边的确实是我朋友，他们手无寸铁，后边也没带什么人马，应该没有危险。放他们进来吧。"

晋国公子是国君的座上客，这点所有翟国臣民都知道，士卒们当然唯唯遵命。当赵衰他们跌跌撞撞进到城内后，看见站在他们面前的竟然就是重耳，简直有些不敢相信。赵衰使劲揉了揉被风沙迷住了的眼睛，最先惊呼："啊，公子，真是你吗？"

赵衰身后的众人立刻围拢过来，把重耳围在中间，纷乱中互相拉着手，却一时不知该说些什么。重耳把他们挨个看看，赵衰衣衫单薄，精神却格外旺盛。胥臣双目炯炯，正热切地盯着自己。魏犨还是和过去一样，憨憨厚厚，大大咧咧，一副满不在乎的神情。介子推身形依旧那样飘逸，文弱书生气息中透着些许豪爽和潇洒。先轸给自己的感觉还是老成持重，让人心生依靠。颠颉比先前黑瘦了许多，但表情激动，似乎是欲言又止。大家对视许久，重耳终于抖动着嗓音问："你们，你们这是……"

"哎呀，公子这不是明知故问嘛！"魏犨终于忍不住了，大呼小叫地说，"我们这些人和公子是什么交情？你在外边漂泊，我们哪里能放心得下？就跟过来了，大家彼此也好有个照应！"

"是啊，是啊。"一打开话匣子，众人七嘴八舌地吵开了，"这几年大家碍于朝堂耳目，都没能聚在一处畅谈，真把人憋坏了。这不，往后可有机会谈天说地啦！"

重耳立刻明白了他们的意思，嗓音沙哑地说："诸位，重耳如今是落难之人，自身性命尚难以保全，怎敢拖累了大家？你们都是我晋国朝堂重臣，放着丰衣足食的安逸日子不过，何苦前来？"

"公子说这话就太小瞧我们了。"介子推含笑走上前一步，"乐莫乐兮心相知，悲莫悲兮伤别离。我们与公子引为知己，早就在心里准备好与公子生死与共。这些年来，公子在蒲地驻守，我们身为臣子，不能擅离职守前去探望，已经是深以为憾了。如今公子独身在外，没有职位，我们当然也就不再顾忌什么，这才舍弃官职赶来相聚。这下好了，乐有了，悲没了，不是挺好嘛！"

"是呀，是呀！"众人再一次热烈地随声附和。

重耳感觉鼻子一酸，慌忙低下头去，免得他们看见自己流泪的样子。

安顿下来后，当天晚上，众人齐聚重耳临时居住的馆舍中，大家畅所欲言，放开肚皮豪饮，兴致格外高涨。重耳手握酒杯站起身，跳跃的烛光映在他的瞳孔上，双瞳分外分明，如同四团燃烧的火焰。他深有感触的目光扫视过每个人:"重耳何德何能,劳各位千里跋涉。想我自小就喜爱豪杰之士,十七岁时便把狐偃大夫当做父辈,随时请教。把赵衰当做老师,时时蒙受教诲。把狐射姑当成兄长,言听计从。把介子推看做知己,常常感念不忘。还有魏犨你们,都是我须臾不能释怀的知己啊!只是重耳不幸生于君王之家,琐事繁杂且凶险莫测,不但不能与诸位优游江湖,反倒连累大家,实在不安呀!"

赵衰连喝几大樽酒,枯瘦的脸上泛起红晕,他一把拉重耳坐下:"公子以后再不用说这些。什么连累不连累,得失荣辱总在天,机关算尽也枉然。顺天行事,只要心里高兴,就是好日子,不一定非得享受什么荣华俸禄!所以说,不是公子连累了我们,是公子成全了我们大家。往后,我们生死一处,患难与共,何等的痛快!你们说,是不是?"

众人一片欢呼,酒樽碰撞得乒乓作响。

魏犨趁着酒劲,脸红脖子粗地叫嚷:"哼,有道是家凭长子,国凭大臣。公子忠厚贤能,朝堂内外没有不夸赞仰慕的。要是公子愿意,咱们在翟国借些兵马,再把蒲地公子的旧部组织起来,杀进绛城,清除掉主君身边的小人,安抚晋国臣民,让晋国尽快强大,比这样流亡在外有意思多了!要是公子答应,我魏犨给你打前锋!"

重耳脸色一沉,意味深长地看他一眼,不动声色地说:"魏犨喝多了。不管出于什么愿望,动兵动刀,总要让主君心惊,总会伤亡我晋国兵将。这等事情,断不是重耳所能做出来的。"

魏犨正在兴头上,没看清重耳的表情,依旧手舞足蹈地吆喝:"公子何必害怕那个骊姬,她不过是个狐媚精,迷惑住了主君。只要一刀结果了她,主君自然就会清醒!"

狐偃发觉重耳的脸色立刻难看起来,知道他的心思。不管怎么说,骊姬毕竟在名分上是他的母亲,魏犨如此胡言乱语,当然让他不高兴了。狐偃忙拉魏犨坐下,狠狠瞪了他一眼:"还不闭上你这张臭嘴!公子是什么人,能和你一样头脑简单?公子是仁厚君子,岂能做出这等以下犯上的事情!当心把你灌醉了送回去,看你还敢不敢胡说!"

魏犨这才意识到自己说得确实过头了，忙低下头去，抓过一块猪肘子埋头大嚼。

重耳忽然笑笑，随即轻叹口气："唉，果然是三杯万事和，一醉千愁解啊！只是不知道明天，会不会有追兵找上门来？"

重耳的担心当然不多余，但实际情况并没有他预料的那样严重。勃鞮率兵赶到翟国边境时，翟国国君得到军情，立刻亲率兵马对阵坚守。勃鞮虽然勇猛，在率兵作战方面却没多少经验，唯恐失了手以致罪上加罪，不敢贸然进攻。两军就在国境附近对峙起来。

还是晋国重臣丕郑好言劝慰晋献公说，如今重耳和夷吾并没什么大的恶行败露出来，其实他们是否与太子同谋也只是猜测，并没有证据。要是真的和翟国交战，翟国兵将以勇猛著称，即便晋国胜了，也会损失很大，还吵闹得天下都知道晋国国君父子反目，太不划算了。还是见好就收，算了吧。

晋献公想想也是这个道理，好在骊姬的目的都已达到，自己又何必多事，也就顺水推舟地下令撤兵。作为对骊姬的抚慰，晋献公很快册封她的儿子奚齐为太子，最大限度地博得了骊姬的欢心。

也就是在这一年的九月，雄踞东方的霸主齐桓公在葵丘举行盛大的诸侯会盟。晋献公兴致勃勃地要赶去参加，走到半路上却得了重病。毕竟老了，经不起半点折腾。回到绛城的宫中时，晋献公已是奄奄一息，生命如摇曳的残烛，随时都有熄灭的危险。

骊姬早就在为这一天的到来做着详尽准备。在她的推荐下，弥留之际的晋献公把太子托付给老臣荀息。荀息一向以忠诚倔强著称，凡是他答应的事情，一定会一条道摸黑也要走到底。骊姬正是看中了他的这个特点。而荀息面对晋献公临终前的托孤，也是感激涕零，发誓要保护好奚齐，辅佐他顺利继承王位。

灯枯油尽的晋献公撒手人寰，匆匆结束了晋国父子相残的闹剧。晋献公死后，在荀息的张罗下，十一岁的奚齐继承了王位。作为答谢，骊姬假借新国君的嘴巴，封荀息为上卿，把梁五和东关五加封为左右司马，统率全国的军队。把兵权牢牢掌握在手中后，骊姬长长地松了一口气,她以为,这下终于可以高枕无忧了。

短短几天之内,国家发生这么大的变动,许多大臣都深感不安。尤其是像狐突、里克和丕郑等老臣,更是预感到一场大变乱即将发生,他们纷纷采取行动,或者明哲保身或者试图力挽狂澜。狐突觉得自己年纪实在太大,两个儿子又都在外边保护流亡的重耳,自己一个人,实在无能为力,便托词说身子不舒服,闭门不出。而里克和丕郑则对骊姬的做法十分不满,他们暗中找来荀息,希望能说服他改变主意,不要维护骊姬母子,大家齐心协力把公子重耳接回国内继位,这样上合礼数,下安民心,是一举两得的好事。但荀息的倔强让他怀着满腔感恩和士为知己者死的义气,坚定地表示:"除了奚齐,老臣不知道还有别人,也不管什么善恶对错。要想除去奚齐,你们就先把我除去!"

面对荀息的冥顽不化,里克和丕郑只得另想办法。他们秘密找到一个猛士,许以丰厚的赏赐,把他安插到宫廷侍卫当中。晋献公的灵柩停放在宫内大殿中,奚齐作为孝子,要整日守灵。而由于国君新丧,宫内人来人往乱哄哄的,警戒松懈了许多。那个猛士便按照吩咐,趁个机会把奚齐刺杀在晋献公的棺木前。

新君被刺,宫内立刻炸开了锅。荀息刚刚陪奚齐哭过灵,正在偏殿的一个屋子内休息,闻听如此巨变,简直惊呆了。他抱住血泊中的奚齐,伤心地放声大哭,想着前不久先君才把奚齐托付给自己,当时自己信誓旦旦地答应要保护好他,结果先君还没下葬,奚齐就不明不白地被人给刺死了。自己不但对不住骊姬和奚齐,更辜负了先君的一片信任,真是该死啊!想到死字,他大叫一声:"我对不起先君啊,先君与主君慢行,我这就追赶过去,侍奉你们于黄泉之下来消弭我的罪孽!"说着放下奚齐,用袍袖蒙住脸,使劲朝一旁的柱子上撞去……

迈开脚步的一瞬间,一个柔媚的声音传来,接着荀息感觉有人扯拽住自己:"上卿不必过于自责,万事由天不由人。奚齐死了,不是还有我妹妹的儿子吗,立他为国君,也可以多少减轻辜负先君的罪责,总比白白死了强。你这样撞死了,倒正中那些小人的意。"

听声音荀息就知道是骊姬。得知儿子被刺的消息,骊姬首先不是悲伤，她马上意识到，没了晋献公之后再没了儿子，自己的命运就变得岌岌可危。慌乱中，她想到妹妹少姬的儿子卓子。虽说比起儿子来远了一层，但总比外人要好出许多，可以拿来救救急。

于是，在骊姬的幕后策划推动下，荀息对众大臣说晋献公曾有过遗言，倘若奚齐出现意外，就把国君的位子传给卓子，如今奚齐遇害，当然要由卓子继位。大变乱之际，多数大臣乐得明哲保身，也没人提出异议。就这样，九岁的卓子成为了新国君。

面对奚齐的遇刺，梁五和东关五等人意识到，反对他们的人势力不小，他们时刻都面临着和奚齐同样的下场。本着先下手为强的打算，梁五和东关五认定刺杀行动必定是里克等人谋划的，只有先除掉他们，自己才能安全。鉴于里克、丕郑等人身居朝堂数十年，朝廷大臣大半是他们所提拔的，势力还是相当强大，梁五他们决定也采取出其不意的方式来得手。

东关五府上有个叫屠岸夷的家将，十分勇猛。东关五便赏赐给屠岸夷许多财物，安排他带领一支精兵，在晋献公下葬那天，埋伏在里克府邸附近，里克为国君送葬，必然要出门，只要他一出门，就冲上去乱刀把他给杀掉。里克一死，丕郑等人势单力薄，就好办了。

东关五本以为屠岸夷是个莽汉，只知道唯命是从，对他十分放心。不料，屠岸夷却粗中有细，他觉得如今局势变化太快，到底谁对谁错，有必要找个明白人了解一下。于是他接受密令后，偷偷找到他比较熟悉的一个叫骓遄的大臣，把东关五的密谋告诉他，请他帮忙判断这个事情到底能不能干。

屠岸夷并不清楚朝廷大臣们之间的关系。骓遄和里克、丕郑等人向来政见一致，关系密切，他当即对屠岸夷讲述了一番骊姬如何迷惑先君，"二五"如何祸国乱政，并说他们这帮家伙很快就要倒霉，卓子根本就不是做国君的料，流亡在外的重耳迟早要回来收拾他们……屠岸夷听他说得这么严重，忙吐着舌头说："我……我一个粗人，什么也不懂。既然这样，我这就去把差事给辞了。"

骓遄眼珠转动着忽然想到一个绝妙主意，他拉住屠岸夷谆谆教诲地说:"辞了?能辞得了吗?东关五和梁五心狠手辣,你既然已经知道他们的阴谋,他们会轻易放了你吗?再说,你不去,他们照样还会派别的人去,他们成功了,你就更倒霉!"见屠岸夷瞠目结舌,郗遫放缓了语气:"依我看,你不如假装什么也不知道,该干什么还干什么,在关键时刻反戈一击,诛杀'二五'及其同党,我们把公子重耳接回国内继位,这样,你就是最大的功臣,将来名利双收,岂不更好?天赐良机,千万珍惜呀!"

屠岸夷连连点头,觉得这样立刻就变祸为福,成了天大的好事,赶忙信誓旦旦地听从郗遫安排。而郗遫也赶忙派人给里克送信,让其提前做好准备。

几经周折,晋献公的灵柩终于要下葬了。荀息几个月来提心吊胆,此刻也长长地松了口气。临出发前,按照先前的安排,东关五交给屠岸夷一队三百人的铁甲军,悄悄埋伏在里克府门两侧。而里克则谎称身体不大舒服,没有前去为晋献公送葬。

东关五唯恐功亏一篑,等葬礼草草结束后,便赶到里克府门外边察看动静。屠岸夷见东关五只身到来,假装有事禀报,靠近他时,猛然出手,把东关五脑袋揪住,双臂用力,"咔嚓"一声,东关五的脖子被生生拧断。兵将们见状,立刻大乱。屠岸夷按照郗遫事先教给自己的话,大声吆喝说:"诸位不要惊慌!公子重耳已经带领翟国兵马来到城外,我奉大夫里克的命令,为太子申生报仇。走,大家一起杀奔朝堂,铲除奸贼,将来大家都是拥立国君的大功臣!"

兵将们大多对重耳的印象很好,马上呼喊着跟在屠岸夷身后,向王宫进发。而府内的里克也率领家丁出来,还有丕郑带的人马,三路会合起来,气势立刻雄壮许多。王宫中并没有料到巨变会这么快发生,被打了个措手不及。结果梁五、荀息还有当了几天国君的卓子,一个不剩地被砍掉脑袋。骊姬知道这次无论如何是逃脱不过去了,情急之下跳进后宫湖水中自杀身亡。

一场一边倒的动乱很快结束,结果痛快淋漓,骊姬种下的祸根被完全消除干净。宫殿内的血迹还没有清扫干净,里克就匆忙召集大臣商议，得赶紧拥立一位国君来填补朝堂上的空白。大家一致同意迎接重耳回来，因为重耳不但有贤能的名声，也是目前年龄最大的公子，于情于理都说得过去。决定以后，里克拿出竹简，写明事由，让朝堂大臣逐一签名，证明这是大家的意思，并非有权臣一手遮天。

论资格论职位，最先签名的应该是狐突。但狐突却摆手推辞说："这个名，老夫不能签。"见众人面露惊愕，他解释说，"诸位都知道，老夫的两个儿子，狐毛和狐偃，如今都追随重耳逃亡在外。老夫如果带头签名拥立重耳，未免叫人觉得是老夫在捣鬼，演了一出大戏给两个儿子争取功劳。老夫清洁一生，这个嫌疑无论如何不能沾染的。"

里克听他说的似乎也有点道理，也就不再勉强，自己第一个签名，其余大臣依次跟在后边。不过，狐突当时并不知道，他的这个避嫌之举，却给重耳带来巨大的麻烦，也给晋国平添了许多戏剧性的周折。

第一五章　丑人偏有丑福　蠢人又办蠢事

重耳他们见到作为使臣的屠岸夷，听他讲述了晋国发生的巨大变动，又看了屠岸夷带来的竹简，大家无不欢呼雀跃。魏犨拍着粗大的手掌呵呵直笑："我就知道好人必有好报，这不，兑现了吧？走啊，大家回去好好为晋国百姓办事去呀！"其他人也都满面春风地点头称是，纷纷开始收拾行装。

重耳却脸色凝重，盯着竹简看了许久，沉默着没有说话。

魏犨着急地跳到他跟前，抓过竹简放到桌案上，道："哎呀，公子，不赶紧收拾东西，看它有什么用？怎么，还打算长期当客人啊？"

重耳没理会他，转脸对神情同样严肃的狐偃低声说："你看，竹简上大臣都有签名，却唯独不见令尊狐大人的手迹，这难道不奇怪吗？他是不是想通过这个暗示我们什么？"

狐偃的眼光停留在摊开的竹简上，良久才点头缓缓地说："是啊，我也正奇怪这个。大臣当中，论资格论职位，家父当属第一，可是他为什么偏偏没有签名呢？说不过去呀！我看这个使者屠岸夷，是一介赳赳武夫，眼光中时常抖落出杀机。派他来接公子，是不是会有其他什么意思在里边呢？"

"正是这个令人担心啊！"重耳轻叹口气，"朝堂发生如此巨大的变乱，我们丝毫不了解底细，冒冒失失地回去，势单力薄，只怕回去容易，再出来就难啦！我看，宁可错过机会，不无故去冒风险。"

"公子向来老成持重，说得极是。"狐偃满口赞同。

拿定主意后，重耳叫过屠岸夷，解释说自己这些年流亡在外，父亲去世也未能尽到孝心，心中十分惭愧。正因如此，实在不能回国继位，请屠岸夷回去禀报，让大家另外选取更为贤能的公子来继任国君。

屠岸夷是个粗人，不会饶舌，听他这样说，便答应着赶回去禀报了。

里克等人已经做好了迎接的准备，不料，屠岸夷却没能把人给请回来。大家七嘴八舌地责怪屠岸夷不会说话，却猜不透重耳为什么不回来。仅仅是未能尽到孝心心里不安？似乎有些勉强。但既然没能请回来，国君的位子却不能空得太久，大家只好决定退而求其次，去请在梁国避难的夷吾。里克对此总不大安心，他告诉众大臣，夷吾这个人喜欢贪图小便宜，喜欢轻易许诺却很少事后兑现，恐怕不是当国君的大才。许多大臣也同意这个看法，但多数人觉得，既然重耳没回来，夷吾比起其他公子来，还是要强一些的，目前也只能请他了。

夷吾逃亡梁国以后，梁国的国君便把他看做将来维系晋国的绝好机会，不仅处处优待，派人时时替他打探晋国的动向，还把一个女儿许配给他。夷吾乐得安享，几年来非但没受什么苦，还发福了不少。他和梁国公主生的儿子取名叫圉，整天含饴弄子，日子过得优哉游哉。当探听到晋献公去世的消息后，夷吾立刻觉察到机会来了。他先是派吕甥偷偷返回屈地，重新占据这块地盘。当时晋国忙于大丧，也无暇顾及这些。正当夷吾思谋着如何扩大战果，该不该借兵打回晋国的时候，喜从天降，晋国使臣竟然主动来邀请自己回去继任国君了！

天大的喜讯让夷吾忍不住喜笑颜开，他急忙命人一边收拾行装，一边置办盛大的酒席，准备邀请梁国国君大吃一通，算是答谢。

还是郤芮头脑冷静，他把夷吾叫到一旁告诫说："要知山下路，须问往来人，千万莫要慌张着急，凡事打听清楚再行动不迟。公子知道吗——他们在这之前，请过重耳，但被重耳拒绝了，他们这才来梁国请公子回去。公子想过没有，重耳为什么不回国继位呢？"

夷吾嘴角一撇："他没那个福气呗！国君该谁来当，是上天早就安排好的。上天安排我来做，他当然就没那个好命了！"

"恐怕没有这么简单。"郤芮摇了摇头,"重耳性情厚重而机敏,又有好多贤能之士追随着他,如果真是绝好的机会,他断然不会错过。如今晋国朝堂犹如狼窝虎穴般,一旦陷进去,就身不由己了。短短几个月,奚齐和卓子先后送命,情况不明之下,公子还是要小心啊!"

夷吾一愣,国君的宝座和性命比起来,当然先要保命了。他不甘心地瞪大眼睛:"那……难道就这样算了不成?"

"那倒还不至于。是机会总要抓一抓的。"郤芮眯起眼睛,"咱们当初选择在和秦国接壤的梁国落脚,就是想借助秦国的力量。公子是否可以许给晋国重臣里克和丕郑等人高官厚禄,让他们死心塌地支持公子。另外,再派使臣到秦国去,许诺给秦国重大的好处,请求秦国出兵来保护公子回绛城继任国君。这样内外布置妥当,公子就可以大功告成了!"

"对呀!"夷吾拍着手跳起来,"人若不爱财,除非天地倒过来!先答应他们,只要能继任国君,我什么好处都答应他们!"

同郤芮反复商议后,夷吾连夜写了两封信,托屠岸夷带回绛城,交给里克和丕郑等大臣。在信中,夷吾高度赞扬了里克等一班大臣惩恶扬善,为晋国立了大功,并且很直白地许诺说,等自己顺利成为国君后,一定封里克为相国,赏赐土地一百万亩,封丕郑为上卿,赏赐土地七十万亩,并答应给其余大臣也都一一封赏。与此同时,夷吾还特意写了一封长信,派心腹使者送给秦穆公,请求秦穆公出兵保护自己回国继位,答应事成之后,把晋国河西的五座城池划归秦国,作为酬谢。

秦穆公最初并没看好夷吾,他认为这些晋国公子里边,应该做国君的,当属德行谋略俱佳的重耳。可如果晋国弄了个品行不怎么样的人为国君,对秦国倒未必是什么坏事,至少是少了许多威胁,况且还可以轻易地取得五座大城池……所以,接到书信后,秦穆公很快派遣大将公孙枝率领三百辆兵车,浩浩荡荡,护送夷吾返回晋国,顺利成为晋国的国君,后世称为晋惠公。

公孙枝按照秦穆公的吩咐,带领人马驻扎在绛城,请晋惠公尽快把答应割让的河西五城划拨出来。晋惠公夷吾此时才意识到,当初继位心切,根本没想过河西五城的价值有多么巨大,此刻真要割让出去,简直如同割自己的肉一般,实在舍不得了。

看出晋惠公犹豫不舍的心态,大夫吕甥顺应着劝解:"主君的顾虑是对的。试想,晋国每一寸土地都是祖宗艰辛开拓而来,怎能轻易送给别国?宁可负人,不可负心!"被封为相国的里克却不同意这个说法,他坚持认为既然当初是依赖秦国的力量做了国君,又有书信作为凭证,就不能失信于秦国,失信的后果,比失城更为严重,还是尊诺守信为好。

郤芮自恃是和国君共患过难的,根本不把里克这个相国放在眼里,他在晋惠公面前半是讨好半是耍威风地叫嚷:"里克你想过没有,若真的把河西五城送给秦国,晋国就等于失去一半疆土!这还不说,失去了河西屏障,绛城就直接处在秦国的威胁之下!"

里克也不示弱,据理力争地说:"河西五城的重要性,早就在那里摆着。既然知道,当初何必轻易许诺?既然答应了人家,不管付出多少代价,都得兑现!"

里克的话分明点到了晋惠公的痛处,郤芮暗暗冷笑一声提高了声音:"里克,我明白了,你根本就不是真心想着如何应对秦国,你分明是向主君讨要你那一百万亩封地!你话里的讽刺和怨气,你以为主君听不出来吗?"

里克一愣,这才想起当初晋惠公许诺给自己的封地同样也没兑现。自己刚才并没想到这层。当即,里克不知道该如何应对才好。

丕郑站在旁边,知道这样闹下去,里克肯定要吃亏,忙使劲给里克使眼色,里克意识到了这点,敢怒不敢言地愣怔在原地。

一番争论,终究是晋惠公身边的人占了上风。晋惠公授意吕甥和郤芮,斟酌词句地给秦穆公写了一封长信,说自己刚刚成为晋国国君,以安定民心为首务,倘若刚继位就割让土地,必然会引起臣民的不满,因此不敢马上把河西五城交给秦国,待国内安定后,再行划拨。作为安抚,晋惠公又派丕郑带了许多金银财宝送往秦国。

这场风波过去之后，梦想着早日爬上相国高位的郤芮，开始利用这次争执大做文章，他悄悄对晋惠公说，里克这家伙老奸巨猾，到处宣扬国君是自己一手扶持起来的，而国君却说话不算数，许诺了的土地如今不肯兑现，算什么国君？倒不如另找重耳来继位。郤芮又说，前些日子，丕郑出使秦国时，里克亲自送行，送出了老远，他俩又不知在嘀咕什么，其中必定有什么更大的阴谋在悄悄酝酿中。不如趁早杀掉，免得他们弄出什么事情来。

对于郤芮的建议，晋惠公有些犹豫，他觉得里克虽然倔强，但毕竟是拥立自己的有功大臣，把他杀了，恐怕人心不服。另外，里克当了一辈子大臣，旧部很多，只怕会引起变乱。

做相国心切的郤芮并不管这么多，他说，不管是对是错，里克连杀两位国君，本身就是乱臣贼子，他敢杀掉奚齐和卓子，如果对他本人有利，他当然也敢杀掉别的人，以求取更大的荣华富贵。至于里克那点旧部，根本不用担心，只要里克死了，群龙无首，旧部当然会转而效忠国君。

听郤芮说的也有道理，晋惠公犹豫片刻，终于下了决心："既然如此，寡人不好动手，就由你去办这个事情。要利落干净，别留下后患！"

郤芮等的就是晋惠公这句话，马上带领大批宫廷侍卫，趁着天蒙蒙亮时分，毫无征兆地突然包围了里克的府第。郤芮站在战车上，高声冲门内大喊："里边的人听着，奉主君诏命，特来捉拿罪臣里克！主君有言，没有里克，寡人难以回国继位，拥立大功，寡人时刻不敢忘记。但里克连杀两位国君，作为臣子却是罪不可赦。寡人不敢以私利废大义，为肃整伦理计，还是要追究罪责。寡人念其有功，特准许里克自刎以谢罪天下！"

里克没料到郤芮会动手这么快、这么狠，被围困在这里，根本无法联络救兵，只能站在高台上，冲着外边的郤芮气愤地叫喊："郤芮小人，为谋私利不惜陷害大臣！当初我不杀奚齐、卓子，夷吾他怎么可能回国继位？真是欲加之罪，何患无辞！你等着吧，老夫的今日就是你的将来,将来某一天,你会比老夫更惨!"看看外边黑压压的兵将,里克知道断无侥幸可言,只好拔剑自刎了。

初步扫清障碍的郤芮当然不会罢休,他要彻底清除里克等一班老臣的势力,把朝堂换成他郤芮的天下。因此,当丕郑从秦国返回晋国都城绛城后,郤芮又告诉晋惠公,丕郑和里克都是一伙,务必要斩尽杀绝,不然后患无穷。晋惠公现在已经开始彻底依靠郤芮,对他言听计从。在郤芮的亲手操办下,丕郑等八位老臣被以各种借口杀掉。从此,郤芮成为晋国第一权臣,尽管朝堂上的众多大臣或者心怀愤恨,或者忐忑不安,但都是敢怒不敢言,都不再尽心事务,任凭郤芮等人尽情折腾。

就在晋惠公即位的第四个年头上,晋国连遭程度不同的旱灾、虫灾之后,又遭遇到一场特大的旱灾。接连三个多月,整个晋国境内没落下一个雨滴,真正是赤地千里,地里的庄稼几乎颗粒无收。晋国难民扶老携幼,背井离乡,四处逃荒,不少人偷偷跑到梁国和秦国。与此同时,库存粮食也告罄,士兵们每日连个半饱也混不到,大家怨声载道,经常有兵营哄散的消息传出。

本以为成为国君后就没了什么烦事,可以尽情享乐的晋惠公,被接连告急弄得焦头烂额,连连哀叹国君不好当。他知道,要熬过荒年,唯一的办法就是向别的国家借粮。扳着指头数来数去,梁国、翟国太小,没多少土地,自然也没多少粮食。能借的,只有秦国了。可是一想到秦国,晋惠公就感到心里亏得慌:当初许诺的五座城池,一座也没有给,如今怎么好意思张口?

如愿以偿高升为相国的郤芮却不这么想,他辩解说,我们从没说过拒绝割让河西五城,只是说等国内安定了再划拨给他们。所以,现在完全可以理直气壮地向秦国借粮,秦国要是不答应,那就是秦国的不对,那时我们明确表示拒绝割让五城,天下人谁也不能说晋国失信。总之,借是一定要借,秦国答应与否,都对晋国有好处……晋惠公听他说得头头是道,便命大夫庆郑带着告借书信,连同大量珠宝玉器,前往秦国借粮。

秦穆公对晋惠公印象本来就不怎么样，通过这几年的了解，更是对他很不满。看过告借的书信后，秦穆公很不高兴地跟大臣们说："这个夷吾呀，说话比流水还不如。流水还能湿地皮，他的话连半点痕迹也没有。他当初许诺把河西五城割让给寡人，至今连城池的地图也没见到。如今他倒觍着脸借粮来了，脸皮真够厚的。哼，这粮食，寡人一粒也不借！"

秦穆公身边最得力的大臣蹇叔和百里奚却劝秦穆公说："天灾人祸是哪个国家也在所难免的。作为邻邦，互相帮助也是人情常理，恰好秦国今年大丰收，这粮食应该借给人家。"大夫公孙枝还补充说："晋国是借，又不是乞讨，我们借给晋国，等于把粮食暂时储存到那里，无损于秦国的富强。退一步说，如果晋国国君卑鄙到连借的东西都不肯还，晋国臣民就会人心归秦，我国威望将会大大提高，这对秦国长远发展是非常有好处的。"

听大家都这样说，秦穆公当然能洞晓其中利害，他当即答应庆郑，借给晋国粮食。接着，秦穆公征集全国的车辆、马匹和船只，派兵马把粮食一路护送到晋国国都。一连两个多月，从渭水河畔一直到黄河、汾河沿岸，到处是秦国运粮的车队、船队，场面十分壮观。晋国百姓听说秦穆公送来了粮食，大家十分感激，觉得秦国原来是个很有道德的国家，并不像人们说的那样蛮横不懂礼仪。

事情偏偏凑巧，就在第二年，秦国渭河流域也遇到特大旱灾，大片麦苗枯死，几乎绝收。更巧的是，这一年晋国风调雨顺，小麦获得罕见的大丰收。

秦穆公当然立刻想到向晋国讨还去年借出的粮食，甚至还可以再向晋国借上一些。他让大夫泠至出使到晋国，作为礼节，泠至临行时也带了大量珠宝玉器等礼品。

听泠至转告了秦穆公的意思，晋惠公想起秦国去年的好处，随口答应还给秦国一部分粮食。而侍立在一侧的郤芮却走上前去，附在晋惠公耳边悄悄说："主君答应还给秦国粮食，是不是也准备把河西五城还给秦国了？"

晋惠公一愣:"寡人只答应把去年借的粮食还给他,这和河西五城有什么关系?"

郤芮神神秘秘地说:"主君想想,借粮和帮助成为国君,当然是后者的恩德大了。如果只报秦国借粮的小恩,而忘秦君辅助即位的大德,是舍大报小,不合情理。如果秦国随后来讨要河西五城,给不给呢?白白授人口实,不划算啊!"

他们说话的声音越来越大,下边的大臣都听见了。大夫庆郑说:"去年臣奉命到秦国借粮,秦国国君当即答应,晋国臣民无不夸秦君的美德,如今我们连还粮食都不肯,恐怕不仅秦国埋怨,就连国内百姓也会对国君不满,这就是因小失大了。"

郤芮白了他一眼说:"哼,秦国大方?说得好听!他们之所以借粮给晋国,无非是为了感动晋国,尽快得到河西五城,假惺惺的谁看不出来!"接着对晋惠公说:"去年我们晋国发生饥荒,是上天让秦国灭晋的大好时机,而秦国国君却借给我们粮食,真是愚蠢到了极点!如今秦国发生饥荒,分明是上天看到秦国愚蠢得不可救药,转而保佑晋国,让晋国乘机吞并秦国,这个机会可不能错过。主君,咱们赶紧去联合梁国,抓紧伐秦,然后共分秦地,才是上上之策。"

晋惠公本来就不把什么恩德放在心上,更喜欢贪占便宜,听说可以借机吞并秦国,他眉开眼笑地连连点头答应。秦国使臣泠至就站在旁边,听得清清楚楚,义愤填膺地说:"我们国君感念秦晋之好,不要晋国一寸土地,借粮食给晋国百姓,没想到你们不念旧情,恩将仇报,我回去如实向国君禀奏,你们不会得逞的!"

郤芮也不示弱,横眉怒目地大声叫嚷:"要吃晋国粮食,除非秦国派兵来取!看在让你传话的份上,不追究你冒犯君王的罪责,留一条性命,赶快回去报信去吧!"

晋惠公竟然背信弃义到这种程度,秦穆公大为恼火,当即调集三军兵马,共三万多兵力,秦穆公同宰相百里奚亲自率领中军,大将西乞术、白乙丙负责侍卫,大将公孙枝统率右军,公子絷统率左军,赶在晋国动手之前,攻入晋国境内。

晋惠公率领三路大军，战车六百乘，向西挺进，迎战秦国。

这时，秦军已经东渡黄河，连战连捷，一直攻打到了晋国的韩原这个地方。晋惠公命令军队在距离韩原十里处安营扎寨，派大将韩简到阵前叫阵。

秦国军队满腔怒气，晋惠公梦想占有秦国广阔土地，双方憋足了劲，在龙门山下摆开阵势，天昏地暗地狠命厮杀起来。混战之中，晋惠公乘坐的战车迎面遇到秦国大将公孙枝，晋惠公让大将家仆徒接战，公孙枝有万夫不当之勇，家仆徒不是他的对手，很快便败退下来，拉战车的马匹被惊得狂奔乱跑，最后陷入泥潭，拔不出腿来，晋惠公被困在那里动弹不得。

虽然秦国和晋国投入战斗的兵力不相上下，但由于秦国士气旺盛，战斗以晋军大败而告终，晋惠公和一批晋军将领，连同六百乘战车的兵力，都成了秦国的俘虏。

秦穆公押着俘虏回到秦国，按他的想法，本打算把晋惠公杀掉出口气。大将公孙枝提议说，杀了晋惠公这种小人，对秦国并无多大好处，倒不如仍让他做晋国的国君，把晋国太子圉作为人质，留在秦国，以此要挟晋国归还河西那五座城池。总之，晋国有个糊涂君主，对秦国还是有一定好处的。

秦穆公仍有些犹豫不决，就把晋惠公暂时安置在灵台山的离宫里，派千余名秦兵严密看守。

晋国国君被俘的消息，很快传到秦国。穆公夫人穆姬是晋惠公的同父异母姐姐，听说俘虏了她的弟弟，是否要斩杀还没定下来……她整日哭哭啼啼，让仆从在后花园里垒了个高台，台下堆积起柴草。她和太子身穿素服，住在台上的小屋里，不吃不喝，表示如果不把晋惠公放归晋国，她就在台上自焚。

秦穆公闻听消息大为震惊，立刻派人回去报告夫人，说并没打算要杀掉夷吾，很快就释放他回国。穆姬这才脱掉素服，下了高台，回到宫里。

晋国吃了败仗，没什么好说的，晋惠公终于咬着牙割让出河西五城,并把太子圉作为人质留在秦国,以此换回自己返回晋国继续当国君。

仿佛做了场噩梦,直到回到绛城的王宫内,晋惠公才心有余悸地松口气。他环顾宫殿内熟悉的花草楼阁,还有后宫内那么多如花的后妃,手抚胸脯连连摇头:"好险,好险,差点把这些都给丢了!"

一同回来的还有郤芮等大臣。郤芮顾不上收拾家中残局,略微休整一下,便匆忙赶到宫内,好言安抚晋惠公。晋惠公看看周围没人,压低声音对郤芮说:"知道吗,寡人被秦国囚禁这三个多月,除了害怕他们彻底翻脸杀掉我们君臣,另一个最大的担心就是重耳。他近在翟国,万一学着当年咱们的做法,趁乱杀回来做了国君,那岂不就……唉,险呐,险呐!"

晋惠公挑开了话头,郤芮转动着眼珠,立刻有了话题:"主君说的何尝不是,微臣也正担心这个。不过现在好了,有上天保佑主君,重耳已经没了空子可钻。若是能主动出击,除去这个心腹大患,那真是再好不过。"

晋惠公点点头,显得十分赞同:"这种事情不宜大张旗鼓地干,兄弟相残会让外人笑话。最好派个刺客,悄悄地把他给结果了!对了,你留心找个合适的人手,花费多少,寡人是不会吝啬的。"

"主君,眼下就有个现成的绝佳人选,"见晋惠公格外有兴致,郤芮马上接口说,"当年先君派勃鞮前去刺杀重耳,结果被他意外逃脱,后来勃鞮又带兵讨伐翟国,索要重耳,也没成功。尽管两次都没达到目的,但勃鞮和重耳的深仇大恨已经结下。若是重耳有朝一日得了势,勃鞮必然下场悲惨,这点勃鞮自己很清楚。主君若是派他前去刺杀重耳,他一定会不计代价。"

晋惠公沉吟片刻,阳光已经西斜,殿堂里感觉阴森森的,他的眼睛在阴暗中闪闪发亮:"那好,就有劳你去代办,务必尽快把重耳的人头拿回来!"

第一六章　磨难漫漫流亡路　坚韧拳拳赤子心

深秋的天空总是那么湛蓝而高远。泛黄的渭水滔滔东去，宛如脚下的黄土地在向前奔涌不息。重耳身穿淡青色夹衣，手握一柄弯弓，仰视着河水上空飞翔的各种鸟儿，若有所思。时间真如这河水啊，日夜不停地流淌，掐指算来，在翟国避难已经十二年了。重耳记得很清楚，刚来的时候自己四十三岁，那时尽管觉得不再年轻，但还有机会干出一番事业。而今转眼五十五岁了，垂垂老矣，事业却分毫未建。难道，这一生就这样了？

"公子，怎么不射？刚才那只鸟儿正好从你眼前飞过。"狐偃站在不远处，见重耳呆愣着不动，高声喊着，刚一出口，声音便被河水带动的气流冲散。

"公子这几年来经常这样，"狐毛对狐偃笑笑，"又想起壮志未酬了吧。走，咱们过去看看。"

狐偃摆摆手："让他静一静也好。"顿一顿又接着说："其实也该好好想想了。"

十二年的时光，似乎并没发生太大的变化，单是年轻的不再年轻，而原本有些年纪的，如今已接近暮年。好在翟国的国君一直对他们很热情，并未因为他们始终没有得志而变了嘴脸。就在前几年，翟国讨伐一个叫咎如的小国后，翟国国君还把俘虏的两个绝色姐妹嫁给重耳和赵衰。嫁给重耳的是妹妹，叫季隗，如今已经生了两个儿子伯鲦、叔刘；嫁给赵衰的是姐姐，叫叔隗，也生了个儿子取名赵盾。时间是世间最能消磨人的东西,多少凌云壮志,多么坚强的意志,都会在它的侵蚀下烟消云散。重耳他们都有一种心照不宣的感觉,当上一次机会无可挽回地失去后,或许这里,就是埋葬他们的墓地……

但重耳自感衰老的身躯中,总有种说不出的东西。落寞?不甘心?或许兼而有之。不仅如此,重耳还感觉有一股蠢蠢欲动的热血在奔涌,他渴望做些什么。

远处传来马蹄声,急促而匆忙,让人有些心惊肉跳。大家循声向黄尘小道上望去,一匹快马夹裹在滚滚烟雾中急急冲来。转眼来到跟前,那人跳下马来,打个趔趄险些摔倒。大家仔细看看,却谁也不认识。

那人对着重耳他们双手抱拳,眼睛边扫视着众人边问:"请问,你们谁是狐毛和狐偃大人?"

大家更是一愣。狐毛和狐偃对视一眼,狐毛上前说:"我就是狐毛,你……"

那人似乎有些不相信似的,仔细打量他片刻,点点头:"真和我家大人有几分相像呢。"一边从怀里掏出一块素绢,双手奉上:"小的是狐老大人的家将,现有密信送给两位公子。老大人特别交代过,要小的亲手送到公子手上。"

狐毛将信将疑地接过来,看看那人,又看看狐偃和重耳。狐偃上前一步,把素绢展开,两人埋头仔细看上边的内容。看着看着,忍不住"哎呀"惊叫起来,引得重耳等人赶忙过来,好奇地追问到底发生了什么事情。

信是狐突派人送过来的。在信中,狐突告诉给他们一个性命攸关的情况。晋惠公派勃鞮潜入翟国刺杀重耳,而勃鞮接受了上次的教训,感觉自己一个人总有些力量单薄,便拿着晋惠公提供的钱财四处物色得力帮手。狐突虽然深居简出,但对朝堂动向却从未懈怠过,他的耳目总能把观察到的每个细节及时禀报给他。勃鞮的反常表现引起了狐突耳目的注意,通过多方探查,终于了解到实情,晋惠公命令勃鞮三日内起程,务必要带着重耳的人头回来。狐突唯恐重耳他们在翟国这么长时间了，麻痹大意没有防备，这才派得力人手，快马加鞭地赶来送信。

大家面面相觑片刻，魏犨拳头捏得嘎巴作响，涨红了脸恨恨地叫嚷："为了保住富贵，追杀自己哥哥，什么狗屁国君，连个普通白丁都不如！"

狐毛看他一眼，沉声说："人心如古井，其深不可测。为了一己私利，什么事情都能做出来，这也不奇怪。闲话少说，还是赶紧商议何去何从吧。"

重耳眉头紧皱，脸色阴沉如同即将落雨的天空。他了解夷吾，知道这种事情夷吾完全做得出来。但另一方面，他又深感无比的龌龊，自己已经决定要在异国他乡安居老死了，可夷吾还是不能放手！一个连亲兄弟都不懂得怜惜的人，会爱惜他的臣民吗？重耳想起前些日子的传闻。晋国借粮食不还，大耍无赖，结果被人家秦国打得头破血流，夷吾都被俘虏，要不是秦国国君碍于夫人的面子，只怕晋国早就姓秦啦！每当重耳听到翟国百姓这样议论时，强烈的羞辱让他无地自容，但即使如此，他也只是在心里暗暗责怪夷吾，叹他太不争气，却从未有过其他的想法。此刻面对狐突的书信，一个强烈的愿望忽然从心底升腾而起：要返回国内，要重整朝纲，决不能让一个不配做国君的人尸居其位！只有这样，才能算是对晋国百姓负责，才能对得起身上流淌的王室热血！

"走是一定要走了，"良久，重耳抬起头来，仰望着天际飞鸿，声音平静得令众人感到奇怪，"只是，天远地遥，走到哪里好呢？"说着收回眼光，扫视一下众人，"十二年啦！在这里娶妻生子，落地生根。若不是狐老大人送信，若不是勃鞮赶来追杀，还真想不出什么理由要走呢。或许是上天唯恐我们不图思变，老死在此，给我们提供一个契机吧。"

狐偃含笑点头："公子能这样想，我们也就放心了。纵观当今诸侯，最为突出的当数齐国，齐君几十年来招贤纳士，重用管仲等一大批贤能大臣，国力蒸蒸日上。他又采取尊王攘夷的策略，一举成为天下的霸主，必定有许多长处值得我们效法。加之最近管仲等老臣病故，齐君身边也急缺人才，公子此时若投奔过去，定然会大受欢迎。那里距晋国遥远，夷吾欲图加害也鞭长莫及。我们可以静观晋国的变故，一有机会，便借助齐国强大的国力返回晋国图谋大业！"

齐桓公的威名业绩大家耳熟能详，当下纷纷点头同意。返回家中，重耳望着年轻貌美的夫人季隗，再拉过两个儿子逐一打量，在心里叹口气，尽管不忍，但话又不能不说："夫人，今日得到一个重大消息，晋国的仇人已经派杀手要来行刺，我必须躲避一时了。这次行动匆忙又不能张扬，所以……只好先放下你和孩子……不过你放心，我这次远行并非单单为了逃命，我会借这个机会结交大国，借力图谋大业，将来……有你们的好日子过。"

重耳吞吞吐吐地终于说完。季隗脸色有些苍白，但随即恢复了常态，抿嘴努力地笑笑："我知道，自打嫁给你那一天起，我就知道你不是个普通人，迟早……会有这样一天。好男子志在四方，这一天也确实应该到了。你放心，孩子大了，我能照顾好他们，将来过不过好日子，我不敢想，只要你记着孩子们，我就心满意足了……"说着深深埋下头去。

季隗的话并没能让重耳感到轻松，他反而更平添了许多不舍。重耳伸手拉住她的衣袖："我是至情至义的大丈夫，说到一定会做到。你要是不信，就约定个时间，你等我二十五年，要是二十五年之内我不接你们母子过上好日子，你就另嫁他人，我绝无二话！"

季隗"扑哧"一笑，溅得满脸泪花："夫君又说笑话了，你今年五十五，我二十五，再过二十五年，你已经八十出头，我早就是个比妖怪还吓人的老太婆，只怕倒贴钱也没有人敢要了。我还是一辈子等你好了。"说到最后，笑声变作呜咽，重耳再也忍不住，悄悄用袖子擦了擦眼角。

辗转一夜未能成眠，天色将亮未亮的时候，大家已经按事先约好的，聚集在东城门旁的小校场上。重耳身穿青灰色大衫，内里衬着厚厚的夹衣，高耸的发髻梳理得油光整齐，一副出远门的装扮。看其他人也都收拾利落，重耳满意地点点头，负责看守行李财物的头须脚步轻轻来到重耳身后，悄声禀报："公子，所有的钱财衣物还有吃的东西，都收拾好了，单独放置在一辆小车上，小人亲自驾车，可保万无一失。"

重耳看一眼这个身材矮胖的中年人。头须本是翟国粮库的守门人，有次重耳陪同翟国国君视察粮仓，在询问头须账目时，重耳发现此人相貌憨厚，头脑机敏，对所管的账目如数家珍，当下很是欣赏，后来粮仓不小心失火，造成不小的损失，按律应当治头须的罪，还是重耳念及一面之交，替他说了不少好话，最后虽然免遭处罚，但差使却干不成了。重耳索性好人做到底，就让他留在身边，替自己管账。他们一行所携带的财物，加上翟国国君的不时赏赐，十多年累积下来，是笔不小的数目，也确实需要一个人专门管理。头须为此感激涕零，发誓要效忠重耳。这次逃难，头须也要求追随，继续当好他们的管家。

"好，你跟在后边，别落得太远，以免走散。没了财物吃食，大家就寸步难行。"重耳心绪很乱，匆忙地叮嘱他一句，正要再对大家说什么，忽见狐毛和狐偃匆忙跑来，挥舞着双手气喘吁吁地对众人低声呼叫："快，快走，情况又有变化！"

重耳心头一惊，听狐毛断断续续地说："夷吾不是命勃鞮……三日之内……动身吗，那家伙……立功心切，家父发出书信的……当天……他就动身了。家父得到消息后……还不及写信，派人快马来传信，叫我们快走，迟了怕要遭毒手。这不，传信人在城外候了两个时辰，城门一开，我们才得到消息。"

"狗东西，主君不急阉人急，撞上了正好，看我老魏怎么杀了他！"魏犨挥动拳头哇哇乱叫，赵衰推搡他一把："落难英雄不逞能。不知对方虚实，还是听从狐老大人安排，赶紧离开这个是非之地为上策。"

"那好，既然要走，宜早不宜迟，可惜不能跟翟君当面话别了。"重耳重重叹一口气，"走吧！"

太阳已经悄悄跃出山顶，大地一片通红。顺利出了城门，沿官道走出一阵,路上的行人渐渐增多。由于匆忙,也为了减小目标,他们一行只有两辆马车,一辆小些的用来装载财物作为盘费,另一辆略微大些的,让重耳乘坐,其余的人都是步行。面对来往的行人,重耳唯恐与勃鞮等一帮杀手狭路相逢,便招呼众人拐下大路,从另一条便道上行进。便道上行人稀少,路面也凹凸不平,勃鞮一般不会选择这条道路。

再走了一个多时辰,太阳已经渐渐升至头顶,秋日的阳光并不特别毒烈,但大步疾走了这么长时间,大家仍是汗流浃背,不时甩起袍袖擦拭流在脸上和脖子里的汗水。面对空旷的原野和祥和的村庄,重耳心绪宁静了许多,他从马车上直起腰身,冲身后的众人笑笑:"果然是心急赶路时,深秋变得如夏日。看我,穿得最厚,结果最遭罪。时候不早了,大家歇一歇,后边车上有酒有肉,先解渴垫垫肚子,歇息歇息再走。"

也确实累了,大家七嘴八舌地答应着,坐在路边地堰上,等头须驾的马车过来。可是闲聊着等来等去,头须的车却一直不见踪影。魏犨有些急了,跳起身冲路的尽头张望,什么也没有。他不放心,看到路边有棵桑树,朝手心吐口唾沫,三把两把攀爬上去,手搭凉棚眺望了好大一会儿,忽然气急败坏地大叫,险些从树上掉下来:"他奶奶的,这小子跑了,卷着咱们的钱财跑了!"

众人一惊,随即心头一沉,赵衰仰着脖子大声说:"你再看看,是不是拐到岔道上去了?"

"岔个屁!"魏犨骑在一根树枝上,大呼小叫,粗壮的嗓音里透着愤怒,"刚才我还注意过,马车在咱们后边不过五十步,又没山没水没拐路,哪能走丢了?分明是这家伙见财起意,又见咱们落难失势,趁机跑了。奶奶的,我早就看出这小子不是好东西,一副憨相却在肚里做文章,你们等着,我这就把他追上,拧断他的脖子!"魏犨叫嚷着,从树上蹦下来。

重耳顿时明白了怎么回事,如同兜头一瓢凉水泼下,让他浑身冰凉。略微清醒了片刻,重耳叫住撒腿要去追赶的魏犨:"省点力气吧,别白费劲了。头须是本地人，熟悉道路，他随便躲藏个地方，你就根本发现不了。或许，他已经提前联系好了帮手，此刻早已躲进了哪个农家小院，你总不能挨家挨户地搜查。唉，算啦！"

赵衰等人感觉也是这个道理，纷纷劝魏犨不用去了，全当给狗咬了一口。

"唉，处处都是小人得志，他奶奶的，这成什么事！"魏犨跳着脚骂娘，但也是无可奈何，扑棱着大脑袋叹气。

一行人立刻蔫了下来，肚子凑热闹似的越发咕咕乱叫。没想到刚走出这点路程，就冒出这样的事情，重耳心烦意乱地不知该怎么劝解众人。赵衰想一想对重耳说："公子，要不咱们折回去，请翟国国君奉送些财物？他一定会答应的。"

这个念头重耳刚才就想到了，但他立刻否定了这个想法。不管情况有多危急，不辞而别本身就是失礼，加上又是讨要钱财的，怎么好意思呢？再说，按照狐突的着急程度，勃鞮等杀手很可能此刻已经到达翟国都城，此时回去，无异于自投罗网，相当危险。不过，这些顾虑重耳没有告诉他们，只是摇头淡淡地说："算啦，我车上还有些钱财和衣物，支撑几顿饭钱没问题。再往前走，就是卫国，卫国与晋国是同姓，说来还是同宗，到了那里想办法见到卫国国君，再讨要盘费吧！"

也只能这样了，大家散漫地站起身继续赶路，快快地打不起精神。有重耳无意中带的那点资财，大家省吃俭用，一路上真正成了难民。出于安全考虑，更为了省钱，他们除了吃饭歇脚，其余时间都是拼命赶路，到了天黑时分，找处开阔的草地，轮流着警戒，其余人就这么横七竖八地躺倒，好在天气转凉但还不至于很冷，大家呼呼大睡得还很香甜。

"这可真正是地为炕席天作被了！"一天清晨，从睡梦中醒来，狐偃翻身坐起，看看湛蓝的天空，很有些兴奋地说，看见赵衰头枕在胳膊上，正呆呆地出神，忽然想起来笑着问："子余，你怎么舍得家里的美夫人，她没有闹着要跟你一起出来？"

赵衰知道他是在说笑话，此刻也真需要说些笑话来解闷了，就含笑答道："怎么没有？你嫂子现在是一刻也离不开我。不过呢，咱们都是英雄行列的，哪能重色轻业？退一步说，就是为了陪老弟你，我也不能蜷缩在家里不是？所以呢，她哭哭啼啼要跟着我，我说，我们男子汉去干大事业，你跟着去做什么，在家等着吧！她也就乖乖地听话了……"说到最后，赵衰忽然有些嗓子发黏，声音低沉下去："可惜我这字不好，叫子余，多余生个儿子，倒给你嫂子增添了许多负担。"

大家谁也没笑，一片沉默。

几天之后，就在重耳所带的钱财用光之时，他们终于忍饥挨饿地来到卫国都城之下。远望着巍峨的城墙，看看城头上飘扬的大旗，重耳长长地舒了一口气，多日来凝重如同云团的脸上流露出一丝笑意。"大家再提把精神，进到卫国都城，有你们撑破肚皮的时候！"

众人轻声欢呼着，加快了脚步。然而重耳没有料到，就在一个时辰前，为了他们的到来，卫国国君卫文公刚和大臣激烈地辩论了一场。

早在重耳他们踏入卫国国境的时候，守卫国境的官吏就已经把晋国公子进入卫国的消息飞报给朝廷。卫文公此时正悄悄和南方的强国楚国接触，企图在齐国和楚国的势力均衡中求得国家的平安。而楚国和中原各诸侯国有种天然的敌意，卫文公不得不担心，自己结交晋国的公子，是否会让楚国不高兴？况且，还是个失势流亡的老公子，对自己更没任何好处。所以他主张对这帮人物不予理睬。但是也有的大臣觉得卫国和晋国是同宗同族，如此绝情似乎于情理上说不过去。但卫文公的决心已经下定，争论半晌，并没能改变他的心思。于是，卫文公命令守城卫士紧闭大门，不得放这几个流亡的晋国人进来。不过，为了谁都不得罪，卫文公同时也下令，不管他们说什么过分的话，也不要伤害他们。

于是，当重耳一行兴冲冲地赶到城门外边时，迎接他们的是冷冰冰的刀枪和话语。守城将官客客气气地告诉重耳，奉国君命令，近来城中不安宁，请公子绕城而行，不必进城了。

重耳一愣，抬起胡子拉碴、满是尘土的脸："什么意思？城中不安宁，和本公子进不进城有什么关系？"

将官支支吾吾说不出个所以然，但是就是不让进城。魏犨恼怒地上前大喝："城池又不是王宫，百姓都能随意出入，我们怎么就偏偏不能进去？难道我们是贼不成！快，我们晋国公子别说进城了，理当让你们国君出来迎接才是！小小卫国，也敢耍威风，真是世道变了！"说到气恼处，伸手揪住对方胸前的铠甲，使劲摇晃。

重耳见状，很快便猜出了卫文公的心思，他在心底暗叹一声，忙呵令魏犨住手，然后面色平静地冲将官们摆手说："既然是你们主君的命令，我也不好为难你们。若是有机会，烦请诸位禀奏你们主君一句，就说晋国公子重耳只是路过，既无所求，更无他意，他多虑了。"说着冲身后的众人招一招手，"咱们走吧！"

大家闷不做声地跟在重耳的马车后边，闷头走出很远。望着身边青灰色的城墙，魏犨忍不住狠狠踢一脚："卫国国君和夷吾、头须没什么两样，都是小人，最卑鄙的小人！公子也太好说话了，要是我，非得找他理论理论不可！"

身边的赵衰苦笑一声："别踢了，踢伤了脚，你就有大罪要受了。叫我说，公子做得对。蛟龙失了势，不如一条蛇，有什么好奇怪的？又有什么好理论的？要真是闹腾起来，吃亏的，当然还是咱们。"

魏犨当然知道这个道理，黑着脸恨恨地说："哼，他不仁也别怪咱们不义。公子，一会儿前边有了村庄，你们躲远点，看我老魏给你们抢些东西拿来享用！"

听他说得理直气壮，大家都抿着嘴偷笑。

重耳黑着脸，没有说话。

一路风餐露宿，他们有时用随身物品换些东西充饥，有时候就不得不向人讨要。不但重耳，就是赵衰、狐毛等人，他们在晋国做大夫时，虽谈不上锦衣玉食，但至少还算是养尊处优，如今要沿街乞讨，心里的委屈，比肚子挨饿更难受几分。但毕竟最现实的活着比什么都重要，大家也只能放下架子忍辱负重了。

几天的艰难跋涉，好容易到达卫国边境附近。重耳一行半夜时分就饿着肚子赶路,太阳正当头的时候,来到一个叫五鹿的地方。又累又饿,实在坚持不住了,头晕眼花中,刚好看见一群农夫正蹲在田间地头埋头扒拉午饭。看他们一个个手捧土灰色大碗,呼噜呼噜狼吞虎咽的情形,重耳忍不住口水在嘴边打转,他从没有如现在这么强烈地意识到吃饭的香甜。终于按捺不住,重耳悄悄指点着,示意站在身边的狐偃,过去向他们讨要一点来充饥。

不料狐偃硬着头皮走过去,刚一开口,一个看上去年纪最大的农夫打量几眼狐偃,翻着白眼没好声气地说:"看你这穿戴,是个贵家公子了?没事拿我们穷人开心做什么?还嫌我们不够苦?看看,这东西你们能吃得下?"说着伸出饭碗让狐偃看,碗里稀汤寡水,漂着几片说不上名的野菜叶,碗底沉着几乎可以数得清的米粒。"公子,这就是俺们干一天活的饭食,晚上回去连这个也没有呢!你想想,连你家的刷锅水都不如,何苦拿俺们开心?"

狐偃知道他说的是实情,但碗里的清汤让他更加饥渴,嗓子眼里火辣辣的难受,想一想赔着笑脸说:"老丈,我们不是什么贵公子,更不敢开什么玩笑,你误会了。你们的苦楚我们也清楚,要不,就把碗借给我用一下好吗?我们到那边先弄点水喝。"

旁边一个年轻的农夫见他们这些人既不像是装穷,也不像是真穷,一个个面容憔悴却气宇轩昂,身上衣服破旧了但能看出来质地还是非常好的,一时动了好奇心,嘴里嘟囔着:"你们倒是怪可怜的,要尝鲜就尝最鲜的。"说着放下饭碗,捧过一块土坷垃走到马车旁,举到重耳跟前,笑着说:"吃这个吧,这个最鲜!"

魏犨站在跟前,顿时怒火直蹿,跳过来揪住后生的破衣衫,挥拳就要打。狐偃电光石火般眼前一亮,慌忙拉住,双手接过那块土坷垃,一脸惊喜的神情说:"公子,农夫献土,大吉大利!公子试想,我们虽然暂时困顿,要弄点粮食并非难事,可是要想拥有千里土地,可就难了。这位小哥把土送给我们,分明是上天赐给公子土地,是上天给公子否极泰来的暗示,公子应当快快拜受才是。"

听狐偃这样说,重耳忽然觉得心头一振,不快和颓废立刻消散许多，连忙跳下马车，接过土坷垃高高举过头顶，跪倒在路边，恭恭敬敬拜了两拜，转身交给狐偃，吩咐他小心收藏起来。

"好好，你们还真不是贵公子，是一群迷了心窍的疯子！"那个年轻农夫笑嘻嘻地冲身后的农夫们叫嚷。大家也都开心地哄笑起来，劳累而沉闷的田间劳作，难得有这样的笑料。

魏犨狠狠地瞪了他们一眼，气哼哼地跟在马车后边，继续往前赶路去了。

尽管心情振作许多，却不能解决肚子咕咕乱叫的难题。走了一个多时辰，沿路再没有人家，没有要到饭吃，重耳脸色苍白，大口喘着粗气几乎坐不住。大家看在眼里，心里暗暗着急。虽说他们也都摇摇晃晃地好几次险些跌倒，但毕竟身强力壮，尚能坚持，但重耳一个五十多岁的老头，能否吃得消，大家不免有些忐忑。

实在走不动了，狐偃只好吩咐大家就地歇息片刻。一边让气色略好些的介子推和自己一起去周边看看，能不能弄点吃的。走出一截后，介子推和狐偃分头去寻找人家。

看看狐偃走远了，介子推站在高处眺望，茫茫原野之上一片沉寂，哪里有半个人影？他轻叹着拐到一棵大树旁，神色紧张地沉吟片刻，咬咬牙，拔出腰间的宝剑，撩起已经撕扯得不成样子的袍摆，顿一顿，终于下定决心，刷刷刷地从自己大腿上割下一块肉来。鲜血立刻顺腿流下，尖利的疼痛让他额头上冒出豆大的汗粒。介子推连忙把准备好的草药塞在嘴里咀嚼几下，敷在伤口上。斜躺着歇息了一会儿，揪心的疼痛稍稍消退，介子推强打精神翻身坐起，打火石点着树下的枯枝，把那块肉切碎了放进陶罐内，烟熏火燎地炖起肉汤。

陶罐里的水上下翻滚时，介子推也恢复了些元气，仰望着蓝天喃喃自语："父血母肉啊，用在最关键的时候，应该不为罪过吧。"

大家席地坐了一个多时辰，终于看见介子推和狐偃各自捧着陶罐回来。狐偃运气不错，在附近一个农夫的窝棚里讨得一罐稀粥，还冒着热气，大家高兴地惊叫起来。而介子推的运气似乎更是绝妙，竟然弄来半罐子肉汤，大家几乎不大相信眼睛了。大家把稀粥分开，三口两口吞进肚里，肉汤则让给重耳一人独享。尽管不咸不淡，但重耳似乎从没品尝过如此美味的佳肴，半罐子热汤顷刻不剩一滴。肚子里有了东西，大家精神顿时旺盛许多，眼睛也明亮起来。

狐偃疑惑地看看介子推："咦，你的腿怎么啦，一瘸一拐的，刚才寻找食物摔倒了？让我看看，严重不严重？"

介子推支吾着赶忙躲闪，但狐偃已经拉住他的衣袖，惊叫起来："流了这么多血，怎么搞的？"众人的眼光立刻聚集过来。

重耳低头看看陶罐，忽然明白了什么，盯着介子推厉声问："子推，这肉汤，到底是怎么回事？"

介子推脸色苍白，知道隐瞒不住，便拱手冲大家说："诸位莫要见笑。子推从小读书，明白孝子杀身以侍奉双亲，忠臣宁死以护卫其君的道理，如今晋国诸公子中，唯有咱们公子最贤能，将来振兴晋国的，必定是他。但命途多舛，公子面临困境，我虽然不敢自诩为忠臣，割掉身上的肉来缓解公子饥饿劳顿，也是在情理之中……"

"别说了！"重耳忽然粗暴地打断介子推的话，抬起衣袖捂住脸，语气哽咽，"子推，别说了……"大家低垂眼光，良久谁也没吭声。

虽然历经艰险，但不管怎样，重耳一行最终如愿以偿地抵达了齐国。齐桓公正极力笼络各路诸侯，而重耳作为贤能公子，名声已经远播天下，尤其是管仲去世之后，齐桓公对于他的到来，格外高兴。先是派大臣到关外迎接，接着大摆酒席给他们接风，还把一个远房侄女姜氏嫁给了重耳，照顾他的饮食起居。不仅如此，又拨给他们二十多辆车马，任由他们出入都城、打猎游玩。重耳疲惫的身心终于有了放松的机会，他感觉真的需要好好休息了。加之姜氏比起季隗来更加貌美，论贤淑也是有过之而无不及，令重耳心中充满温馨，有多少次，他真的以为回到了家里，再不用奔波劳碌、风雨飘摇了。

可是旅途毕竟是旅途，驿站再舒适也只能用来临时歇息。舒适中时光如轻风般无声滑过，转眼又是七年的星移斗转。这七年中，诸侯中最强盛的齐国，发生了一场翻天覆地的突变。齐桓公病死，齐国众多的公子为争夺君位，内讧不休，国力和在诸侯中的影响瞬间直线衰落。狐偃、赵衰等人感到指望齐国帮助重耳成为晋国君主，几乎是不可能的事情，再住下去也没有什么意义，就打算到宋国去，听说宋国国君宋襄公雄心勃勃，立志要继承齐桓公的霸业，或许他能提供更多的帮助。

可是重耳却感觉实在太累了，疲惫的身心让他不由自主地满足于现在这种安逸的生活，不愿再四处颠沛流离。

这个情形让大家看在眼里，都忍不住暗暗着急，思谋着怎样说动重耳，让他下决心离开这个安乐窝，不然，真要老死在这里，以前的努力也就相当于白费大半。有一次，狐偃、赵衰偷偷叫上其他人，大家聚集在一棵老桑树下，商量让重耳离开齐国的办法。

不料，他们的讨论却被几个采桑叶的侍女听到了，她们回去告诉姜氏说，公子手下的几个人正商量如何把公子弄走呢，请夫人治那几个人的罪。几年的夫妻，姜氏虽然也舍不得和重耳分开，但她是个深明大义的女人，她知道重耳不是一般的公子，他之所以寄居在齐国，并非仅仅为了找一处丰衣足食的地方，他肩上担负着一个国家的命运，总让他消磨在这里无所作为，对自己而言，则是一种罪孽，作为他的夫人，要努力向前推他一把才是。她暗暗下决心，要尽力送重耳回国，完成他的伟大志向。于是，姜氏主动找狐偃等人，商量出一个比较可行的办法。

有天晚上，齐姜设下宴席，要和重耳共饮。难得夫人有此雅兴，重耳十分高兴，大杯小盏来者不拒，不大一会儿，就酩酊大醉，趴在桌子上沉沉睡去。按照事先商量好的，魏犨、颠颉等人赶紧把重耳抬到院外的车上，大家快马加鞭，悄悄出了城门，朝宋国方向疾驰而去。

赶了大半夜的路，天色蒙蒙发亮的时候，重耳才被颠簸醒了。迷迷糊糊中，他发现自己躺在车上，再看看两旁坐着魏犨、狐偃等人，联想起这段时间他们总催促自己赶快离开齐国，而被自己一次又一次回绝的情形，才知道是上当受骗了。对优裕生活的依恋，加上对姜氏的不舍，让他恼羞成怒，他跳下车来见人就打，狐偃和赵衰等人拿出大道理小主张，好说歹说，重耳当然知道这些，发泄一通怒气，也就转怒为喜。大家把这当成个小插曲，一行人高谈阔论、说笑自如地继续赶路。

由于准备充足，又有姜氏的资助，他们所带的吃食财物绰绰有余，除了久违的劳累，大家倒没受什么大苦。几天工夫，来到曹国境内，按照礼节，重耳特意去拜访了曹国国君曹共公。

曹共公见重耳年纪已经如此之大，到底能否出人头地实在难说，便有些不大待见，打算闭门谢客算了，省得和他一个失势的落魄公子白费口舌。大夫僖负羁见状便劝解说，晋国公子重耳虽然眼下没有继位国君，但他的贤能名声已经遍传天下，别的不说，单是他眼睛重瞳，肋骨连在一起，就明显异于常人，天生异相，必然会有大的作为，还是应当好好接待他才对。

僖负羁的话让曹共公半信半疑，便让人把重耳一行先领到舍馆内住下。而他自己，则对僖负羁所说的重耳重瞳、骈肋充满好奇，他故意趁重耳沐浴洗澡时，领着他的爱妾、侍女一群人，嘻嘻哈哈，挤到门口，观看重耳的骈肋到底是什么样子。重耳虽然失势落魄多年，但从未受过如此羞辱，他表面上面色平静隐忍不发，但心里暗暗发誓，将来有了出头之日，一定叫曹共公这个小人得到报应！

僖负羁对曹共公的行为也十分不满，他偷偷向重耳表示歉意，给重耳他们送来食物和玉璧。重耳把这些都记到心里，带着众人匆匆离开曹国，直奔宋国都城。

然而很不凑巧，重耳他们来到宋国时，宋国刚刚和楚国交了一场恶战，宋国大败，宋襄公也在交战中受了重伤。宋襄公听说重耳来了，虽然不能亲自接待，还是以国宾之礼接待了他们。可是，重耳他们见到宋国的真实情形后，知道宋襄公虽然有成就霸业的雄心，而宋国却缺乏这个实力，指望借助宋国的力量实现大志，恐怕没有多大希望，看样子还得另寻出路。宋襄公当然也知道这些，并没有过多去挽留，只是特意送了好马二十匹，派大将公孙固送了一程又一程。重耳非常感激，同时也看到了自己潜在的力量，他的信心更足了。

重耳一行离开宋国，绕道郑国，几经跋涉，终于到达楚国境内。楚国国君楚成王，新近战胜企图称霸的宋国，正是心情高兴的时候，加之他也很希望能和北方的诸侯大国加强联络，以便进一步谋求更大的利益。

于是，他把重耳等人当做贵宾热情招待，重耳也逐渐和楚成王成为好朋友，两人常常同桌饮酒，并骑打猎，交谈起天下形势来很是投机。有一次，楚成王和重耳到郊外打猎，歇息的时候，谈论起将来的发展，楚成王灵机一动，做出开玩笑的样子说："公子要是将来回到晋国，做了国君，该怎么报答寡人呢？"

重耳听了，心头突地跳动一下，沉吟片刻，不卑不亢地沉声说："托大王的洪福，要是我有朝一日能返回晋国即位成为国君，一定会与楚国世代友好下去，以此来报答大王的恩泽。这恐怕就是对大王最好的回报了。要是不得已两国发生战事，我一定退避三舍，让晋国军队先行后撤九十里，以此来表示对大王的敬畏。"

楚国大将成得臣正好站在旁边，顿时有些愤愤不平，他找个机会对楚成王说："大王，我看重耳这家伙，语出不逊，将来一定是个忘恩负义的家伙，他真要是成了晋国国君，对楚国未必是件好事，不如趁早把他杀死！要是大王不忍下手，就让我来干掉他！"

楚成王却老谋深算地摇摇头："不可。重耳并非一般公子，此人素有贤名，连遭厄运而有惊无险，连上天都保佑他，寡人怎敢违背上天的旨意？"顿一顿又笑笑说，"话又说回来，此时杀掉此人，对楚国毫无益处，帮他一把，将来或许对楚国北进中原，大有帮助！还是等着往后看吧。"

重耳在楚国居住的这段时间里，晋国发生了一件大事。而这个变故，正是重耳和狐偃他们盼望已久的机会。晋惠公当年和秦国大战一场，结果惨败，不得已把太子圉抵押在秦国，以换回自己回国继续为君。秦穆公觉得太子圉是晋国的太子，将来迟早要回国做国君的，对他也就格外关照，还把女儿怀嬴嫁给了他。

太子圉在秦国一直羁留到晋惠公十四年。这一年，晋惠公抱病在床,享乐的日子眼看快要到了尽头。太子圉听说他的父亲病重,生怕别的公子抢了君位,又唯恐秦国不让他回去,就没敢跟秦穆公打招呼,偷偷跑回晋国去了。第二年晋惠公病故,太子圉顺理成章地做了国君,这就是晋怀公。

晋怀公一上台,翻起所谓的父仇旧账,宣布和秦国断绝来往,并扬言早晚要替先君报仇。秦穆公此时才明白,夷吾和他的这个儿子,自己都对他们真心实意,而他们父子都很快就背叛了自己,这真是父子同德行,都是负义的小人啊!秦穆公在伤心痛恨之余,同时派人打听公子重耳的下落,决心以重耳来取代晋怀公,给这对父子一个狠狠的教训。

得到这个消息,楚成王举行盛大的宴会,隆重地对重耳表示庆祝,他拉着重耳的手说:"寡人向来敬重公子,但楚晋两国远隔千山万水。寡人要送你回国,困难很大也不太现实。现在好了,秦君派大将公孙枝来迎公子入秦。秦晋相邻只隔一水,有秦君帮忙,相信公子很快就能如愿。可喜可贺哟!"

重耳感激万分,简单收拾一番,带着随行众人,跟随公孙枝前往秦国拜会秦穆公。

秦穆公见到重耳后非常高兴,不仅热情款待,还提出要把女儿怀嬴改嫁给他。这个怀嬴,正是太子圉留下的夫人。对于秦穆公的这个安排,重耳深感为难,自己已经老了不说,最主要的是,太子圉是自己的侄子,自己向来仁义忠厚,怎能娶侄媳妇呢?天下人知道了会怎么想?怀嬴也哭着不肯答应,她对母亲说:我是公子圉的妻子,还能改嫁给他的伯父?这岂不是违背人伦?

秦穆公夫人却不这么认为,她宽慰女儿说:"只要两国和好,这有什么关系呢?再说,那个忘恩负义的太子圉已经不会再回来接你了,而将来成就大业的,正是这个重耳,他仁德宽厚,不会辜负你的。"虽然怀嬴总感觉尴尬别扭,但既然父母坚持,又关系到国家大事,她也就只好勉为其难地答应下来,很快和重耳成婚结为夫妇。改嫁后的怀嬴,后世亦称之为文嬴。

也就在这时，新登国君大位的晋怀公听到重耳到达秦国的风声，他害怕重耳重演父辈们那出夺位大戏，便下了一道命令说，凡是跟随重耳的人，限三个月返回晋国，逾期不归者，全家问斩。狐毛和狐偃的父亲狐突，不肯召儿子回来，真被晋怀公杀死了。

随着事情的紧迫性加剧，秦穆公决定，立即派兵护送重耳回晋国做国君！秦穆公亲自出动，和朝堂重臣百里奚、公子絷、公孙枝等率领兵车四百多辆，一直把重耳送到黄河边上。秦穆公分一半人马送重耳过河，另留一半人马在对岸接应，以防不测。临别时，秦穆公夫妇向重耳挥泪告别，再三叮咛："公子做了国君，可别和那对忘恩负义的父子一样，忘了我们的女儿啊！"

大家匆忙登船的时候，掌管行李与杂物的壶叔，把那些不值钱的破烂东西都搬到了船上。重耳正心乱如麻，见状不耐烦地说："我要回去当国君了，还留这些东西干什么？"说着让侍卫们把这些破烂东西都丢弃在岸上。

狐偃和壶叔脸色阴沉，他们对视一眼，双手捧起秦穆公临走时送的白玉，跪到重耳跟前说："公子千辛万苦，现在终于就要渡河了。回到晋国，公子必定会成为晋国国君，那时内有大臣辅助，外有秦国支持，前景可谓一片光明。为此我们想继续留在秦国，做您的外臣。这块白玉是我们的一点心意，请公子收下吧！"

面对突然的情形，重耳大为迷惑，忙拉住两人问："这么多年来，我流浪在外，九死一生，全靠你们的辅助才有今天，现在眼看就要大功告成了，你们理应回去共享富贵，为什么要留在秦国呢？这就怪了！"

狐偃擦拭一把眼角的泪滴说："公子，我自知有三罪，以至于不敢跟从公子回国。古人说，圣臣可保君主尊严，贤臣可以保君主安宁，但我没有做到这一点，让公子困在五鹿，受小民羞辱，这是一罪；后来咱们到达曹国，受到对方的歧视，使公子不得不隐忍委屈，这是二罪；再有，由我主谋，趁公子酒醉，诈得公子离开齐国，未经同意而施行，有违臣子之道，这是三罪。过去我虽然知道自己有这三大罪孽，但公子尚在难中,我不敢辞去。如今重返晋国,公子大功告成,而我已精疲力竭,如同这些破烂物件不能再用一样,留我无用,不如我主动要求弃去更好些。"

重耳这才明白他们的意思,忍不住也动了感情,流着眼泪发誓说:"你们不要说了,我全明白。这些事情都怪我不好,你们众人的功劳,我永远也不会忘记,我今天的话,就让老天爷作证吧!"说着赶紧吩咐侍卫,把扔到岸上的东西,又全部都捡了回来。

有秦国的强大支持,一切都非常顺利,也在情理之中。秦兵一路打着护送公子回国即位的旗号,攻城略地势如破竹,很快便攻下都城绛城。晋怀公匆忙中逃亡到一个叫高梁的地方,躲藏起来。重耳历经磨难,终于实现了回到晋国做国君的愿望,成为了晋文公。

晋文公即位不久,晋惠公当年的心腹大臣郤芮,虽然表面上已投靠重耳,但总害怕重耳会有朝一日算旧账,就本着先下手为强的原则,召集几个晋惠公时期的同党,一起秘密策划要杀死重耳,另立别的公子做国君。为了有更得力的人手,郤芮特意派人把刺杀过重耳的勃鞮叫到家里,大家结成同盟,确定了突然袭击的计划,并约定好进一步实施的时间。灯影幢幢中,郤芮的脸扭曲狰狞,他恶狠狠地沉声冲众人说:"这回,重耳他命再大,也死定了!"

第一七章　重情义齐心合力　树雄心大国崛起

勃鞮从郤芮家出来后，总是觉得不大对劲，感觉自己这样下去，一定不会有好的结果。前思后想，他终于下定决心来到狐偃家，把这个情况如实告诉了他，请他帮自己拿个主意。狐偃当然奉劝勃鞮认清时势，不要倒行逆施，免得自寻死路。考虑之后，狐偃带着勃鞮来到王宫外边，为了稳妥起见，狐偃先进去把勃鞮求见的要求报告给重耳，说勃鞮有重大事情禀报，希望主君能给个将功折罪的机会。重耳一听勃鞮这个名字，立刻气呼呼地说："这个该死的勃鞮，能有什么国家大事！寡人知道，他不过是惧怕当年行刺寡人的罪责遭到清算，求你作个人情而已。哼，寡人虽然未必如此小肚鸡肠，但也知道恩仇总有个了断的道理。你告诉他，寡人不杀他，但也不会再任用他！"

狐偃心平气和地听完，拱手坚持说："主君，古人曾说过，即使是平民百姓的意见，也值得君主去考虑。正所谓三家村内有贤人，不可忽视呀！何况如今主君新立，更应该宽宏大量，不计较个人恩怨，举贤任能，才能把国家治理好。这是正理，请主君三思。"

气愤中的重耳却听不进劝说，他挥手打发一名亲兵，到门外臭骂勃鞮一顿，叫他赶紧滚蛋。不料勃鞮听罢痛骂并没害怕，反而哈哈大笑，扒拉开亲兵，跑到大殿外边，冲着殿门亮开嗓门大声说："主君，你在外边逃难十九年，是成是败，谁能看透这迷雾般的世事？主君想想，当初献公是你父亲，惠公是你兄弟，你们父子兄弟之间尚且相互残杀，何况外人？主君若是不见我，小人自当退避。只可惜，主君一时凭个人意气用事，晋国就要大难临头了，可惜啊！"

勃鞮的话，重耳听得清清楚楚。狐偃忙趁机再向重耳说："主君，微臣以为，勃鞮固然过去做得不好，但此一时彼一时，他的忠心毕竟值得称道。此时勃鞮敢出此大言，臣想，他一定真有什么机密大事。主君还是见他一面为好。"

重耳此刻也觉得有些心动，很不情愿地点点头。

勃鞮昂首挺胸地走进大殿，并没有向重耳谢不杀之恩，而是接连拱手向他道喜。重耳莫名其妙地盯着他，不耐烦地说："寡人已经即位多时了，你怎么今天才来道喜？是不是心中有鬼啊？"

勃鞮丝毫没有胆怯畏惧的神色，他言辞坦然地回答说："主君即位，既是名正言顺的事情，更是主君千辛万苦付出之后的收获，理所当然，有什么可值得祝贺的？臣的意思是，主君终于不计个人恩怨，召见了我，主君的君位才得以稳定，晋国百姓避免了一场变乱，这才真正是可庆可贺。可喜可贺的是主君博大的心胸啊！耳听为虚，臣这下可以放心了。"

接着，勃鞮把郤芮召集同党，密谋准备纵火焚毁宫殿，然后趁机杀死重耳发动变乱的计划，一五一十地说了出来。重耳听着不禁心底升起一股寒意，这个计划真是恶毒至极。郤芮熟悉宫内情况，要真是行动起来，自己很难有侥幸的希望。他连忙悄悄召集狐毛等心腹大臣赶来，连夜制定策略，先下手主动出击，杀掉郤芮等人，把一场巨大的变乱消灭在萌芽中。

没了后顾之忧，身心俱泰的晋文公举行了盛大的复国封赏大典。此时，远在翟国、秦国和齐国的妻子儿女们都已经接回到绛城，晋文公阖家团聚，其乐融融，而那些跟随自己外出流亡的人，无论原先地位如何，人人加官晋爵，立刻成了晋国显赫一时的大人物。而那些留在晋国但同情接济过他的人，也都得到了大小不等的官职，就连那些投降归附的旧臣，晋文公不念旧恶，也都做了适当安排。另外，他还下令，特别赦免了郤芮等叛臣的家眷和随从。使得人人放心，家家欢喜。至此，晋国终于结束了动荡不安的局面，开始走上发展生产、增强国力的稳定道路。

然而，在热闹而纷乱的封赏中，晋文公欢喜加上忙乱，竟然把回乡看望母亲的介子推给遗漏了，而他也没能及时发现这个问题。封赏大官的消息传遍整个晋国，介子推有个名叫张解的邻居，是个喜欢舞文弄墨的先生，经常有富贵人家请他到家里教导小孩。当时他在绛城给一家富户当先生，听到封赏榜文张贴出来，连忙赶到宫门外察看。原本打算赶紧回来给介子推报喜，不料看过几遍，竟没能发现介子推的名字，心里顿时愤愤不平。张解越想越不对劲，连夜在绢帛上写下一篇寓意深长的诗文，暗喻介子推曾割股解君主饥饿之苦，如今君主功成名就，却忘记了最不该忘记的人，实在叫人寒心。张解写好后，天不亮时分悄悄挂到了朝门外边。

早朝开始之前，有巡视卫士发现这个东西，赶忙递交进去。晋文公越看越心惊肉跳，轻飘飘的绢帛压得他简直托不住。他忍不住"哎呀"惊叫一声，跳起脚喊道："坏了，忙得晕了头，怎么把子推给忘在脑后了？该死！"立刻派人到介子推的家乡去寻找，请介子推赶紧到朝堂里来。然而出乎晋文公的意料，派出去的精兵强将在介子推家乡四处打探，虽然很快找到介子推家中，却没有找到介子推的下落，他的家里早已是人去屋空。

虽然流亡时相处十多年，但晋文公并不真正了解介子推。介子推素来性格耿直，他认准的事情一定要尽心做好，但他认为不应该做的事情，同样也是坚决不沾染丁点。结束流亡生涯回到绛城后，介子推只朝见过一次晋文公，便急急忙忙地回乡探望老母。当看到十多年过去，老母亲依然身体健壮，他也就放下了所有的担心，在家编织草鞋赚取些生活用度，一边尽心伺候老母，把这么多年不能尽孝心的遗憾补偿过来。在介子推想来，当初自己陪着重耳历尽千辛万苦，并非是为了将来自己能享受荣华富贵，要是那样，自己在晋惠公跟前钻营就行了，何必费如此周折？自己是为了晋国能早日有明君，晋国百姓早日生活得更好一些。而今这个目的已经达到，自己在家里陪伴母亲，安居乐业，不是挺好吗？何必再去朝廷弄什么赏赐，那样其实是违背自己的初衷和心志的。

而正是由于他没能及时返回朝堂，晋文公论功行赏的时候，事务纷杂，涉及的人员众多，结果倒把他这个最有功劳的人物之一给忘记了。他的邻居，那个书生张解把替介子推打抱不平的文章张挂到宫门之外后，便奔回家里，向介子推报告这个重大事情，让他赶快去找主君请赏，并且在村庄中四处张扬，大家都知道介子推要富贵了，纷纷赶来道贺。对于这个突然到来的情形，介子推只是微微一笑，并没有做过多的表示。介子推的老母亲听到这个消息，也觉得既然付出了这么多心血，后半辈子过得好一些也是理所应当，便也劝儿子赶紧去找晋文公。见母亲也这么说，介子推摇头苦笑着说："母亲还不了解儿子吗？儿当初辞别母亲，侍奉当今主君流亡游历，是想早日让晋国百姓过上好日子，让晋国早日成为雄霸中原的大国。如今，儿的使命已经完成，既不想官，又不想利，还去见他做什么呢？咱们一家乐融融地过日子，不是挺好？"

介子推的母亲点头表示理解儿子的意思，不过她指着门外道喜的乡亲们："你的心思娘知道。可是乡里的人都知道你立了大功，如今还蜷缩在乡下，大家一来笑话国君忘恩负义，再者还会有人怀疑你是不是犯下什么不可告人的过错，要不然怎么和别的功臣有这么大差别？唉，人言可畏呀！"

母亲的话让介子推一愣，他从没这样想过。听母亲分析得似乎也有道理，自己被误解还在其次，大家由此对国君产生什么看法，自己不就是功亏一篑，并没把自己要做的事情彻底做好吗？

反复商量后，介子推草草收拾一下东西，连夜背着母亲来到附近的绵山中。那里环境清幽，山泉小溪众多，吃喝不用发愁，正好适合读书和修身养性，还可以避开那些纷纭俗事，再好不过。介子推的母亲看看周围环境，也觉得很满意，于是他们母子二人就在绵山隐居下来。

而这些情况，晋文公并不知晓。他本以为这个事情很简单，只要把介子推请来，当面给他赔个不是，然后重重赏赐，留在自己身边帮着处理政务,事情也就过去了。但没想到竟然找不到介子推,接连派出去的几班人马都空手回来,晋文公这才有些着急了。他派人把介子推家的左邻右舍召到宫中,一一询问介子推的下落,并且告诉大家,谁能帮着找到介子推,必有重赏。

介子推的这个邻居张解,当然很了解事情的来龙去脉,就把介子推背着母亲躲到绵山隐居的情形说了一遍,并答应带路到绵山去寻找。晋文公也不食言,当即封张解为下大夫,让张解为向导,他自己则亲自带领一班文臣武将,到绵山寻找介子推。以晋文公的揣测,这个事情也不是什么难事,介子推听说自己亲自来到山中,一定会出来拜见,到时候君臣相聚,一场风波也就过去。可是没想到,晋文公和文武大臣们在侍卫前呼后拥下,在前山后山找了好几天,仍没有找到介子推。

见主君眉头紧皱,有人便建议说:"主君,介子推可能躲避在深山更深处,不易察觉,并不知道主君来找他。不过,听说此人最孝顺。若是主君下令放火烧山,他唯恐母亲有闪失,一定会背着老母亲跑出来。到那时,主君不就很容易看见他了吗?"

焦急之中的晋文公也没多想,觉得只能这样试一试了。于是他便下令放火烧山。不料风助火势,一旦点着了野草树木,再想扑灭就难了。熊熊大火一连几天才灭,可是介子推始终没有出来。晋文公预感到不妙,赶忙派军士踏着烫脚的灰烬大规模搜山,结果在一处山林中,发现他们母子二人相抱在一起,已经死于大树之下。晋文公后悔万分,当即严惩那个出馊主意的大臣,但也只能这样挽回一点过失了。伤心悔恨的晋文公下令,把介子推母子就地安葬在绵山之下,并为他建立一座祠庙,永享地方官员的祭祀。

为了让世世代代的人知道介子推的功劳,晋文公还下令,把绵山改为"介休",意思是介子推歇息的地方,并把介子推母子死去时倚靠的那棵大树运回宫中,让匠人做成一双木鞋,经常穿在脚上,每听到木屐发出的吧嗒声,就忍不住悲怆地连连叹息:"唉,悲伤呀,足下!"以此表示对介子推的思念和悔恨。而后人也就把"足下"作为对人的敬称,流传千古,广泛运用。由于放火烧绵山的那天,火势猛烈，熊熊大火给晋文公留下噩梦一般的心病，为了思念介子推，也为了忘却那场悔恨莫及的噩梦，晋文公下令，每年的这一天禁烟止火，只吃冷食。这就是"寒食节"的来由。从此以后一直到今天，北方各省仍相沿成俗，年年都过寒食节，留下一段千古遗恨和君臣佳话。

随着封赏等事情的逐渐结束，晋文公开始着手发展生产，加强兵制。晋国几经变乱，到此时终于迎来百姓安居乐业的平稳时期。仅仅一年的工夫，整个晋国国内，已经初步出现家家平安夜，一街太平歌的大好局面。国力增强的同时，对外的发展机遇也不期然地到来了。

晋文公二年，周天子襄王派遣使臣简师父突然来到晋国宣读诏命，在诏命上，周襄王说，自己的弟弟太叔秽乱宫廷，被发觉后，不惜叛乱为逆，在狄兵的援助下，太叔攻下王宫，窃踞了王位，使周襄王被迫逃亡在外，流离失所。为此，他命令晋、秦两个诸侯强国，出兵讨伐太叔，保卫王室。

事情来得突然，晋文公拜领了诏命之后，立刻召集大臣，商量出兵事宜。在晋文公内心想来，成就霸业当然是自己所向往的，但如今自己刚即位一年，国力尚且有待提高，这个时候发兵作战，合适吗？狐偃提醒晋文公说："主君，过去齐桓公之所以能建立霸业，做了诸侯之首，无外乎他坚持了两个原则，一个是尊王，一个是攘夷。现在主君如愿以偿做了国君，晋国是大国，当然要图霸业，而要成就霸业，也必须走这条道路。要不然，秦国走到我们前边，主君再想挽回局面和秦国一争高下，难度就会大出许多，也会旷日持久，成就霸业的时间就遥遥无期了。"

狐偃的话让晋文公心头一动，他忽然想起很久以前的情形，感慨地摇头说："是啊，寡人如今已是花甲之人，正如你以前说的，人不怕老而无用，最怕的是无用而老。寡人不趁着还有这口气，赶紧建功立业，还等什么！"于是立刻下令，选定吉日良辰，由自己亲自率领兵马战车，气势浩荡地开赴王都。

周襄王的弟弟太叔把哥哥赶跑，自己做了天子之后，时刻警惕着诸侯前来征讨。他听说晋国军队大举出动，沿路所向披靡，已经接近这里，连忙带领兵力，进驻都城附近的温地，准备迎战。

晋文公探听到消息后，便兵分两路，一路由右将军郤溱带兵围攻温地，拖住太叔。而另一边则派左将军赵衰到郑地的竹川，迎接周襄王返回京城。这样一来，太叔也就成了名不正言不顺的天子，顿时失去威信和拥戴。温地的百姓得知晋国军队赶来救驾，如今兵临城下，又听说周襄王已经回到京城复位，太叔根本没有出路可言，便一哄而起，开门献城，迎接晋军。太叔正准备乘车逃跑时，被魏犨一刀斩于车上，一场王室变乱得到平息。而这个过程中，晋国功劳最大，凌驾于所有诸侯国之上。晋国的形象开始令天下诸侯耳目一新。

周襄王为酬谢晋文公救驾功劳，在宫殿内大摆宴席，款待晋文公和晋国有功将领。当晋文公带领将领们赶去赴宴的时候，京城臣民万人空巷，争相观看晋文公的威仪，大家啧啧赞叹地说："此人真是胜似当年的齐桓公！"为了进一步表达感激之情，周襄王还把周王室控制下的温地、原地、阳樊和攒茅四个地方封赏给晋国。

但由于周王室已经很是衰败，地方官员已不大听从王室的命令。为了收复这四处新的封地，晋文公有天子诏令的同时，还必须动用武力来争夺。

商议一番之后，晋文公把大军驻扎在太行山以南的地方，让魏犨去平定阳樊，颠颉去接收攒茅，栾枝进驻温地，他和赵衰则亲自前往原地。

原地的地方长官是周朝卿士原伯贯，他听说晋军要来，唯恐大权旁落，便暗中指使部下放出谣言，说晋文公是杀人不眨眼的魔王，所到之处，烧杀抢掠无恶不作，说晋文公连天子的弟弟都敢杀，还有谁不敢杀，要大家一定提高警惕，千万别自取灭亡。原地城中的百姓不明就里，都信以为真，大家行动起来，积极守城，誓死不降晋国。当晋军来到城下，原城四门紧闭，城头上士兵和百姓剑拔弩张，叫嚷着坚决不让晋兵进来。

晋文公不愿无辜百姓受害，便把周天子的诏令誊抄在绢帛上，绑在箭杆上射进城中，同时命令士兵不许攻城，只在城下驻守三天，倘若三日内原地百姓仍不同意归属晋国,仍不开城门,他就立刻解围退兵,放弃天子的封赏。

射进城中的帛书在城内迅速传递,而晋文公的命令也传到城内百姓和士兵的耳中,大家逐渐了解到晋国和晋国国君的真实情形。第三天夜里,有人跑出城外向晋文公传递消息说,城中的百姓和兵将已经相信晋军纪律严明,前边听到的全是谣言,大家已经商量好,准备明天开门献城,迎接晋国国君。然而晋文公却并没表现出惊喜,他脸色平静地说:"多谢原地百姓美意,只是寡人已经下令只等三日,三日之内原地百姓不愿开城,寡人自当率兵离开。今日已满三天,明天一早寡人就要返回晋国了,你们好自为之吧。"

见晋文公这样说,身边的大臣顿时有些着急,他们连忙劝告说:"主君,既然城中百姓知道误解了我们,他们明日就要开门献城,我们多等一天,也未尝不可呀!"晋文公神情顿时严肃起来,摆手叫他们不必再说下去:"自古民无信不立。寡人向来视忠信为立身之本,倘若我们因为贪图原地,而失去信用,以后百姓还会信赖我们吗?没了百姓信赖,晋国谈何强大?所以即便明日有金山堆砌在原地,寡人也要践行事先的承诺。"

面对晋文公的义正词严,大家当然无话可说。第二天黎明时分,晋文公就率领大队人马开拔返回晋国。城头上负责望风的士兵慌忙把这个情况告诉给大家,城中百姓这下彻底知道晋国果然是仁义之师,晋国的国君是他们从未见过的高尚人物。大家簇拥着纷纷出城,扶老挈幼追赶晋军,一直追了三十多里,才拦住晋国兵马。原地长官原伯贯知道民意难违,也就只好顺应形势,想办法消弭原先的罪责。他写书信请求晋文公原谅恕罪,表示愿意投靠晋国。

面对百姓的苦苦哀求,晋文公这才命令大队人马,就地驻扎。自己只带着几个亲兵,返回原城,接受了百姓的欢迎,并以周朝的大礼接见了原伯贯。为了稳妥起见,晋文公委任素有信用而老成持重的赵衰留在原地,担任当地军政长官。而由于晋文公的大义作为,其他三处地方很快被顺利接收,晋国的威名也因此得到更好的印证和加强。

晋国的声名得到极大改善，国力也与日俱增，晋文公和众多大臣更加雄心勃发，向着齐桓公之后的霸业一步步迈进。上天似乎有意成全，两年之后的冬天，一个机遇连同挑战悄然降临。

楚国作为南方大国，从来就没有放弃过对中原诸侯各国的吞并欲望。楚成王处心积虑，采取由近及远的做法，恩威并用，先是胁迫和楚国接壤的几个小国，如陈国、蔡国、郑国和许国等加入到自己的联盟，然后逐步向更远处扩展。不过，在这个势力扩展的过程中，楚成王遇到了一心要成为中原霸主的宋襄公。宋国非但不甘心成为楚国的附庸，更要联合中原诸侯，企图降服楚国。在矛盾不可调和的情况下，战争不可避免地爆发了。

宋襄公战败受伤而死后，他的儿子王臣继位，成为宋成公。宋国新旧交替，楚成王认为这是把宋国纳入到自己势力范围的绝佳机会。于是在他的要求和胁迫下，陈国、蔡国、郑国和许国同时出兵帮助楚国，五国联军一同攻打宋国。他们来势凶猛，其先头部队很快包围了宋国的缗城。宋国毕竟国土狭小，实力有限，在这个即将亡国的危急关头，宋成公想到了晋文公重耳，他当初曾在宋国避过难，当时父亲待他不薄，加之听说晋文公是个仁厚君子，晋国又是北方大国，于是连忙派公孙固作为使臣，来到晋国请求支援。

晋文公接到求救，立刻召集众大臣商量对策。大家都知道楚国的实力，如今要与它正面冲突，不免心下忐忑。晋文公刚把情况说完，大殿上顿时响起一片嗡嗡嘤嘤的议论声。

老臣先轸率先说："主君，楚国国富民强，当初主君游历诸国时，楚王又曾经收留过主君。假若我们帮助宋国，必然得罪楚国，会被人讥笑为忘恩负义不说，楚国实力强大，倘若作战中有所闪失，麻烦可就大了。还是慎重为好。"

晋文公沉吟着点点头，眉头忽然微微一皱："当初楚国固然对寡人有恩，但当时寡人流落到宋国时，宋君对寡人也不薄，此时若见危不救，是不是也算忘恩负义？"

先轸低头不知该怎么回答。狐偃见状忙上前一步说："主君，卫国和曹国关系很好，如今又都背叛中原诸侯，依附了楚国。当初主君游历天下时，这两个国家都曾无理于主君，由此说来，说他们都是晋国的仇敌也不过分。如果我们去攻打曹国和卫国，楚国一定要移兵解救，这样，我们不和楚国正面接战，而宋国之围同样可解，岂不是一举两得？"

这个说法倒还不错，大家纷纷点头赞许。晋文公也觉得可行，便把这一计划告诉给公孙固，让宋成公好好坚守城池，等待晋国的侧面支援。

第二年春天，大地刚刚解冻，晋文公下令做好准备，动身去攻打曹国和卫国。临出发时，大将郤縠献计说："主君此行攻打曹国和卫国，目的是为了牵制楚国，以解救宋国。倘若主君以攻打曹国为名，要求借道卫国，卫国如今与曹国打得火热，必然不肯借道，这时，我军从晋国与卫国交界地的南河出师，以迅雷不及掩耳之势，直捣卫境，攻取卫国而后再乘胜打败曹国，必然大胜。一次战斗取得两份收获，可谓简约而实在，请主君斟酌。"

晋文公认为这是个好主意，便依计而行。先派人到卫国借道，卫国惧怕楚国的势力，又唯恐曹国被打败殃及自己，果然不肯借道。晋军于是借口卫国不肯听从安排，先对卫国发动进攻，大军南渡黄河，直捣卫国境内的五鹿。

晋军出其不意地来到五鹿城下，城中守兵纷纷逃窜，晋国不失一兵一卒，便占领了五鹿。晋文公站在城下的原野中，翘首远望青草刚刚萌发的大地，喜形于色地对众人说："当年寡人流落此地，在这里遇到农夫送给寡人土块，狐偃曾说得土者得国家，今天可终于实现了，寡人真要感谢上苍佑助啊！"

世上的事情，往往雪中送炭者少，而锦上添花的却很多。看到晋国迅速崛起，俨然即将成为中原诸侯的另一个霸主，许多国家纷纷派出兵力，协助晋国作战。其中最得力的，当然要数前一个霸主齐国了。齐军主动赶来，要与晋军联合，这样一来，晋军的力量立刻强大许多，气势也大为旺盛。

卫成公看到五鹿已失，唯恐卫国都城也守不住，要是这样，卫国不就彻底亡国了？情急之下，他让弟弟叔武代理国家政事，自己则躲避到襄乐去了。殊不知这样虽然自己的压力小了，但国君逃难，卫国军队也就更加混乱，晋军顺利地占领了卫国都城。卫国反而灭亡得更加利索。

占领卫国都城之后，晋军马不停蹄，紧接着便开始攻打曹国。曹共公急忙召集大臣商议对策。形势危急，大夫僖负羁建议说："晋军之所以如此猛烈地攻打我们，从心底里讲，一定是重耳要报当年受辱之仇。现在晋军士气正旺，我军难以用武力取胜，臣愿前往晋军营中说和，以救一国百姓。"

不料，大夫于朗却不服气地大声说："你哪里是要救百姓，分明是为了谋求私利！谁不知道，当年重耳路经曹国时，僖负羁私下里又送饮食，又献珠宝，殷勤得真够可以。如今你又要请和，分明卖国为自己求荣。主君，叫臣说，要退晋兵，首先得杀了僖负羁以鼓舞士气！"

曹共公对僖负羁私下结交重耳的做法早就不满，不过考虑到僖负羁也算老臣了，早年又有功于国，就罢免了他的官职，把他赶回郊外的老家去闭门思过。而此时晋军已兵临城下，曹共公和一些谋臣，不得已想出一个假投降的计策来。曹共公派使臣去拜见晋文公，表示曹国愿意开城门投降，只请求不要伤害无辜的曹国百姓。晋文公信以为真，以为曹国被晋齐联军的威力所震慑，便下令大军开拔，进驻曹国都城。

先轸察言观色，感觉不大对劲，他极力劝阻说："主君，臣看曹国兵力未损，这么快就要献城投降，恐怕是诡计。从曹共公的德行上看，还不至于如此爱惜百姓，自古小心无大错，主君千万谨慎。"

早年和曹共公接触过，对他的为人大致了解，晋文公觉得先轸的话很有道理。为了试探虚实，薄暮时分，晋军派人身穿晋文公的衣服，乘坐君辇，在勃鞮等一群将士的簇拥下，长驱直入曹国都城。不料刚进到城中，城门突然关闭，城头上箭如飞蝗，刺探虚实的三百名晋军，全部死于乱箭之下。曹共公以为杀死了晋文公，既解除了心头大患，又可以向楚国请功,兴奋得忘乎所以。可是等到天明,检查尸首时,却发现被射死的晋文公是假的。

曹共公大为震惊,他知道这下和晋国真正成了死敌,再没有缓和的余地了,只有死战这一条路。为了瓦解晋军,曹共公下令,把晋军的所有尸首吊在城墙上。看到尚未攻城就死了这么多兵将,晋军确实有些骚乱,说什么的都有。晋文公召集大臣,要大家赶紧想主意,一定要尽快拿下曹国。有人建议说:"曹君如此残忍,把我军将士尸体悬挂于城头,咱们何不以毒攻毒,干脆挖曹君的祖坟算了,反正他也不敢出城!"大家本以为这不过是个气话,不料出于对曹共公的刻骨仇恨,晋文公竟然出乎意料地点头答应了。这个损招倒也奏效,曹共公在城楼上看到晋军挖他先人的坟墓,如此奇耻大辱,比死了还要难受,他急忙扯嗓子大喊:"不要挖寡人的祖坟,寡人这次真的投降!"

晋文公却已经对曹共公失去耐心,他提出让曹共公把晋军战死者的尸首,全部装棺入殓,送出城来。

曹共公不敢再耍什么花样,三天以后,果然照晋军的条件,把城内所有晋军尸首装入棺材,大开城门,送往城外。事先埋伏在城门外的晋军,突然出击,呐喊着冲进城去,杀死曹共公和于朗等大臣。经过一场并不十分激烈的战斗,占领了曹国都城,最终灭掉了曹国。晋军伐卫破曹,威名大震,那些围困宋国的兵马,纷纷撤走,宋国也很快转危为安。

攻占曹国的都城后,晋文公下令,立即清点曹国的文武官员,寻找当年给他帮助的僖负羁。可是把在朝的大臣逐一清点,却并没发现僖负羁。有了当年介子推的教训,晋文公立刻派人到处察访,加紧查找。当得知僖负羁因建议与晋和好,被曹共公革职还乡后,晋文公长松口气,对众人说:"曹国就只有这一个贤臣,还被革职,国家能不亡吗?"

僖负羁的住宅在都城北门外附近,晋文公传下命令,要好好保护僖负羁,如有人敢侵犯他家里的一草一木,定斩不饶!而晋文公不知道,就是这个保护僖负羁的命令,却给僖负羁惹来杀身大祸。当年介子推的悲剧，以另一种形式重新演绎。

魏犨见晋文公郑重其事地下令保护僖负羁，愤愤不平地对颠颉说："你看，这世上还有公理吗？咱们南征北战，立下无数功劳，主君并无一句奖励的话，僖负羁不过给了他点小恩小惠，他反倒念念不忘，如今又专门给他一个人下什么保护宅院的命令，真他奶奶的气人！"颠颉也是一介粗鲁武夫，随声附和着说："就是！他算什么东西，此人将来封官，必然会在你我之上，到时候少不了要受他的气。我看，不如趁乱一把火把他烧死，看他怎么耍弄小恩小惠投机取巧的手段！"

两人说干就干，夜深人静时，他们率领几名亲兵，把僖负羁家团团围住，并在前门和后门一起放火。魏犨跃上门楼，去寻找僖负羁。不料房梁被大火焚毁，魏犨失足摔了下来，被一根大梁正好砸在前胸，顿时口吐鲜血，不省人事。众人见闯下大祸，连忙把他抬上战车，送回到军营去。

此时晋文公正在中军帐中和狐偃等人商议军情，听到外边喧哗，忙出来看发生了什么事情。他们远远看见北门一带烈火熊熊，情知是僖负羁家出了乱子，忙派遣兵马前去救火。当大火终于被扑灭后，只见僖负羁躺在断壁残垣之中，已经没了气息，只有僖负羁的妻子，怀抱五岁的孩子，躲在院中的水池内，才幸免于难。狐偃听说大火是魏犨和颠颉放的，深感事情重大，知道隐瞒不住，只好立刻把这一消息报告给晋文公。

晋文公又气愤又难过，宣布封僖负羁幸存的婴儿为大夫，赏赐大批银两，厚葬了僖负羁，并让人把他们孤儿寡母护送到晋国抚养。接着，晋文公与赵衰等心腹大臣商量如何惩治纵火的魏犨和颠颉。

赵衰知道事情到了这个地步，大家其实都很为难，便试探着说："魏犨和颠颉都是晋国的老臣，曾千辛万苦追随主君十九年，这次伐卫破曹，又立有大功，臣想……是不是可以……赦免他们的罪责？"

晋文公面沉如水，语气略带责怪地说："你怎么也糊涂了？他们身为大将，带头违犯军令，不从严惩处，国家又怎能治理好？"

赵衰忙拱手回答说："主君英明。不过……魏犨勇猛无比，杀了他，只会让楚国等敌国窃喜，亲者痛、仇者快呀！臣刚才看望过他，受伤虽然不轻，但休养一段时间，还可以冲杀疆场为国效力，请主君准许他戴罪立功吧。他在火中受伤，上天已经代主君惩罚他了。"

晋文公黑着脸沉吟许久，语气缓慢而沉重地说："好吧。但颠颉作为主谋，是不能轻饶了，不然将来何以整肃大军？"赵衰轻叹口气，无奈地点了点头。就这样，晋文公最终下令将颠颉斩首示众，同时革去魏犨右军统帅的职务。

晋军见晋文公杀了颠颉，革去魏犨的职务，纷纷感叹地说："这两个人，都有追随主君十九年的功劳，如今违犯君命，一样处理，真是执法无私啊！咱们还是规矩点儿，不然下场更惨！"从此以后，晋军将士遵纪守法，勇敢善战，成为当时诸侯各国战斗力最强的一支军队。

得知晋国接连大败曹国和卫国，晋国大有吞并与楚国接壤的诸多小国的势头，楚成王大惊，连忙派使者来到晋军营寨，对晋文公说："楚国与曹国和卫国，正如同晋国与宋国，是关系非常友好的国家。若晋国能从曹国和卫国撤军，不要吞并他们，作为回报，楚国就从宋国撤军，大家从此相安无事。"

面对楚国使臣的说法，大家都觉得很不公平。狐偃当着晋文公的面，质问使臣说："你们还没有打下宋国，倒让我们从两个已经灭亡了的国家撤军，你们国君觉得这样做公平吗？这就好比拿还没到手的钱财去买东西，人家会卖给你吗？真是岂有此理！"

对于风口浪尖上的矛盾，晋文公知道此刻不是退缩和妥协的时候。他摆出强硬的姿态，下令拘捕楚国使者，并派人给逃亡在外的曹、卫两国国君的公子送信，让他们立刻宣布和楚国断交，回到晋国来听从发落。

负责攻打宋国的楚军元帅成得臣，了解到晋国拘留了楚国使者，又接连收到曹、卫两国公子代国君发来的绝交书，顿时恼羞成怒。他不顾楚成王对他不要轻易与晋军正面作战的叮嘱，纠集起陈国、蔡国、郑国和许国的兵马，组织成一支声势浩大的联军，从宋国都城撤围，直奔晋军营前挑战，扬言要与晋军一决高下。晋国大将先轸等人，看到楚军漫山遍野冲杀过来，立即命令军队，准备迎战。而在阵前担任指挥的狐偃，急忙劝阻大家说："诸位不要性急。主君当年在楚国避难时曾有过许诺，若是两国一旦不得已而交战，晋军要退避三舍，后撤九十里，表示对楚王恩德的报答。现在楚军初到，我们就急于迎战，岂不是让主君当年的承诺落了空？"

对于狐偃的说法，将士们纷纷表示反对。他们觉得，还没交战就先逃退，这不是自找失败吗？但狐偃却不这样认为，他耐心地劝解大家说："退避三舍，一来报恩，更主要的，可以用这种方式表明，我们其实并不愿和楚国作战，希望能和楚国友好相处。如果晋军一退再退，楚兵一追再追，那就只能说明，楚国根本没有和好的诚意，没等到交战我们就在情理上占了上风，这样打起仗来还能不取胜吗？况且，通过这样一退一追，也把楚军的锐气给消磨许多，我们取胜的把握就会更大。"

经过解释，大家这才心悦诚服，认为狐偃的话说得有理。于是晋军当日就后退一舍，即三十里，以回避楚军锋芒。随后见楚军还在向晋军进逼，狐偃便又下令后退一舍。时隔一日，楚军又紧紧逼迫上来，晋军便依照命令，再退避一舍，先后三次，总共退了九十里，一直后撤到城濮这个地方。

就在这时，秦国和齐国赶来援助宋国的军队，也先后到达，与晋军会合一处，准备共战楚军。

成得臣率领楚军，一路追杀，见晋军未曾交战已经连退九十里，他觉得晋国帅将士卒都是贪生怕死之辈，越发趾高气扬起来，命令军队加紧追击，务必彻底消灭晋军。在成得臣催促下，楚军长驱直入，直逼晋军大营。

晋文公与齐国和秦国的将领们反复商议作战计划，经过周密的部署，一场震惊天下的大战终于不可避免地爆发了。

战斗一开始，成得臣被先前晋军的败退所迷惑，满腹的骄傲自大，不把晋军放在眼里，他见晋军大将先轸刚一接战就败退，立刻率领大军，直扑晋军中坚部队。先轸且走且战，败退到事先安排好伏兵的地方,晋军、齐军、秦军、宋军一齐杀出,把楚军截成几段,不但使他们首尾不能照应,而且也切断了他们的归路。楚军被包裹在刀枪剑戟的旋涡中,顿时乱了阵脚,成了晋国联军案板上的鱼肉,丝毫没有还手之力,霎时伤亡大半。血战一个多时辰,成得臣只率领少部分亲兵突围逃走,晋国取得决定性胜利。

晋文公下令追兵不要深入楚境,从免伤尽两国和气,毕竟,楚国元气并未大损,而且现在也不是最终决战的时候。

城濮之战极大地提升了晋国的威望,不但中原诸侯坚定地认为,晋文公就是齐桓公之后的霸主,就连天子周襄王也派出使者,到前线慰劳晋军,还赏赐给晋文公作为诸侯首领所穿戴使用的服饰、刀、弓矢等许多珍贵礼品,明确承认了他的霸主地位。

此后,晋文公以霸主的身份,先后多次召集诸侯大会盟,共立中原盟约,辅佐周天子,保卫中原各国的稳定和平安。晋国也最终由一个大而无力的平常诸侯国,进入到强国之列,为春秋历史写下辉煌的一笔。

所有这一切的缔造者晋文公,不但给历史留下一个强国崛起的痕迹,更用他百折不挠、坚韧决绝的经历,讲述了一个奋斗人生的传奇和榜样,成为一个坚忍不拔的励志绝响。

第一八章　舍妻奉子图登天　独断轻言酿剧变

第四代楚王商臣在继位很多年后还会时常记起那个夏天的黄昏。

那是老父亲楚成王在位的第四十年（公元前632年），天上应该有过很浓的火烧云，血一样浓。宫医急报：侣娥生了个男孩。他匆匆送走老师潘崇，跟到后院。孩子的哭声大得要把天震塌。他没看见侣娥。问遍所有人，也没得到回答。那个当初差点儿被令尹，也就是若敖家的子玉，当成战利品献给父亲的夔国公主，那个他跪下来求父亲赐予的美丽少女，那个他独宠了两年，几乎忘记了世间其他一切的女人，消失了，从他、从所有人的视线里消失了。他发疯似地到处找，像没头的苍蝇，额头的汗水被火烧云烤得殷红如血……

每到这，记忆就断了。之后，他照例会沮丧地发现，其实那只是冥想，根本不是回忆。他爱侣娥，思念侣娥。他宁愿相信他的侣娥只是不见了，回到了故国，或是还藏在深不见底的王宫的某个角落，跟自己捉着迷藏。他愿意等待她的归来，愿意等待她一脸调皮地突然出现。他用这样的冥想不断压迫那个挥之不去的噩梦，想战胜它，粉碎它。那噩梦比晋国、齐国和若敖家都更可怕。

噩梦是这样的——

他正跟老师潘崇议论城濮（今山东鄄城西南）与晋交战的失败和若敖家。他支走了所有侍卫仆从，并没注意有没有火烧云。宫医和接生婆如入无人之境地闯来，吓了他一跳。他拔剑出鞘，指向来人。宫医跪下，汗珠溅了满地，告诉他侣娥难产，是个男婴，请求决断。还没等他反应过来，老师潘崇就纳头跪拜，请求将此男婴作为礼物送给被失败打击得几近颓然的老王。他缓缓放下宝剑，没听懂似的看着老师。潘崇又说："子横生者，奇也。于国大利，于公子大利……"

"那我的侣娥呢？"

潘崇一个响头磕下去，说："念在国家和大王的分上，请公子割爱！"

之后，梦变得断断续续——

他昏沉沉地跟着宫医跑，跑了不知道有多远，似乎永远都到不了终点……

产房闷热，蒸腾着血腥的湿气……

侣娥嘴唇干裂，喘得深深浅浅，两脚被丝带高高吊起，下身一片血肉模糊……

侣娥冰凉的手紧紧抓着他，哀求他看在孩子的份上，日后做了王，复她故国……

他的手触到了孩子血污的脊背，抚摸着曾令自己物我两忘的爱姬的肌肤……

一声从没听过的惨叫，好像要把他卷进地狱，大股的热潮喷溅四落……

侣娥赤裸的双腿在炽热的鲜红中抽搐，红得发紫、湿漉漉、热乎乎的孩子在他手里扭动，长长的脐带滴着血，伸向母亲的身体，伸向泉水般汹涌的血泊……

到处都是血，侣娥失神的大眼睛望着他，惨白的花容挂着隐隐笑意。

四周静得可怕，鲜血滴落的声音震破耳鼓……

帐顶的血滴在脸上，跟脸上的血混在一起。

他笑，仰天大笑，想让所有人听见，想让死去的女人听见……

泪水，滚热地涌出，迅速跟脸上的血交汇在一起……

宫医和接生婆吓得倒退，倒退，被门槛绊得跌坐一团……

孩子哭了，哭声大得要把天震塌……

精瘦的楚王熊恽似乎一下老了许多，成了只会抱孙子的老祖父。他被那个比自己更老的重耳打败了。为了感激当初流浪时的接纳和款待，重耳兑现了"退避三舍"的诺言，可他的楚国还是败了。自己苦苦经营一生的楚，被周和诸侯说成"苗蛮"，只能靠实力争得尊严和财富的楚就这么退出了争霸中原的舞台。十几辈子人"筚路蓝缕、开启山林"的艰辛就只换了个"退避三舍"。他心里好生悲怆，好生酸楚……

本来，他并不想有此一战，并且也做好了避战的准备。他清楚，面对重耳的晋，楚国并没有一战而胜的把握。他更清楚，如今晋的势力多半来自重耳的名望和智慧，相比之下，其实还是自己的楚更有实力。如果不战，诸侯势必仍在楚、晋间徘徊，楚的实力仍会不断扩充，而晋走向富强的步伐也会受到制约。重耳老了，自己也老了，楚、晋的决战应该交给后辈。那时，楚的把握会更大些。

可楚国偏偏送给了重耳一个胜利。有了这个胜利，重耳就可以凭借他那代表正统的姓氏再打出"尊王攘夷"的旗号，让天子封他一个号令中原、杀伐诸侯的特权。而诸侯也势必会迫于情势齐刷刷倒向晋。晋就会乘势迅速膨胀，成为真正强大的、难以撼动的对手。而失去诸侯供奉的楚则势必在称霸的道路上举步维艰，重新变成"苗蛮"，变成"夷"，随时面临尊严危机和生存危机……

他恨死了那个曾被朝野上下交口称赞的子玉。恨他的坚顽任性，恨他的贪功冒进，更恨他不尊王命。子玉是子文推荐的。子文是辅国六世、人丁兴旺、权倾朝野的若敖家的族长，是"毁家纾难""任人为能"，美名传遍楚国，传遍全天下的执国重臣，是他的兄弟、朋友。他感激他，敬重他，也相信他的眼力和忠诚。可城濮的失败给所有的感觉、敬重和信任蒙上了阴影。子玉的自作主张和"愿以间执谗慝之口"的斗气般的理由让他不得不怀疑其对国家和自己的忠诚，不得不怀疑整个若敖家族对王室的忠诚——他们在为谁而战？战若胜，他若敖家又是大功一件，同时证明了自己避战的懦弱和错误。战若败，则一切后果、一切屈辱、一切压力都将由王室和整个国家承担。就是说，他，子玉，甚至是他们，整个若敖家族，是在拿着楚国和他熊恽的命运为自家的荣誉而战！

这种推断在内心深处不断助长着更深层的疑虑——若敖家的兵比楚国王师和其他家族的族兵加在一块儿还多，没有若敖，就没有楚的霸业，甚至就没有他熊恽的王位和四十年的基业。战败了又如何？不遵王命又如何？这不，那个战败的子玉非但没有丝毫悔罪自责之意，还振振有词地驳斥批评他的芬吕臣、芬贾父子，话里话外似在说是由于避战而导致前方兵力不足，临阵退缩是为了保存实力。保存谁的实力？若非临阵的都是你若敖氏的族军，你可会想到"保存实力"？既已开战，自当勇往直前，仅为"保存实力"就可以退缩放弃，就可以置楚的百年尊严和荣誉于不顾吗？那个老子文还偷偷跑来为侄儿说情，说什么子玉也是"一片忠心"。你的侄儿战败了，还是"一片忠心"，那就是说他没错，错的是寡人了！

失败的气恼加上内外交困的重压，老熊恽终于爆发了。朝堂上，他的愤怒从每个字，每个动作里迸发出来，像一道道利剑刺向子玉，刺向几次想出面说情的子文。最后，那一道道利剑终于变成了真实的、悬在腰际铮铮作响的宝剑，被他狠狠摔在王位前的条几上。

他深情地望着怀里熟睡的男婴——苦命的孩子，生来就没了母亲。他想起很多年前的自己。他没有童年，不到十岁就继了位。他不记得祖父的模样，更不记得是否被这样抱过。潘崇说，这孩子横生害死了母亲，必然是不俗的。他的母亲什么样子来的，商臣跪着求要那个女人。他一定很爱她，一定很为她的死难过。潘崇还说，商臣是为了给自己一个欣喜才忍痛舍弃了那个女人的。商臣就在下面守望着，是望着父亲还是望着儿子？这个商臣，你不知道他成天都在想什么。

他问："孩子取名了吗？"

商臣答："没有，等父王赐名呢。"

他又问："他母亲叫什么来着？"

"侣娥。"

成王看看儿子,又看看孙子,良久,轻轻叹口气:"孩子就叫芈侣吧。"

他抱着芈侣,步履蹒跚地走向后宫。

他没想到,那天摔下宝剑径自返回后宫后,子玉真的就拿那把剑自刎了。当着文武众臣的面,当着老叔父子文的面。难道真冤枉他了?抑或是一种高傲的自省?

刚回寝宫坐定,芈侣就醒了,哭得震天响。他唤来乳母,命令就在身旁哺乳。乳母解开衣袍,露出硕大浑圆的奶子。孩子闻到乳香,一头扑上去,吮得啧啧有声,乳母被吮得直皱眉,说:"大王——他吸得太狠,奴婢——奴婢受不了了⋯⋯"老王示意噤声,专心听孩子吮吸的声音。忽然发现商臣一直在身旁。

"何事?"

商臣跪叩道:"父王,令尹自戕,若敖氏未敢葬,请父王示下。"

老王沉吟片刻,说:"以国礼厚葬。"又问,"怎么是你来问这个,芳吕臣呢?"

商臣却没有回答,却说道:"父王,令尹乃国之首辅,不可一日无⋯⋯"

没等说完,老王就打断了他:"芈侣在寡人处数日,如何?"

商臣一怔,随即笑道:"全凭父王。"

老王也笑了:"这就是了。"挥挥衣袖,"去吧。"然后垂下眼,专心致志逗起了孙子。商臣愣了片刻,起身往外走去。

"噢——"老王似乎不经意地唤了一声,商臣马上又停住,回过头来。老王头也不抬,一双眼全在芈侣身上,漫不经心地说:"若敖氏子上接任令尹。"

令尹子玉当朝自刎的消息似乎比楚国的城濮之败传得还快,还要令人震动。其中受震动最大的竟是他战场上的对手,年逾花甲的晋文公重耳。

这位貌相清俊、历尽艰辛的大国君主，其实并不满意城濮的胜利。如今，曾经不可一世的齐国已是日暮西山，好景不再。而强蛮的楚却无时无刻不在窥视中原大地。凭借着比任何一个诸侯国都更强有力的王权统治，凭借着浩浩长江的天然屏障和沿岸无数险关要隘，凭借着不死不言败的坚强意志，楚国由一个筚路蓝缕、不足百乘的荒蛮子国变成兵强马壮、能攻能守的千里大国。他的藤甲蛮兵随时都可能杀入中原，杀到自己家门口。而晋国则内乱连年，满目疮痍，连他这个公子都落得四处逃亡，靠吃手下的大腿肉活命，靠诸侯的怜悯和又是姐夫又是老丈人的秦伯（秦穆公）的周济安身立国。如今，自己年事已高，来日无多，岂能再等？必须尽早鼎定中原，发展国力。那老秦伯看似忠厚，其实也绝非守成之辈，而且特别硬朗，说不定哪天就过黄河来分天下。届时，熊恽那蛮子再一起哄，晋国岂不休矣！相比之下，攻秦不仅负恩，失信失义于天下，也没多少油水。而楚则享受着中原诸侯的供奉，若夺了来，再加上自身皇天后土，晋国的富强指日可待。是时，不仅楚望尘莫及，老秦伯和他的儿孙们也得掂量掂量。晋能保百年安宁也说不定。所以，制伏楚，甚至消灭楚，不仅势在必行，而且刻不容缓。虽有些冒险，但绝对值得一试！

他拿定主意置熊恽于死地，所谓"退避三舍"，只要他来了，伏兵就会从后包抄。可熊恽这家伙太狡猾了，临到跟前缩了回去，让子玉往前攻。子玉小子会打仗，假装谈判，背地里突然一小股杀过来。十万晋军不及布置，还得兑现"退避三舍"的诺言，差点儿被冲散。等形成了包抄，这小子又大手一挥，撤了！追吧，熊恽在申地一言不发，鬼知道是不是正等着自己呢。那儿周边都是楚的属国，万一陷进去，晋国可就这么点儿老本儿！不追吧，双方死伤几乎对等，有点儿说不过去。最后勉强象征性地追了追，也没什么真正的缴获。郑、陈、许等小国表面服了，可谁都知道熊恽并没怎么伤元气，没准儿过不了几天就又都倒到楚那边去了。这叫什么胜利啊！

本来，他还为楚有子玉这样的良将发愁，却忽然听说了子玉的死讯。这个熊恽是不是老糊涂了？这不是自断手足吗？他就这么跟臣下说的。正说着，天子使臣到了——为表彰晋侯"尊王攘夷"之功，天子特册命他为"侯伯"，许执天子节会诸侯、保王室。

乘着这分尊荣，晋国向中原诸国发了会盟帖。是年秋收时节，十几个国家的君主在践土（今河南原阳西南）与晋结盟，贡献了自己当季收成的大半。

老重耳锐利的目光比天子节更可怕，他瞪谁一眼，晋国的千军万马就会毫不留情地踏平那个国家，粉碎他们所有的尊严和意志。为了那一小半收成，为了自己的君主地位，也为了可怜的子民，他们需要一个保护者，需要一个能坐下来开口管他们要东西的人。不管是往日的齐，还是今天的楚或是晋，只要有那么个人坐在那儿，等着你管他叫霸主，那个人就会在你受欺负的时候来帮你，省得让人家杀得鸡飞狗跳、流民四逃，省得让人家抢得颗粒无归、易子而食。

今天，他们选择了须发花白恩怨分明的重耳，他饱经沧桑，明白百姓和弱国的疾苦。他的晋刚刚战胜了蛮横狂野的楚。他们宁愿相信"侯伯"会保护他们，让他们不再受楚的劫掠。于是，他们拜服在他的脚下，拜服在随风飘扬的天子节下，晋侯重耳在践土，这个中原腹地的小地方，成了真正的、完全意义上的中原霸主。

失去争霸机会的楚国显得暮气沉沉。老令尹子文更因为侄儿的死而悲痛卧病。子玉是后辈子侄中的佼佼者，是他一手提携，并向楚王举荐的。王逼子玉死，就等于扇了自己一记耳光，也扇了若敖家族一记耳光。正愤懑着，一向让他看不惯的侄儿，胞弟子良的儿子子越（斗椒，又称斗越椒）来看望他了。

子越其实不比子玉差，论起行军打仗甚至更胜一筹。可子越太跋扈，太狠毒，他一直看不上，甚至说过"必杀之！是子也，熊虎之状而豺狼之声；弗杀，必灭若敖氏矣"的话。可怎么说也是同胞弟弟的亲儿子，哪能说杀就杀。这些年，他一直节制着这个不安分的、号称楚国第一勇士的侄子，尽量不让他参政。他知道，子越一定恨自己。可他没料到，虎背熊腰的子越竟来看望自己。更没想到，子越竟对他说:"伯父,想我若敖先祖也是立楚之人,何来今日君臣之分。都怪您太仁,让熊氏坐了大。结果怎样,您的好侄子还不是让人家逼死了?要我说啊,趁您老还在,带个头儿,反了他狗日的,侄儿给您打前阵,半只手就能把那老朽脑袋拧下来……"

老子文真想一剑捅了这个逆种,可病得连手都抬不起来,才骂了半句,就挺了身子吐了白沫。子越见老头子冒了火,深知事败,于是一不做二不休,捏住老头的下巴一拧,老子文嘎巴一声就咽了气。子越随即呼天抢地哭起来,引来了整个家族、整个楚国的关注。可大家都只道是老子文病极而终,谁都不明就里。远远伺候的几个可能知道些端倪的仆从后来也都没了踪迹。

葬罢子文,子越就一头躲进声色犬马,暗地里偷偷往外倒腾多年搜刮抢占的金银财宝,做着一旦事发就逃之夭夭的准备。

转年,晋又会盟周天子使节,联合鲁国国君和宋、陈、齐、秦、蔡等国大夫,兴兵围困许国,同时攻打一直亲楚的郑国。楚国这次没派兵去救,郑没坚持几天就乞和了。至此,楚在中原最后的同盟者也归顺了晋。楚国彻底被中原诸侯孤立了,又回复到了三十年前的状态。也就是说,三十年的努力,至此完全化为了乌有。

这回,楚王熊恽彻底成了只会抱孙子的老祖父,并且开始认真思考立嗣问题了。

怀里的芈侣一再使他想到商臣。他不太敢决定——以自己四十多年政治生涯的洞察力,还是觉得看不透这孩子。阴沉沉的,不怎么露面儿,来了话也很少,基本是你问他答。不像职儿,那么体贴,那么招人喜欢。可职儿年轻,性子也弱,看着就难当大事。在楚国,谁做王,首先就得压得住那几个大姓,尤其是若敖家族。职儿能成吗?他要当了王,商臣能服吗?他问过令尹子上:"立商臣为嗣如何?"子上说:"楚国向来立幼不立长,商臣公子貌相又不忠厚,心胸又狭窄,大王怎么想到立他呢?"老王翻他一眼:"那就不立他呗。我是看芈侣这孩子可爱,随口一说。"子上很郑重地说:"王上,立嗣之事岂可随口一说。"把老爷子噎得不善,当下没了对辞,沉吟好一阵才撂下一句:

"遣使与晋媾和吧。"绕开了立嗣话题。

可是，立嗣并不只是个话题，说绕开就可以若无其事。那不怎么露面儿，就是来了话也很少的商臣从没有一天不在窥视老父的王位。二十多年了，他一直密切观察老父的动向，布下了不少耳目。这事，除了他和那些耳目之外就只有潘崇一人知道。潘崇曾说过"唯公子可承楚之大业"，潘崇可能是这个世上唯一知道他商臣一腔宏愿和满腹谋略的人了。所以，当那些父王身边的耳目把子上的微词传过来，气得他要发疯的时候，潘崇只一句话就让他放下了手中的剑："公子何必急在此时？"那可不是一句普普通通的劝谏，其中包藏着忍辱负重的决心，包藏着对若敖家的对策。

三年后（公元前628年），老重耳带着富国强兵的夙愿离开了人世。熊恽听了消息，不禁露出一丝笑意："重耳啊重耳，到底是没活过我这蛮子啊！"他迫不及待地召见子上、芳氏父子和若敖氏的主要带兵子侄，谋划进兵中原，夺回与国。可没料晋国先动了手，派遣大夫阳处父领军与郑、陈联合攻伐才又附楚不到两年的许国。老王火了，命子上率军北击晋的盟国陈和蔡。子上本想劝老王缓缓再说，可一看老王眼里喷出的怒火，又缩回去了。

子上虽不善战，可陈国和蔡国实在是不堪一击，只一回合就降了。子上有了信心，又乘胜攻打一向两头靠的郑国。晋军则攻打刚刚臣服楚的蔡国，逼迫子上回师保卫胜利果实。回师救蔡的路上，楚军遭遇了泜水（今河南鲁山西南）对岸的晋军。一边是怎么算怎么没有必胜把握，一边是新君继位不愿大战。于是就对着看，谁也不动窝，谁也不服谁。看了一个多月，晋先撤了。子上就也领着队伍回来了。谁料那好战的老王拍桌子打板凳地把他臭骂了一顿。老王疯了，恨不得一口吃了晋国，吃了整个中原，好让他那个叫芈侣的宝贝孙子将来信马由缰地称王称霸。他没勇气辩解，也觉得没有必要。他哪知道，真要辩解倒好了——商臣私下几番分析，加上几个子上见都没见过的小校在老王面前鼻涕眼泪一通胡喷，令尹一夜之间就成了受晋贿赂的通敌叛臣！老王越想越觉得靠谱儿，要么你令尹怎么连申辩的胆子都没有呢？这还了得！你家老爷子才死几天就跟我离心离德，想等我死了好再跟晋国媾和呐！做梦！你们都得死在我前头！！你若敖家这回算是到头儿了！！！

一道诏告下来，子上还没明白怎么回事就被腰斩了。再一道诏告下来，任命芳吕臣为令尹。若敖家还没醒过味来就被夺了权柄。第三道立商臣为嗣的诏告下来的时候，若敖家的老少爷们儿早没了琢磨的心思。他们没意识到，就是这道他们没明白也没琢磨的诏告给他们的家族带来了重生的曙光——商臣力劝父王不可轻易与若敖氏对立。老王一心跟芈侣戏耍，随口说："这些事你去操心吧。"

册立商臣自然有人不愿意，头一个就是他的幼弟公子职。准确地说是公子职的母亲，老王的宠姬江芈。她当然想让对自己言听计从的亲生儿继位，本来也挺有信心——老王爱儿子，更宠她，三十几岁了，还能把垂暮的老王撩拨起来，把她说成"回春延年药"。为了颠覆商臣，她就利用这层宠爱出了个狠招——把告发子上受晋国贿赂的那几个小校中的一个拉到老王面前，那家伙信誓旦旦地说是商臣公子以其老母为要挟要他编造谎言，构陷令尹。如今老母死了，觉得亏了心，就来请罪。老王说你那么在意你老母呀，那去陪她吧。那小校就被敲了脑壳灌了烛油，埋在了江芈的后院。老王那晚连衣服都没让她碰一下，临走时说："再跟寡人耍这等事，拿你心肝喂那死鬼。"说得她再不敢在晚上睡觉。

还是商臣在老王那儿的耳目最终起了作用。老王跟芳贾说："商臣阴鸷歹毒，似有构陷重臣之嫌，寡人欲废而立公子职，你拟个诏，先设法调开潘崇，禁了商臣再发。"那耳目一听，自知事情紧急，就冒着暴露的危险连夜跑去报信。

商臣得报又气又疑。潘崇就问："如果是真，公子认命吗？""当然不。""逃亡呢？""更不。""那就只剩一条路了。""可是好险呀！万一不是……""公子去问问江芈夫人，不就知道了？""笑话！问她？

能问出来吗？""那要看公子怎么问了……"

隔天晚上，他带着舞姬美食去看望庶母江芈。江芈不知道老王要废他，仍以太子礼仪接待。不想他借酒撒疯，席间竟来拉扯，弄得江芈发丝散乱，衣裙不整，恨恨说道："难怪王上说你无状，不能做王。今天可真是长了见识了！"

谁知这胡乱出口的气话却正应了商臣的疑惑。他愤怒了，揪起江芈的脖领质问……俩人纠缠起来，脸红脖子粗地对喷，情急之下，商臣一句"寡人"不慎出口，当时傻住。于是心一横，发出信号召进事先备好的伏兵，命道：尽屠！

顿时，惨叫连天，血流遍地。江芈吓得腿也软了，身子也僵了，连跑都忘了，生生被砍了个七零八落。商臣又令手下装扮成江芈仆人骗出公子职，也一通乱刃取了性命。他自己则带着大群的家兵，明火执仗地奔王宫而来。

听说儿子来了，老王唤人叫来芈侣，搂在怀里逗笑。外边，宫兵剑拔弩张地跟商臣的家兵对峙。商臣令人呈进一托盘，掀开一看，竟是江芈母子的人头！老王的心彻底凉了，紧紧搂住小芈侣，问："你看见那东西害怕吗？"不料，孩子竟摇头。

商臣遣人报说要见父王，老王说："寡人要吃熊掌，吃了才见他。"他没想到，儿子竟然养了那么多家兵，宫兵不敢动手，也没有人能跑出去搬救兵。

六岁的芈侣尽一切所能逗祖父开心，祖父终于笑了。芈侣觉得自己好幸福。顽皮地攀上祖父熟悉而亲切的脊背。他长大了，祖父已经不大经得住了。

又有宫人来报："禀王上，太子以数倍之兵围宫，问王上是否已进过熊掌，言，愿以此宫和芈侣少公子为柴，速速烹成熊掌，以示对王上之敬。"

"畜生！！"老王猛然挥袖将眼前烛台打翻，身体也随着烛台重重伏在地上。小芈侣急忙去扶，一边大喊："你们都出去，我爷爷还没吃熊掌呀，都出去！……爷爷，爷爷，起来呀，再玩一会儿吧——再玩一会儿，熊掌就来了……"

老王慢慢抬起头，脸上爬满泪痕。枯瘦的手慢慢伸向孙儿的脖子，又慢慢移开，轻轻抚摩着他嫩嫩的脸蛋——多好的孩子啊，多好的少年时啊……

"芈侣啊，爷爷告诉你，你可听仔细了——如果有一天，你做了王，一定要，千万要，分清善、恶、忠、奸，听明白了吗？"芈侣点头，"给爷爷说一遍。"

"如果有一天，芈侣做了王，一定要，千万要，分清善、恶、忠、奸。"

"好！"老王一把搂过孙儿，"好——好啊……"良久，把孩子扶正，跟自己面对面，"去，出去跟你父亲说，爷爷不吃熊掌了，让他珍惜这个宫殿，珍惜我们来之不易的楚国。记住了吗？……给我说两遍……"

见芈侣被宫人牵着手带出宫，商臣吃了一惊，拢住就问："爷爷呢？"芈侣说："爷爷让芈侣告诉您，他不吃熊掌了，让您珍惜这个宫殿，珍惜我们来之不易的楚国。"

孩子说第二遍的时候，商臣已经抱起了他，径直向宫内走去。身后的家兵拥了几百人。守卫的宫兵没有阻拦。

看见吊在半空的老父摇摇摆摆的凄瘦身体时，商臣忽然双膝跪倒，放声大哭。小芈侣也跟着哭，所有人都跟着哭，哭声大得要把天震塌。

第一九章　狡商臣伐谋纵横　勇芈侣历雨经风

翌日，商臣正式继位，谥其父为"成王"。随即安排了大葬。公子职及其母江芈也以王室之礼同葬。之后，诏告全国，立芈侣为太子，任潘崇为太师，责教授太子成人，接受令尹芳吕臣的请辞，任其子芳贾为工部。潘崇推却了令尹的任命，并就王室与若敖氏的利害关系做了深入分析，说服商臣任若敖氏后生贤达，故令尹子玉之子成大心为令尹，保留了若敖氏所有在任族人的原职。楚国一时间恢复了平静。

但是，在那个变幻莫测的年代，平静总是短暂的。只不过，这一次平静的有点儿让人啼笑皆非。

商臣即位的第三年，一直在楚、晋间摇摆徘徊的郑国出了件奇事。郑伯姬兰（穆公）有个没起名字的庶生女儿，小时候谁也没把她当回事儿，宠物般养着，谁知不到二七年纪，竟出落得美不胜收、倾国倾城。然而，最早发现这个美丽奇迹的不是郑伯，而是他的长子公子蛮。这小子自从发现了小妹那如神似仙的美貌后，就再想不起别的事了，成天想方设法往小妹院子里钻，终于钻出事情。更不想那女孩儿竟也是个淫娃，跟哥哥玩得昏天黑地，到底声响太大惊动了仆人，报了国君。这还得了！兄妹乱伦，有失国体啊！可也不能为这个就把儿子杀了呀，女儿又小，能有多大错。于是给了儿子一顿皮鞭，把女儿关起来反省。岂料竟连负责看管的兵士都让女儿迷到床上去了。他杀了兵士，提着剑想吓唬吓唬女儿。女儿笑眯眯地伸过脖子让他砍。做父亲的只多看了几眼身子竟也酥了。好在醒得快。天呐，这是什么妖孽托生的!本就不怎么聪明的郑伯彻底晕了——他相信,除了瞎子和白痴,谁都杀不了那个女儿。琢磨好久,终于下决心把这妖孽嫁出去。嫁出去,就干净了。

最后,郑伯打临近的陈国寻了门亲——她女儿的事都传遍了,门当户对是不可能了。陈国君还算给面子,许了个壮年鳏夫,地位不低,是陈国的大夫,叫夏御叔。郑伯连人都没见就应了,只盼早点儿把这人不人妖不妖的女儿请走。那艳绝人寰的女孩儿就这么草草嫁了,连名字都没有,随夫姓夏。从那时起,直到几千年后,人们都叫她"夏姬";从那时起,直到几千年后,人们也没弄清,夏姬到底是人还是妖。

因为这桩不那么风光但却十分传奇的婚姻,郑和陈成了好朋友。弱小者间的联合总显得更真诚,彼此的个性也更容易屈从于联合本身。于是,两个中原小国手拉手投靠了晋,背弃了弑父弑君的楚王,并马上投入了晋国组织、宋、鲁、卫等国加盟攻打楚的盟国沈(今安徽沈丘东南)的战争。那沈国小得不能再小,弱得不能再弱了,一触即溃,国体尽失。楚王商臣得了消息动都没动。他知道,这只是示威,不是真正的战争。为个一年打不了几斗粮,自己都养不活的沈国犯不着动干戈。跟一干臣下说别紧张,也别嫌丢人,都给我好好种地去,收了庄稼再说。

还没等收庄稼,秦就对晋发了难。晋坚守不战,秦僵持了个把月退了。楚国人看着热闹把庄稼收了。等下一季出了苗,中原也快秋收了。商臣一甩袖说:"走,收庄稼去。"群臣问去哪儿,他很不理解地瞪过去:"还能去哪儿——当然是江国!太师,你领兵去,把江国的粮食都给寡人收回来。割不到粮食,寡人割你的头!"群臣中有见识的立刻觉得,新王虽比老王更喜怒无常,但仗却打得也更巧,这江国(位于今河南息县西南)虽是晋的盟国,但离楚更近。晋若救,就得大规模调军,强线势必变弱,楚就可另派兵正面攻晋,让其进退两难。何况江国姓嬴,跟秦同宗,秦又正找晋的晦气。楚攻,秦未必敢救,可晋若去了,秦只怕就不会袖手旁观了,届时必倾向楚,打依靠楚的力量把江国变成自己盟国的算盘。而楚呢,只要稍稍退让就能赢得一个坚实的盟友——秦。真是谜一样的局啊……

然而,晋对楚王布下的迷局竟采取了完全出乎众人意料的对策:直接由最近路线全面进攻楚国。商臣急忙调动兵马应对。晋军来势凶猛,大有决战之势,才几天就打得尸横遍野。楚成王和晋文公的和平约定彻底被撕毁了。

面对日进百里的晋军主力,商臣表现出惊人的镇定和决绝。一面严令潘崇坚持攻江,不克不还,一面任用若敖氏中最善战的子越率领若敖族军和所余王师全线抵抗。自己也披挂起来,登上战车,准备开往最吃紧的前线。

刚待发令,却见一小小身影猿猴般蹿上车,商臣定睛一看,目瞪口呆——八岁的儿子芈侣竟穿着一身小甲,擎短剑站在"车右"位。惊视一阵,父亲笑问:"哪来这身武装?"芈侣答:"是儿请太师帮助特别定做的,儿要跟父王一同杀敌!"

楚王看着硬铮铮挺着的小胸脯,忽而仰天高啸:"天佑我楚,有此忠勇儿郎,何惧强敌汹汹,何愁霸业不成!"又转向芈侣,"来,站在父王身边,我们一起杀敌!保家卫国!!"他向麾下的浩浩雄师挥舞宝剑,千万士卒挥动手中兵器,齐声呐喊:"保家卫国!保家卫国!!保家卫国!!!"声动河山。

气宇轩昂的楚王父子并没能与晋的虎狼之师当面较量——晋军本不打算跟楚决战,大举进兵无非是想逼楚撤兵自保,既救了江国,又绕开江、秦、晋三家的微妙关系。来势虽汹,自家其实也没折损多少兵力。见楚丝毫不减攻江之兵,反倒倾全国之力正面迎来,大有决战之势,就犹豫了——晋国还没有一举鲸吞楚国的能力,一味打下去,无非两败俱伤。于是不等跟楚国大军照面,就兵锋一转,奔江国而来。是时,潘崇已取得部分战果,背靠交邻己国的险山,吃着刚抢来的江国老百姓的口粮,隔着拼命抢收藏匿粮食的江国跟晋军周旋,忠诚执行着他的王"不克不还"的命令。

消息传到郢都,商臣问太师有何要求,传信的说没有,太师只请王上坚守自持。商臣跟身边的芈侣说:"听见了吗,这就是你的老师,这就是我们的楚国!我们在任何困苦的时候都能生存,都怀着必胜的决心!"芈侣对曰:"父王,芈侣为有这样的老师而骄傲,为自己是一个楚国人而骄傲!"

潘崇的坚持最终迎来了胜利——艰苦对峙大半年后,又一个春天来了。秦终于看不惯自己的亲戚江让两个大国这么折腾,取最近路线再次进攻晋国。晋为保西部安宁,立刻放弃了与楚的对峙,转而应战。潘崇遂领余部一举灭了江国,坛坛罐罐一律打碎,江国从此成了楚国的一个县(那时只有楚国设了"县"制,由王室派员治理,对王室负责,不分封给任何贵族或大臣,在当时是先进的管理措施)。

这下秦不干了——抢点儿粮食不打紧,怎么把我们家亲戚都杀了呢!你楚国也太霸道了吧!于是跟晋罢兵,转过身来举兵攻打楚的属国鄀(今河南淅川西南),商臣没轻易打破秦楚不交兵的历史记录,让鄀君举国南迁,让地给秦,另封别地,称作上鄀(今湖北宣城东南),把秦国弄了个大红脸。就这样,楚拔除了晋插在西部边境的钉子,在一定程度上削弱了晋的强势,又稳住了秦,赢得了西部边境的安宁。

同年秋,商臣又派令尹成大心领若敖氏仲归(子家)以"叛楚即东夷"的理由踏平了六国(偃氏,位于今安徽六安北);冬,又派宗室公子燮灭了姬姓小国蓼(位于今河南固始东北),尽数编成了直接由王室控制的县,彻底安定了后方。

商臣在位的第六年上(公元前621年),以老成睿智闻名天下的老秦伯(穆公)和继承了其父重耳杀伐谋略的晋侯(襄公)相继谢世。秦国势力减弱,晋则干脆陷入了争权夺势的内乱,老重耳"百年安宁"的美梦彻底破灭。几番争斗下来,最有实力的大臣赵盾最终夺得权柄,转年立了个只会喝酒玩女人的废物国君(灵公),一手遮天地牢牢把持了晋国的政脉。旋即,以晋侯名义在扈地(今河南原阳西,当时属郑国地界)会盟齐、宋、卫、陈、郑、许、曹等国,大举调整晋及其盟国的战略。

这一系列动向都深深吸引着楚国君臣的注意。许多人主张重新考虑谋霸中原。楚王兼听众议，却始终一言不发，暗地里命潘崇加紧扩大和训练王师。等大家议得累了，声音小了，王师也练出了新模样，他就从容不迫地行动起来了——

先是对中原诸侯中较大的也是区位更重要的郑和陈采取"伐交"策略，通过小规模战争引导新的外交，既树了威，又没伤筋骨，把郑和陈这两个周王室的近亲整得颇有几分敬服，还在周天子跟前说了些楚的好话——楚的东部通道顺利打通。

紧接着，又通过这个通道拜问礼仪之邦鲁国，以示亲善。鲁国国君是周公之后，对强大的楚给予的尊重很满意。这种满意也在某种意义上影响了周天子对楚的看法。

就这样，才三年左右工夫，楚国通过外交和政治手段，恢复了大半成王时期的联盟，还有所扩展，也在周和诸侯面前一改成王时代的强蛮印象，基本完成了由单纯的军事强国向具有融和力的政治大国的过渡。

志得意满的楚王商臣此时当真是身心松快。除了关于火烧云和侣娥的冥想、噩梦之外，一时间似乎没什么别的事能再让他紧张起来。

每当陷入那些冥想和噩梦的时候，他就会不由自主地想起芈侣，就会发现自己又好像有好一阵儿没见到这孩子了。

自从那次没能实战的出征后，他就让芈侣经常跟着自己上朝议政、游猎戏要，发现这孩子身手利索，就纵容他习武。随着一天天长大，芈侣的武艺日益精进，经常与士兵啸聚游猎，渐渐离开了父亲的视线。对此，潘崇时常表现出担心。可提起来时，商臣却只笑笑，并不回应。再见到芈侣时，他不禁吃了一惊——才多少日子，这孩子已经完全长成了大人，虽还单薄，可却比一般大人还要高。手中的弓箭、身上的甲胄，已经跟大人没有了区别。再看那一身荆棘，肯定又去游猎了。

"芈侣啊，你现在是个大人了，不可再贪玩了。寡人问你，可知近日国事？"芈侣对答如流，甚至还把近半年来所有诏告从头到尾都背了一遍，战事外交、农事水利、铸器修乐、官员任免、卜天颁历、地名更改等，竟一字不差！父亲惊得目瞪口呆，挥挥手打发了，心里却乐开了花。

自那以后，商臣对儿子是一百二十个放心。对朝臣和姬妾们的微词也完全不当回事。甚至连关于芈侣跟婢女苟男女之事的密告也不甚在意。直到太师说了话，才稍微动了动心思，但也没按太师说的那样"对太子稍加管教，至少，也把那婢女另遣他用"，而是伙同着潘崇偷偷看了看那个叫"融儿"的女孩子。完了还跟潘崇说："寡人看那女子还很清秀呢。"潘崇没搞懂他的意思，一路跟着急急往回走，觉得怎么倒像自己做了什么见不得人的事，心下啼笑皆非。事后好久，商臣才说："太子大了，该娶亲了。"然后看着潘崇，很认真地问："请太师为太子择亲，如何？"

为太子选亲可不是件容易事，好在没限定日期，老潘崇还有的是时间。他也试探过芈侣，说："王上命老臣给太子选亲，不知太子何求？"芈侣答："芈侣亲事乃国之大事，己之所求并非首要，请太师行事。"潘崇听了，心里踏实了很多。

之后不久，芈侣奏请父王赐融儿民籍（解除奴隶身份）。楚王未问缘由，准了。再之后，芈侣便让融儿近随，出游时的卫士不见了，车上多了个清秀的女子。

初夏，又是出游好时节。俩人兴致很高，不觉就走远了些，出了郢都地界，到了一片遍地鲜花的草甸。玩兴正浓时，却不料被五六辆战车围住，车上满是全副武装的若敖族军，说此乃若敖氏禁地，非持族长通行简不得擅入。他们不认识太子剑，只认"通行简"。芈侣争执起来，若不是融儿劝着，差点儿就动了手。

败兴而归的路上，芈侣忽然感觉不对——若敖族军应该认得太子车乘和太子剑，若非装做不认识，就是那些兵士并不常驻郢都附近。无论哪种情况，都不正常。再举目远望，竟发现若敖族军似乎正在大规模调动。深谙国事的芈侣顿生疑窦：并没听说近期有任何用兵计划，也就是说，很可能是若敖族军在私自往郢都方向调动啊。

芈侣顿时警觉，决定暗自详察，命融儿火速驾车回宫通禀。才分开没片刻，就见十辆战车从两个方向包抄了自己刚刚离开的车子。更万没想到，步步逼近的同时，他们竟向自己的车发射出如雨般的箭矢！转眼间，轿厢成了刺猬，马倒车翻，周身插满箭羽的融儿栽进鲜花丛中。他简直不敢相信这一切，傻了似地怔在高高的花草丛中，心房被痛楚和愤怒撞击着。正要抽出佩剑，大吼一声冲过去，忽又凝住，一个比融儿的惨死更可怕的事实冲到面前——他们，那些凶手，是冲着自己来的，他们根本就认识太子剑！他们要射杀太子！！

想到这儿，反而镇定了——不用再探察了，他们，若敖家，调集这么多兵马，根本就是要发难。得赶快回去报信！

杀死融儿的凶手们肢解了他的车，十几杆戈矛把融儿高高挑起，再重重摔出去。一定是因为没找到太子而发泄怨气。他们开始一字横排地往回找，找得很仔细。芈侣隐在花草丛中，轻轻抽出佩剑迎过去，脑子里全是融儿飘荡在半空血淋淋的身影。他来不及多看一眼惨死的爱侣，拼命跑回王宫，报告了情况。

楚王连夜召潘崇应对。正忙着，令尹成大心匆匆来报说本族子西（斗宜）、子家（仲归）私调族军，欲对王不利，请应对，并自请责罚。楚王说："子西自被夺了司马之职那天起就包藏祸心了，早年，他就曾图谋刺杀先王……令尹忠诚，寡人十分欣慰，只是你若敖家是否太乱了一点……"随即命其与太子并肩迎敌。

若敖家没料到太子会突然出现在调兵沿途，更没料到一次将计就计的刺杀竟然落空。躲在后面的子越令人告诉领头的子西，说太子没刺成，肯定回宫报信。子西一听就明白了——行动得提前了！于是不等兵马完全到位，就带着二百多乘精锐急奔郢都。他们轻而易举地破了城门，与潘崇调遣的王师遭遇在宫门外。芈侣领宫兵奋勇迎敌，接连砍倒十几个叛军。子家看到太子，暗放冷箭。还没有多少作战经验的芈侣浑然不知。幸而紧跟在后的成大心看到，一把推开，自己却被射中。正在难分胜负之时，若敖族族长子越和故令尹子玉的弟弟子孔

251

（成嘉）带兵从背后杀来，直取本族叛军。子西、子家还当是援军到了，露了空当，刹那间被杀散。还没反应过来，战车就被斩了马腿，人跌将下来，再抬头时，太子的剑锋正冷森森指着他头顶。

看看跪在下面的子西和子家，想想成大心临死前那近乎乞求的目光，楚王怎么也说不出那个"杀"字。最后，命令把二人带去太子宫，自己也带上芈侣、潘崇跟了去，把跪在门外请罪的子越、子孔、子仪等若敖氏将领晾在当场。

太子寝宫里，商臣命人除去子西、子家的捆绑，还给佩剑，让他们入内室跟芈侣搏杀，胜者可生，绝不食言。潘崇一听差点儿没晕过去，赶忙劝阻，却不料芈侣一口应了。楚王笑笑，拉住潘崇坐在身边，静静聆听内室里兵器的碰撞。潘崇冷汗横流，目不转睛盯着这位自己辅佐了近三十年的王，后来，竟不知不觉攥住了楚王的手……

不知过了多久，芈侣终于筋疲力尽地独自走出内室，老潘崇的手慢慢从楚王手上松开。商臣命芈侣出外传命：子西、子家已死，允予收葬。余者不罪。成大心以国礼厚葬。若敖氏子孔任令尹。次日又诏告，升任芶贾为主政大夫。

若敖家内部出现了裂痕。子孔一派主张极力效忠，将功折罪；而子仪（斗克）等则认为经此一变，再难取信于王室，应另做打算……两派各有道理，也实力相当，因替子玉说了些公道话，被成大心推举为新族长的子越站在中间，不偏不倚。

事变那夜，他本是要领兵来助战逼宫的，可到了一看还在宫外，心里直骂子西、子家"笨蛋"。为谨慎起见，他在最后一瞬改变了计划，没有说出倒戈的话，仍按之前跟子孔说好的行了事。可并没捞到当场格杀子西、子家的机会，所以对商臣到底知道了多少也完全没底。他知道，商臣的目光当下肯定死死盯着若敖家，这么吵吵嚷嚷的根本不是办法。于是，他表面深居简出，不苟言笑，背地里则悄悄物色既能协助扳倒商臣，又能把商臣的目光从若敖家移开的同盟者。最后，他锁定了有战功的王亲公子燮。这位老哥有几分能耐，想当令尹，可总也轮不着。因声色上的爱好，跟自己走得挺近，以前就私下甩过闲话，说你若敖氏好风光啊……子西、子家事败后，子越特意送过礼去，带话说这回公子可求令尹了……那份厚礼让无权少财的公子燮对他很是增了些好感，心下对当令尹，甚至当令尹之后的事又燃起了希望。几经说笑，还"试探"出了子越"无非一闲人，公子若谋大事，愿以全力相帮换余生富足"的态度，心里有了底，似乎整个若敖氏都已成了自己起家的本钱。

楚王下令以王室姬妾之礼安葬融儿，可芈侣却好像从没去拜祭过这个替自己送了性命的女人。他从众人的视线中消失了。太子宫的宫人找不见他们的太子，诚惶诚恐报上去，得到的答复竟是太子伤心过度，与王同住，以便抚恤……

那场风波后，楚王商臣下决心启动颠覆若敖氏的计划：一方面寻找把芳贾升到司马，壮大芳氏，制约若敖的机会；另一方面命潘崇拉拢子孔，维护、强化其忠诚；又密令儿子潜入王师，逐步建立一道坚强的秘密防线。在太子从人们视线中消失的同时，军中多了一位自称是来自江国的名叫江舟的年轻军官。

那年冬天，楚王会盟陈、郑、蔡、麇等国。除麇（位于今湖北西北部）中途背返，另三国的军队顺利与楚军会师于厥貉（今河南项城一带），兵锋指向宋国，史称"厥貉之会"。一向亲晋的宋国未敢贸然向晋求援，权衡再三，终于决定归服，宋国国君（昭公）亲自陪楚王在自家属地孟诸（今河南商丘东北）狩猎，以示亲善，史称"田孟诸"。自齐桓公称霸以来，诸侯同猎的事就很少了，其所代表的和睦共荣的古风也几乎不复存在。"田孟诸"不仅仅标志着楚国霸业的复兴，更使得在诸侯同猎时代被鄙为"苗蛮"的楚成了中原文化的复古先驱。

到了在位的第十一年（公元前616年）时，商臣派令尹子孔带若敖族军攻打麇国，经数月苦战成功。若敖军损失惨重。楚王对这个损失只字未提，倒把子孔好生封赏了一番。对此，若敖各支都颇有微词，子仪还跟子孔吵了一架，族长子越就来劝，说若敖氏人才济济，王室人气凋零，不成器的太子躲得无影无踪，上下只王上一人操心，是该多出些力……子仪后来反复品味，猛然悟出话外之音：一切问题的焦点其实都只在商臣一个人身上，只要除掉商臣，就能扭转时下任人宰割的势头……

他被这种暗示吓蒙了，也迟疑了。最后终于放不下，决定找子越问个明白。于是，他独车简从半夜去了子越府邸，进得厅堂，却见还另有一位客人，正是公子燮。子越笑盈盈迎过来，说："老弟，你总算来了……"

那个叫江舟的年轻军官在"上峰"特许下拉了三百余乘军士在深山里日夜操练。后来增到五百多乘。再后来，竟一夜之间消失了。主将连忙报告。不料却得到"江舟部奉诏勤王，允补齐兵源"的回复。不久，别的王师队伍里也发生了同样的事。

"江舟"刚带着他的第二个五百乘抵达郢都百里之外的秘密驻地，就被郢都来的一队宫人匆匆接走了。当晚，"江舟"跪拜在楚王面前。楚王久久看着他，最后说："你的老师为你择了门亲，见见吧。"

翌日清晨，一个素衣不饰的年轻女子被带到了后宫，向卸去盔甲的"江舟"跪拜道："臣妾秭地樊氏叩见太子。"

应该说，芈侣并没一眼看中这个貌相清俊的白瘦女子。在他心里，融儿的影子还始终萦绕着。可平心而论，这樊氏却也无可挑剔，甚至表示可即日成婚，不在乎礼仪排场，倒令他增添了几分好感，他逗她说："即日成婚，那你可就是嫁了个叫江舟的军官，不是太子了。"樊氏回道："妾嫁的是如意郎君，不管他叫什么名字，也不论是何官爵。"又说，"妾既嫁，就当全力辅君成就所图。但凭差遣……"

大概是被这个态度感动了吧，又或是出自对父亲、老师的信任，芈侣欣然接受了这桩婚姻，并且即日就在潘崇的府邸秘密成了婚。对此，楚王还真有些没料到。惊疑之余，倒也十分喜爱这女子的不计名分，心下不由得对潘崇的眼力大加赞许。

婚后，芈侣回军，选拔一干得力年轻将领职掌训练统率事宜，训罢再把绝大多数重新安插回王师。然后再以"江舟"名义从各军选调兵源，再训，再选，再安插……四五个月一轮，几番下来，历练两千余乘，占楚国王师近三成。他从中精选留下来的那支队伍后来有了自己的名号——江舟军，只接受他和副手唐狡的命令。

与此同时，楚王又派子孔领若敖族军镇压舒鸠、舒蓼、舒庸、舒鲍各部（史称"偃舒各部"）。又是一次惨胜，若敖家有点儿受不住了。子仪满腹牢骚，刚要开骂，就被子越请到府上。进门看见公子燮，顷刻间忘了骂街，急切地问道："是时候了？"子越把食指竖在嘴边，一把搂住对方脖子，老鹰捉小鸡般拥进内室。

楚王商臣在位的第十三年（公元前614年）的深秋，正潜心研究如何把"江舟军"打入若敖族军的芈侣忽然接到潘崇密信，说王上急病，命在旦夕，请火速回宫。他着实吃了一惊，带了十乘亲兵急匆匆奔郢都而去。路上想，父王一向身体很好，怎么忽然就病了呢，是否有什么蹊跷？是的话，老师信中为何连一点点暗示都没有呢？

进了宫，芈侣回头对随行的亲兵道："我乃太子芈侣，今逢大事，诸君须警醒以待，若闻城中有军马动静，或至天明未得我号令，即速回营报唐狡，命倾全军前来勤王。"说罢，把惊愕未醒的亲兵留在当场，转身独自奔入内宫。

商臣倒卧榻上，脸色淤青，气息短促，双手冰凉。宫医束手无策地跪在一旁。潘崇满脸焦急地不停呼唤。芈侣握住父王的手，说："父王，儿在此，父王可知何病？"这话在旁人听来简直就是急糊涂了，"何病"该问宫医才是，病人自己怎么知道。可楚王却明显有了反应。他吃力地睁开眼，喘了好一阵，才从紧闭的牙关里挤出四个字——"寡、人、无、病……"所有人听了都大吃一惊，不明白王的意思。楚王似乎还要说什么，嘴动了几下，却出不来声。最终，还是没能再说出半个字。

他就那么盯着儿子，咽下了最后一口气。手一直跟儿子的手握在一起。

第二〇章　平叛逆定国立身　伴昏乱一鸣惊人

芈侣以新王名义诏告全国——谥先王商臣为"穆王"，全国服丧百日。期间，太师令尹主国事。立樊氏为正妃，居太子宫服丧。又使随行亲兵密告唐狡，命"江舟军"换若敖族军服色，操练不懈，未得王命，不得擅动。

几天后，在朝臣们的跪拜中，身材伟岸的芈侣走上了象征王权的殿堂，坐上了楚国王位，史称"楚庄王"。

即位大典过后，芈侣旋即一身丧服蹩进后宫，给人以失了主心骨痛不欲生的感觉。可子越总怀疑——这毛孩子远不像看上去的那么失魂落魄，心下极想查探一番，却从子孔处得不到任何消息，于是只得亲自出马。

新王没料到若敖族族长会登门求见。很认真地想了一阵，吩咐道："请。"

这是他第一次正视这位没有官职却声名赫赫的悍将。他很强壮，目光锐利，嗓音粗哑，满脸胡须，让人生畏。可他很懂礼仪，很恭顺，对潘崇也恭敬，问："太师近日可好？"看得出，老师也没怎么跟他照过面儿。他来干什么？他想知道什么？

新王一边琢磨一边应承，说："寡人服丧，甚感憋闷。斗公有暇，还望常来。"子越便回："一定一定。王上有何需要，有何嗜好，尽可告知臣下。子越不才，于军国大事甚是不堪，却小有养生心得。愿尽绵力，为王上分忧、解闷……"

子越走后，新王问潘崇："老师以为此人如何？"潘崇沉思良久道："说不好，但老臣以为，王上不可近之。"新王又问："先王死因可有眉目？"潘崇答："若果如大王所疑，先王系被人毒害，则老臣疑与若敖有关。只是细细筛查下来未见端倪。子越今日前来，老臣更加怀疑了。大王须知，若敖世代为国之重臣，羽翼纷繁，此事还得从长计议……"新王遂命潘崇动用一切力量秘查穆王死因，务必查清。

然而，动荡不安的中原政局不能容年轻的楚王细细打理家事。

闻楚国易君，归附楚的偃舒各部又生骚动。更严重的是，晋国又在新城（今河南商丘西南，又一说今密县东南）会盟宋、鲁、陈、卫、郑、许等国国君。这些国家没料到不可一世的楚穆王这么快就死了，心下对当初与楚结盟后悔不迭，赵盾再一招呼，不约而同产生了"趁早，省得挨揍"的念头，于是争先恐后地又纷纷倒向了晋。穆王打通的东部通道和"厥貉之会"构筑的联盟化为泡影。晋的中原联盟达到了重耳践土之盟以来最完整最强大的状态。楚的千里北界面临全线威胁。

局面艰险，潘崇、芳贾一干臣子主张避重就轻，先安内后攘外。被迫中止服丧，提前主政的芈侣采纳了他们的意见，命潘崇、子孔全力攻打偃舒各部，务求彻底绝患。又密令"江舟军"随时准备联络安插到王师中的特训力量北上抗晋。

就在芈侣密切关注军情的时候，按潘崇临出征前安排继续秘密调查穆王死因的芳贾忽然来报，说据查，先王去世前一日，公子燮曾来谒见。当时先王令左右退下，与公子燮密谈了很久。后来，先王就没再见过任何宫外之人……芈侣听了，不禁一怔。他不敢相信，那个满腹学问的堂叔父公子燮会跟弑君扯上关系。于是问芳贾是否还有其他根据。

芳贾说，那日先王所用器皿已被宫人清洗，无从查证。但公子燮确有投毒弑君的动机——早在先祖成王时，他就求过令尹之职。成王为平衡若敖氏未允。先王时，他又求任令尹，出于同样原因，先王亦未允……

话还没说完，宫人来报：公子燮求见。芍贾连忙告退。芈侣却说："芍公此刻离开，不正好跟来人打了照面吗。请在后堂稍候，勿使其察觉。"

公子燮进殿一头磕在地上，道出一个惊人的消息：出征偎舒各部的军队发生哗变，令尹、太师均遇害，叛军与偎舒勾结，正筹备粮草，准备杀回郢都。为证实所言，更对楚王出示的战报做了分析，头头是道，不由得人不信。新王乱了方寸，说眼下郢都无兵可御，如何是好。公子燮说愿护送庄王潜出郢都，北上调兵。

"如此甚好！"芈侣站起来，似乎马上就要动身。"事不宜迟，叔父稍候，寡人打理行装，即刻便去府上，今日便动身吧。"言罢，不由分说，撂下公子燮转身奔了后宫。经过后堂时，冲藏着的芍贾打了个手势。

芍贾会意，悄无声息紧紧跟上。

不多时，新王穿戴整齐，让由"江舟军"精选的亲兵扮成宫人，累累赘赘端着起居用品，又带了五十名宫廷武士，拥着公子燮挤出宫廷侧门。是夜，一行人悄无声息离开了郢都。行不远，他请公子燮同乘，没聊几句就快快睡去。公子燮不禁暗笑子越太高看了这毛小子。早知如此不济，就该在宫里一剑了结，何必如此大费工夫。

翌日夜，一行人踏上了通往商密（今河南淅川西）的驿道。芈侣仍请公子燮同乘，又是没聊几句就犯了盹儿。忽然，车队停住，不远处山丘上亮起火把，伴着隆隆车马声明晃晃逼来。新王猛醒："怎么了？有盗贼吗？叔父……"

话到半截，冰冷的剑尖已抵住胸口。公子燮满脸狰狞，手中剑被外边的火映得寒光熠熠。只听车外已经交上了手，兵器的撞击声铮铮在耳。公子燮狞笑："谁是你叔父！小子，受死吧！"

"叔父且慢！侄儿有何过错？！"

"过错？过错就是你是商臣那贼子的儿子！过错就是你坐了王位。老实告诉你，外边全是兵马，漫山遍野，不计其数。你那五十个武士须臾便成戟下之鬼。"

"你！……"新王双手颤抖，指向公子燮，"莫非，莫非，真是你害死我父王……"

"是又如何？！商臣早就该死！你也该死，看剑！"说着抽剑扭身，嗖地刺来。芈侣灵猿般弯腰一滚，来剑刺空，收力不及，插入车厢背板。公子燮正欲拔剑，手腕却被死死钳住，紧接着一股大力当胸袭来，身不由己向后仰倒，重重撞上车厢侧板。新王愤怒的脸近在咫尺，年轻有力的臂膀牢牢按在他胸口上。

"该收场了，燮叔父！"芈侣咬牙切齿道，"你真以为寡人可欺吗，真以为寡人听信了你的谎言吗？！太师每三日便有亲笔书信报告战况，早已详陈进军攻伐事宜，岂是你所能知！你以为骗得寡人出来就能得手吗？你的诱骗之辞芳贾大夫在后堂听得一清二楚，早已调重兵前来迎驾。你的同伙此时已被包围。不信看看车外——"话音未落，车厢大振，无数箭矢从四面八方射来，咄咄击中轿厢，箭头透入，森森闪亮。芈侣掀开窗帘正要观望，又一丛箭飞来，连忙躲过，耳畔传来一声惨叫，公子燮中箭，正蹒跚着要爬出车厢。

"不可！"芈侣大喝一声，伸手去抓。堪堪在手的瞬间，忽然感到公子燮探出一半的身子一抖，紧接着，一丛劲矢钉入车厢。芈侣拽回公子燮，缩到轿厢一角。再看公子燮，面门中箭，脸已经没了形，人早没了气息。

他恨恨地甩开尸体，绰起剑，趁攒射的间隙撞出车厢，蹿上亲兵的战车，奋力抵挡。随行宫廷武士已尽数折损，江舟军也死伤过半。堪堪不敌之际，远远望见驻扎庐地（今湖北南漳东）、接芳贾命令摸索而至的戢梨、叔麇二将率王师正汹涌地从背后合围叛军，叛军调转应战，对这边的攻势大减。他指挥余下的二十来人，五乘宫车，一路冲向敌阵，剑锋指处，人仰马翻。叛军受到内外夹击，顿时阵脚大乱。

259

另一端不远处观望着的子越没料到新王会有援军，更没料到有如此之多。正不知所措时，就见芈侣亲自领人与子仪的兵马厮杀在了一处，不禁大吃一惊。身旁的子扬也发现了楚王，连说"错了"。子越不觉气恼——本想来助力，可偏带兵出门时撞上子扬，问起来，随口说去助子仪劫杀叛军，不想子扬非要凑这个热闹，无奈只得带上。如今，蒙在鼓里的子扬看见新王，认定阵前的子仪围杀的并非叛军，眼看就要冲过去制止。临阵不慌的子越当机立断，伸手把子扬拦在身后，说了句"我亲去查看，你领兵在此守护"，便独自驱车往阵中去了。

眼见芈侣和子仪只隔两乘，马上就要照面了，余光瞥见援军浩浩杀来，子仪军开始溃败。子越下了决心，悄然摸出一支重箭，轻轻拉开那楚国上下人见人怕的硬弓，瞄准了杀红了眼不肯后退的子仪的头颅。轻叹一声，松开了弓弦。

子仪做梦都没有想到竟死在一直给自己出谋划策的子越手里。栽下车的一瞬，他好像明白了什么，可已经太晚了。高速旋转的箭矢洞穿了他的头颅，由左颊入，自右后脑出，箭头缓缓滴着浓稠的鲜血。叛军见主帅身亡，顿时丧失了斗志，纷纷弃械投降。子越回来告诉子扬，说自己被骗了，差点儿做出反叛的事。子扬没了主意，任凭子越带着去跟新王请罪。

回宫不几日，潘崇和子孔拖着成筐的人头得胜而归。为显示楚的大国威严，新王下令将偃舒各部头人及其家小的人头和上黏土，在郢都城东门外砌成方形土台，名曰"京观"，以警示趁火打劫者和忤逆楚国的边陲小族。

虽说当时新王并未深究，可子越心里老是打鼓，思来想去也没个结论，于是再度进宫试探。新王十分热情，直说莫要再提，寡人吓都吓死了。又说丧期已过，很想寻些有趣之事解闷压惊。子越便问游猎如何，王上昔时可是十分喜欢的哟。新王说那是小孩家玩意儿，如今寡人长大了，要玩大人玩的东西。子越便露出淫笑，说也好，待微臣去采办……于是，派人四处物色美女，再连美女、春药和春宫图一并送进宫。新王见了十分高兴，忙不迭打发他走，迫不及待钻向后宫去了。子越不禁暗笑：还道是如何神武之人，却原来只是个好色的武夫。心里的石头落了地。

新王沉迷酒色，全然不理政务，芍贾、子孔等重臣十分着急。几番进宫劝谏都没见着。到底是潘崇知底些，认定王如此表现必有深意。于是寻了一对珍奇的白山鸡，亲自拎着送进宫。芈侣正跟一干美女嬉闹，后宫香艳逼人，樊姬笑眯眯地远远看着热闹。见到珍稀的白山鸡，新王撂下一干半裸的美女，极兴奋地扑过来逗耍。山鸡飞起，几扑不得，新王就恼了。一甩袖，把美女和伺候的宫人尽数轰了下去。

待到四门紧闭，人声散去。芈侣才转过身，目光炯炯地对潘崇道："老师见谅，寡人不得不如此。"潘崇连忙跪倒："难为王上了！"心里溢满了激动和酸楚。

议罢政事，潘崇又报：毒害先王之事已基本查清，是若敖氏子仪伙同公子燮和一个宫人所为，那宫人现还在宫中……芈侣沉思良久，叫过樊姬，指派其跟潘崇传递消息，未再提追查穆王死因的事，就打发潘崇走了。

潘崇走后，芈侣吩咐樊姬暗地里调查涉嫌杀害穆王的宫人。樊姬颇为不解地问："子仪、公子燮已死，王上只需拿那人来严问就是，何苦绕圈子？"芈侣沉吟半晌，长叹道："在楚国，凡事只要沾'若敖'二字，就断不可掉以轻心。那若敖氏泱泱数千口，延延百余年，世代把持国之大权，手握重兵，凶悍险恶。先王欲弱之，才开个头就遭杀身。寡人新继，尚无作为就险些被害。然历任若敖令尹又都是那般忠厚贤德，子越、子扬等又屡屡在关键时刻相助。庞杂如此，强大如此，当何处之……"

继位一年多的时候，太师潘崇病逝，临终嘱咐芈侣：芍贾是栋梁之材，请将其贬到边陲小县保护起来。又留遗言：欲图外，必先安内；欲图强，必先求稳；欲谋霸，必先得仁。潘崇死后不久，晋赵盾攻蔡，楚国失去了最后一个中原与国。令尹子孔不顾宫禁，闯到后宫请战，芈侣玩得正高兴，全然不理，只说芳贾之前救驾不力，让自己的亲随送了命，责令降职，到北部边境的江县（潘崇当年打下来的江国）做主政。气得子孔直跺脚，暗地里直骂"昏君"。

不几日，芈侣又传令说要去游猎，所有美女全部居留后宫，不得擅动。

临行前，他把樊姬带到父亲穆王生前用过的密室，取出一匹白绢，说："自即日起，当寡人提到某人时，请爱姬用心细听，将寡人对那人言论录于此绢。日后寡人有用。"

樊姬很庄重地跪下接了白绢，说："王上放心，妾定不负重托。"

子孔几番进谏劝王理政都碰了钉子。无奈之下，联络了三十几个重臣跪到宫门口求见。跪了大半天，出来个内官，宣了一道他们谁也没想到的诏："王曰：臣者，食君封邑，当为君分忧。今日行事，盖责寡人不贤矣。兹令即返，各司职守。但有再敢谏者，死无赦……"群臣听罢，不禁心灰意冷，唏嘘着各自散去，剩下子孔一人，独自跪着大哭了一场，最后也悻悻而去。

自那以后，再没人劝谏。芈侣更加恣意行乐。外出游猎旬月不归不说，还把粗莽军汉带回宫里打斗取乐，还不断跟宫人、侍女们半真半假地说起外边的事：谁谁谁一人打死一头豹子，很勇敢。某某某打来猎物给大家平分了，很公正。某人耍小聪明，喜欢说别人坏话。某人遇到危险就缩在后面，见了好事就往前挤……

一直冷眼旁观的樊姬把那些话都用心记下，然后熬夜写在那幅绢上。那绢原是白的，如今已被烛烟熏得有些发黄。那绢原是空的，如今已密密麻麻写了数万言。

见芈侣喜好格斗，子越就弄来各式稀奇武器给他玩。芈侣欣喜，直让再办。子越诺诺连声，俨然一副弄臣模样。子孔看不过，劝子越不可这么纵着王上玩乐，也该劝他关心一下国事。子越说我怕死，你不怕死你去劝。把子孔气得没了词儿。

游玩打闹中，芈侣结识了众多军旅人物。他们不懂政事，看中的是武功和为人。这个王上没架子，武艺高强，为人豪爽，大块吃肉大碗喝酒，是好样的！是个好王！！他们就这么认同着自己的王，想念着亲如兄弟的王。他们为能被王邀请到宫里游玩而兴奋，而骄傲，而激发由衷的忠诚和感恩。他们中的很多人都跟王有着别人不知道的联络。他们中的很多人都乐意给王介绍他们心中的英雄好汉。农忙时回到乡里，他们还会跟乡人炫耀自己跟王的交情。他们打心眼儿里盼望，有朝一日跟着王东征西讨，称霸中原，扬名四海……

渐渐地，朝臣们习惯了没有王命的日子，各自按自己的理解和好恶履行职责。横征暴敛、草菅人命的事多了起来，百姓的生活越来越艰难。朝中的有德大臣们不禁萌生了触动那道"但有再敢谏者，死无赦"的禁令的念头。可他们不知道，发生在辽阔国土上的那些事早就通过崇拜、喜爱王的朴实军人传进王的视听，比他们所知的更详细，更真实。那些贪官污吏、奸人恶霸的名字也早就上了樊姬的长卷。

即位第四年（公元前611年）的一天，一个叫伍举的文官以献宝为名被允进宫见王。王问什么宝，他说没什么宝，是有件奇事想告诉王上。见王来了兴致，便清清嗓子，绘声绘色讲起来："臣家乡临山，山美而高。今年回乡听到传闻，最高的山峰上三年前飞来一只大鸟，身披华彩，金光四射。乡人以为神，纷纷膜拜，未敢惊扰。可此鸟立在山巅三年，竟一声不叫，也不飞，连翅膀都不动一下。乡人迷惑，问微臣何故。微臣鲁钝，没答上来。闻王上睿智无比，就贸然来讨教了。王上可知，那神鸟何以不飞不鸣？"

芈侣听罢，眯着眼睛想了很久，又盯住伍举看了很久。缓缓道："依寡人看，此鸟不飞则已，飞则冲天，不鸣则已，一鸣惊人。冲天者，破穹宇而傲万物；惊人者，震乾坤而济苍生。不知伍大夫以为如何？"

伍举抬起头，久久凝望着自己的王，眼里慢慢闪出两汪晶亮。深俯一首，用发颤的声音大声道："王上圣明，臣——谢王上教诲！"

是夜，密室中，庄王跟樊姬讲了伍举给自己讲的故事，命樊姬记在绢上,并特别批注说:"伍举者,智且忠,善便宜,可堪大用。"樊姬记罢告诉他,这匹绢已经快用光了。他说那就再拿一匹。说着,情不自禁拥住妻子瘦弱的身躯,凝望着那亮晶晶的眼睛,深情道:"爱姬辛苦了。总有一天,寡人让你享尽荣华富贵。"樊姬甜甜一笑:"妾不望荣华富贵,只盼王上安康,楚国安康……"

伍举心里有了数,可谁也没敢告诉。子越当然不知道什么"飞则冲天,一鸣惊人",仍一门心思进献美女和珍奇武器,助长着芈侣的骄奢淫逸。芈侣玩得更疯了,花样百出,异想连篇,甚至让美女头顶宫花戏射,弄得宫里箭矢纷飞,惊叫不绝。他则乐不可支。

一日,芈侣带回个衣着朴素,身背弓箭的白净少年,进门就说访得了神箭手,赶紧摆宫花。那少年见状忙施礼道:"禀王上,草民从不以人戏射。"芈侣不听,一味撺掇,那少年就是不动,楚王有些恼了:"养由基,寡人命你射那宫花,莫非你想违抗王命不成?"叫做养由基的少年无奈,勉强射出一箭,堪堪触到宫花,箭就落了地。芈侣拊掌称妙。恰巧被正进来请求批颁新修律法的大夫苏从看见,也连称"神射"。养由基见到如此君臣,不由轻轻皱了皱眉。

芈侣兴致来了,也张弓搭箭,说:"养由基收发自如,寡人也试试。来来来,站好站好,戴上宫花——快些!"

正瞄着,宫人报:"子越先生觐见。"

"请!"嘴上说"请",身体却依旧做着瞄准的姿势。视线中,子越捧着一柄黑糊糊的器物笑盈盈走来。芈侣忽然灵机一动,箭头轻轻一偏,手上加力,嗖地射出。箭矢偏离了靶子,直奔子越而去。子越骤见一箭飞来,心中咯噔一下,凝神提气,在箭头扑面而至的瞬间一挥手中器物,当的一声,箭被格开,横飞殿外。

"哎呀——"芈侣连忙上前,"斗公,寡人不慎,失手了,让斗公受惊了。"子越笑笑,深施一礼回道:"王上勿惊,无妨无妨。"背心却渗出一层冷汗。

"噢——"他强迫自己镇定下来,又堆出满脸的笑,把手中的东西捧给楚王，"微臣今日特向王上献上一宝——此物名如意，系以一种叫做'黑铁'的石头熔炼打造而成，其坚胜石，其韧胜铜，既可把玩，又可搔痒，还可做防身兵器，臣以为十分有趣，请王上笑纳。"

芈侣把玩着铁如意，爱不释手，全然没有注意那"收发自如"的养由基已不辞而别，也没发现等着签发新律的苏从也急匆匆跟了出去。

苏从追上了信步离去的养由基，一番苦劝将其留在了自己府邸，转身又捧着新修律法进入了脂粉漫天的宫殿。批罢，见左右无人，忽而跪道："臣请大王理政。"

芈侣看怪物似地盯着这位父亲一手提拔起来的律法能人，轻描淡写地问道："苏大夫可知寡人禁令？"

"臣知。"

"莫不畏死乎？"

"苏从畏死，然更畏国之衰、王之颓。"

"噢——"芈侣俯身过来，铁如意轻轻拍打在苏从肩头，"你是在指责寡人吗？"

"臣不敢。王上可令臣死，为君为国而死，本就是臣子本分，若微臣一死可警王上，则死而含笑！"说着，响头磕地，"请王上杀臣、理政！请王上杀臣、理政！！请王上杀臣、理政！！！……"

发自肺腑的呼号久久回荡在偌大殿堂，也深深震动着年轻楚王的心。他怔怔凝视俯拜的身影，终于缓缓伸出双手搀扶苏从起来。"苏大夫肝胆，寡人敬服！我楚有此大德不屈之士，富强通和之期不远矣。"说罢健步奔向君位。再转过身来的时候，苏从眼中看到的已是一个完全不同的人，一个之前从没见过的身姿威武、神情坚毅的青年，一个眉宇间闪耀灼灼霸气的王；苏从耳中听到的是之前从没听过的威严之声——

"苏从录诏——令：即日，宫中无职姬女尽遣回乡，舞乐封存，鸟兽放逐，闲杂器物尽数弃毁。郢都所有臣工三日后上朝奏本。不朝者，死；无奏者，逐！"

饬令一出，宫里闹翻了天；荒疏了政务的臣子们搜肠刮肚编排奏本；忧国忧民的贤达们欢欣鼓舞；躲在若敖家族最深处的子越不知出了多少身冷汗。

可刚整饬了没几日，楚国就遭遇了百年不遇的饥荒——上游干旱，入秋不凉，谷物干涸，几乎绝收；下游雨水泛滥，田地淹没，颗粒无归。整个国家陷入了可怕的饥饿之中。更不幸的是，周边的穷困弱小民族也蒙受了同样的灾难。可他们没有积蓄，也得不到周济。看着临近的楚人分抢迟来的救济粮，再看看自己刚刚饿断了气的父母儿女，他们红了眼，骨子里的蛮野被饥饿煽动得灼灼燃烧。于是拿起竹矛石刀，成群结伙跑到对面抢食。被打回来，就又叫更多的人去抢，抢不着就打，打不过就杀老弱妇孺，很快形成激烈的边境冲突。先是戎族（又称"山夷"）在西南边境发难。楚派军镇压，就又转到东南方的阳丘（今地名不详）进犯楚国訾枝（一说为今湖北钟祥，又有说在今湖北枝江）。楚国西北的庸国、麇国也趁乱反叛。

被灾难搅得十分涣散的楚军没有任何准备，被"宁可战死，不愿饿死"的蛮兵打了个措手不及。很快，几支队伍就在楚国境内会合，吃着一路抢来的楚国百姓的救命粮，换上楚军丢弃的藤甲，绰起缴获的铜兵器，集结成了一支凶悍无畏的力量，推举着实力比较强的庸军，气势汹汹地向楚国纵深挺进。所到之处，血流成河，火光冲天，军民四逃，不几天就攻到了郢都城百里之外的对方。全国上下一片恐慌。

面对险恶，芈侣不慌不乱，一面严令增兵北疆，加强防御，防止中原诸侯趁火打劫；一面驳回了子孔、子越等人暂时迁都阪高（今湖北当阳长阪，一说今湖北襄阳西）的建议，任子越为副帅，自任主帅，指挥精锐部队直扑叛军中为首的庸国地界。同时命养由基赴"江舟军"向唐狡传递亲笔密令。大军绕过叛军兵锋，直奔庸国的中心方城（今湖北竹山一带）。庸随即率本部人马回防，在临品（今湖北均县）与楚军遭遇。芈侣做了分兵的部署，命子越带一部向石溪（今湖北均县境内）方向穿插埋伏，命若敖氏子贝领另一支开往仞（今湖北均县境内）驻扎。自己带兵藏进山坳，频繁以小股部队挑逗庸军，每战每败，四散纷逃。几天下来，终于把缺乏谋略的庸军拖疲了。庸军阵脚刚一松动，楚国大军就从三个方向飞也似的包抄过来，如狼似虎，锐不可当。庸军瞬间被击溃。还在做着攻占郢都美梦的其他各部叛军也莫名其妙遭到不知从哪儿来的一支劲旅的袭击，为首的年轻将官所向披靡，那盘腿坐在车顶仙人童子似的少年手中的弓神物般飞出成片箭雨，箭箭索命，甚至一箭射穿两三个人！己方兵士割稻子似地成排成排倒下。愚钝的蛮民认定是遭了天谴，上天派神来灭他们了。加上又听说庸部溃散，顷刻间彻底崩溃，慌不迭地往回跑。眼看快到家门口了，却又撞见了来为楚国助阵的秦国、巴国的军队……为着吃饱肚子揭竿而起的他们这才明白：自己根本就不是人家的对手。于是，他们心甘情愿扔下了从楚人手里抢来的矛戈，心甘情愿把胜利者扔过来的锁链套在自己身上。

他们见到了英武年少的楚王。楚王给他们吃了饱饭，让自己的兵士吃野菜。楚王解开了他们身上的铁索，告诉他们："以前都是我不好，以后若是饿了，就来找我，偌大楚国莫非还周济不了几个穷邻居吗，用不着动武打架，惹人笑话……"他们跪在楚王面前，给他磕头，亲吻他的袍襟，发愿永不犯楚……

嚼着野菜的楚国士兵也被感动了，举着手里的兵器高喊："王上万岁！王上万岁！！"楚王送走了眼泪汪汪的群蛮首领，回头命令被震天动地的"王上万岁"弄得红一阵白一阵的子越："直攻向前，务破方城，尽屠庸部，老少不留。"说罢飞身上车，带着自己的王师浩浩荡荡回家去了。

望着滚滚尘烟中飘扬的王旗，子越吞了钉子似地浑身不得劲——这王变得真快！昨天还花天酒地美女盈怀，今天就能跟兵士一块儿吃野菜；昨天还是个只识酒色的蠢徒，聋子瞎子般的昏君，一转眼就成了所向无敌的将领，杀伐从容的王者……到底怎么回事？到底是什么让他瞬间发生了如此之大的变化？一个人，可能吗？……不可能的话，那又是怎么回事呢？……难道，他一直在装？装作不问国事，装作沉迷酒色，装作胆小怕事，装作信任自己、喜欢自己？

一大堆的问号，搅得一向自觉深谋远虑的子越似乎迷失了方向，搅得他夜不能寐，食不知味。最后，他终于不得不认定：自己看错了这个年轻的王。自己之前所做的一切都可能是错的。而且，错得很厉害，很致命。

回郢都的路上，王师受到了百姓的夹道欢迎。随行的臣子纷纷向楚王祝贺。芈侣说："诸公勿忘，这些欢迎我们的百姓还饿着肚子呢。"

再次坐到王位上的芈侣意气风发，让宫人宣读伍举、苏从、巫臣、唐狡、养由基等百余人的贤德忠勇事迹及委官、升职的诏告。随即又宣一诏，尽述兼并土地者、贪污索贿者、欺男霸女者、草菅人命者的劣行。旬月工夫，罪恶昭昭者被处死数百人，大到王室败类，小到市井奸徒，更有上千名罪恶较轻者被充军或流放，百余名玩忽职守的官员被降级或罢免。

一时间，楚国千里疆域乌云尽散，清平欢腾。上至军政重臣，下至贩夫走卒，谁都未曾经历过如此雷霆万钧、大刀阔斧的整肃，举国上下无不钦服年轻国王的非凡魄力和勇气，城市乡村到处洋溢着欢欣和喜悦。

这种气氛自然也飘到了正在围困庸国的子越军中。子越不禁倒吸了一口凉气。他做梦都想不到，这个王不仅能征善战，满腹谋略，更有着他祖父和父亲都没有的强悍意志，全然不管什么远近亲疏，一夜之间就赢得了国人的心，构筑了自己的权力堡垒，把整个楚国掀了个个儿，把不可一世的若敖氏狠狠甩在了身后！

苦思一夜，理清了头绪——为今之计，只有暂且俯首，以待来时。不仅要俯首，而且要表忠心，要建功。你不是任人唯贤吗，我就创一番功勋给你看！

子越严令所部军兵猛攻方城，不惜代价。自己亲自披挂上阵，凭着精湛的箭法和一副铁骨钢筋，一路前突，挡者披靡，不到三天就冲进方城。入城后杀了三天三夜，直到整个庸国没了一个活物。他拿庸国的钱粮器皿和军民的头颅耳朵填满所有战车，浩浩荡荡开回国都，受到本家兄弟、令尹子孔的出城欢迎。又被令尹带上朝堂，见到了不久前还在一起声色犬马的国王。

芈侣笑着说："原来斗公也不单单只是会玩啊，实乃国之栋梁也。"随即授"安国大夫"衔，责整编若敖以外其他各族私军为王师。同时下令调回芳贾，任为工部，责水利城塞修建之务。

之后接连三年风调雨顺。在新智囊团的积极推动下，楚国出现了立国以来少有的政通人和、百业兴旺的繁荣状态。子越改编军队的工作也进行得像模像样，王师进一步壮大，已基本可以抗衡若敖族军了。楚国军队总数超过了以往任何时候，直逼探报得到的晋国军队的数量，并在新制定的定期换防制度下有条不紊地逐步成长。

子越看出芈侣是在做进取中原的准备，便想私下里趁着这股劲儿，把一盘散沙的族军全部归拢到了自己麾下，拿着王命压制住了族内的不满之声。本来一切顺利，可不久就出了新问题——曾跟他一起参与平定公子燮谋反的子扬这几年成长迅速，成了族内举足轻重的人物，连楚王都很看重，一路提升，竟做到了司马，正管自己！一上来就让他把族军全部交出来，只管训练王师。子越左右权衡，没敢应，只说"这样恐怕令王上生疑啊"。不想子扬却说："子仪、公子燮反叛那么大的事王上都未生疑，只要大哥守口如瓶，王上又怎会生什么疑。小弟想，守口如瓶，大哥总还是会的吧……"说得子越心里一阵阵发毛。这等于是在告诉他：自己有致命的把柄在人家手里，若不听从摆布，就……他真没想到如今的子扬竟如此老辣。

可多年的经验又告诉他，不能交。若交出族军，今日之子扬，一定会在族内架空自己。自己就成了手中无兵、掌中无权的空壳，只能听其摆布。可又能有什么办法呢？……他陷入了进退两难的境地，只得拖一天是一天。恰在此时，子孔害了重病，他眼前倏地一亮，似乎看到一线转机，忙备了补品去探望。进得门去，抱住就哭，说："子孔老弟，你可是我的靠山啊，可得保重啊……子越空有一身本领和一颗报国之心，怎奈不得其途而入啊。子越早年荒唐，不思进取，实在辜负了祖宗，辜负了令尹。如今子越想好好为国效力，还等着令尹指点呢，你可不能弃我而去啊……"

忠厚的子孔被这一番哭诉感动了，临终前向来看望他的楚王推荐子越任司马，并得到了王"万一令尹不测，寡人即委子扬令尹，委子越司马之职"的承诺。

子孔病逝。子扬做了令尹，子越任司马。子越虽对这个结果仍不甚满意，可还是看到了积极的一面——令尹虽主一切军国大事，压自己一头，可毕竟不能专注军事；况且离王那么近，再一味把族军拉在麾下，难避拥兵自重之嫌。子扬当然也明白这个道理，也没再敦促分离族军。可仍在他头上悬了一把剑，给他以"顺我者生，逆我者死"的压力。面对这番情势，子越不害怕，甚至也不愤怒，反而笑了——子扬，还是嫩了一点儿。子扬太想拥兵自重了，太想坐王位了，也太小看他子越了……

这一笑，彻底把子越推到了子扬的对立面。这一笑，也注定了老谋深算的子越在这场潜在的权力斗争中的最终胜利。

眼见楚国飞速膨胀，中原小国们又开始活动心眼儿了。他们有他们的活法——地不广，但大都肥沃；国不大，却也风调雨顺；人不多，能人美女照样层出不穷。只是地处中部，受大国包围夹击，没有扩张余地，于是只好一直小着。他们是大国争夺的对象，是大国手中的筹码。他们没有胜利，也谈不到失败，虽不能完全主宰自身命运，却拥有大国所没有的选择余地。他们可以选择楚，也可以选择晋。他们得充分地、小心翼翼地运用这个选择权。所以，他们无时无刻不在关注大国的动向。

最先动作的是郑国。十几年来没少受赵盾欺负，有气不敢撒。如今瞅准了机会，没怎么迟疑就主动遣使去郢都请盟，把赵盾晾开了。以晋为主导的中原格局松动了。对此，楚王给予了充分回应：以十分隆重的典礼迎接了郑国使臣，定了很宽松的盟约，还回赠了厚礼，以显示楚的富足和对中原诸侯的尊重。

果然如楚王芈侣所料，其他中原小国闻讯心动了。可芈侣心里有数——他不会对谁都那么好。他不仅要施恩，更要发威。

恰在此时，陈国国君共公死了，儿子（灵公）一继位就给周边诸侯发帖子，名义是给他老父吊唁，实则是盼着人家来祝贺一下自己，顺便带点儿过冬的东西。芈侣一看就知道这是个蠢材，就把陈国锁定成了扬威中原的靶子。他派人抬着一口棺材去吊唁，说怕你们国家穷，没好棺材，楚国有的是珍材奇木，这口楠木棺材就给你们老王用吧。还说如果老王已经有的用了，这么重的东西我们也懒得抬回去了，干脆留着给现在的国君以后用……把陈国国君气得跳脚大骂，把楚国使者暴打一顿关进囚笼，给了楚国一个炫耀武力的机会。

楚王随即传信，说听闻吊唁使节惹君上生气了，寡人这就去贵国帮着教训他们。陈国国君还没品出味儿，楚国大军就到了边境，轻轻一扫，陈国几座主要城池就乱得鸡飞狗跳。陈国国君吓得直哆嗦，赶紧毕恭毕敬放回了送棺材的那几位。

楚军没过多地跟陈国较劲，一转弯奔了宋国，跟宋国打了一场硬仗。大胜。缴获人马物资五百多乘，高高兴兴打道回府了。

晋国赵盾闻听消息，一巴掌拍烂了几案，马上领军出境，沿途叫上了卫、曹军队和惊魂未定的陈、宋军队，一起扑向郑国。早就准备好的芳贾乘着芈侣凯旋的尘烟奔向郑国战场，在北林（今河南新郑）袭杀晋军。一场激战下来，赵盾足足领教了楚军的厉害，还让人抓去了随军的大夫解扬。那解扬是晋的名臣，可不能出什么差错。无奈之下他只得咽下这口恶气，领兵回去了。

楚王见晋军退了，就也让芳贾回来。一路上，芳贾对晋国俘虏解扬恭敬有加，无微不至，弄得解扬老头子都有点儿不好意思了。

两仗下来，楚王高兴之至，大宴群臣。席间指点江山，霸气昭然。群臣也着实为这久违的中原之胜欢欣鼓舞，纷纷敬酒，表达他们发自内心的对王的敬佩和爱戴。芈侣喝得有点醉了，命人重开歌舞助兴，直到日落，方才尽欢而散。

年轻的楚王被酒劲儿冲着，还想再找些什么乐事。晃晃悠悠踱到

271

后宫。忽见樊姬与一老者对饮,上前一看,却是晋大夫解扬。樊姬正礼以待,道:"臣妾私请外国大臣于后宫,罪不可赦,请王上责罚。"楚王就问既知有罪,为何犯。樊姬对曰:"解扬大夫乃当世名士,高德大智闻达于诸侯。今入楚为客,当敬之。王上欢宴未邀,恐其笑我楚不知礼贤,故在此代为示敬……"

芈侣听了,大笑。冲解扬道:"如此,是寡人失礼了,解公见谅。"解扬还礼道:"被俘之人,承贵国及君夫人款待,更有幸见君上钧驾,惶恐之至……"

芈侣虽并无不快,却也显然没什么谈兴,随便又叙了几句,解扬便告辞了。

解扬走后,樊姬又跪。芈侣说寡人并未怪你。樊姬却说今日臣妾注定要惹王上不快,把他说得摸不着头脑,就问:你有什么会惹寡人不快的?寡人今日怎会不快?樊姬说恰是今日,王上才该不快。楚王冷下脸:"楚国得胜,难道不该高兴,反该生气不成?"樊姬却说:"臣妾宁愿王上无此胜。"楚王这回真生气了,一甩袍袖,正待发作,却被那消瘦的身影一下触动了心底——这就是那个在烛光下孜孜书写长卷的妻子,这就是那个不计礼仪排场跟自己草草成婚的妻子,这就是那个不要荣华富贵只求自己和楚国安康的妻子……想着想着,心软下来,说:"近前说话。"

樊姬起身,坐到丈夫身边,幽幽道:"王上主政以来,任贤斥恶,鼎定内乱,举国清平。今北向中原,连战连胜,功绩斐然,尤胜先祖。妾亦甚欣喜钦服。然,以浅见,王上之志远不止于此。如是,则当时时自省,招言纳谏。然今观朝堂,溢美不绝,却无半点劝谏,实堪忧矣,故妾愿冒失仪之罪,冒死陈王上三过——"

"噢?"楚王的酒被妻子一席话说醒了,认真地问,"哪三过?"

"一、尽屠庸人,暴也。二、以棺椁戏怒陈伯,轻也。三、以小胜而大宴,视解扬大夫为囚,无礼敬之意,骄也。妾尝闻,古之圣君,皆以仁为本,尊仪于外,谦谨于内。而今王上以暴、轻、骄而弗君之根本,则必贤明疏而奸佞近,于大志渐远矣。妾自知失仪,理当领责,然一番肺腑，恭祈王上深察。王若肯纳，则妾虽死含笑。王若不纳，则妾即请死，以免痛于王上之失志……"

　　楚王听罢，很久没有言语，也没有动，静静聆听着妻子的啜泣。他想责骂，却找不出合适的说辞。他想为自己申辩，却又不知从何说起。他一遍一遍回忆这个女人这些年来为自己所做的一切，一遍一遍想着她的那些"失仪"之语。想着想着，不知为什么，眼角竟有了些潮热。他深吸一口气，缓缓站起身，凑到妻子跟前，轻轻抬起她的脸，轻轻为她抹去泪水，终于说："贤姬勿泣，寡人改了就是……"

第二一章　问鼎除奸逞英豪　绝缨舍威仁心昭

自那以后，每遇决策，芈侣都会想起樊姬的劝谏。夫妻间后来还经常谈论国事，他还嘱咐妻子要一如既往地时时提醒自己，不再犯暴、轻、骄的错误。心底里，他为能有这么一位贤淑明理的妻子而高兴。

那一日刚睁眼，樊姬就急匆匆冲进寝宫报说合谋毒杀先王的宫人不见了。芈侣即命追查。数日未果，却不料那宫人竟自己回来了。自称本是若敖族人，穆王时被子仪安插进宫。后受其指使，配合公子燮毒杀了穆王。子仪事败后便跟外界断了联系，苦于无人接应，冒险伏于宫中。那日宫中大宴，他在旁伺候，被芳贾引到僻静处，说你这贼子，害了先王，竟还敢在此等死。吓得他魂飞魄散，忙跪下请示生路。芳贾遂告接应时间、地点。没想逃出后，芳贾却命其潜入司马府邸，伺机毒杀司马大人。自知仍是死路，不忍再添罪孽，便偷逃回宫请罪。说毒杀先王绝非本意，经年愧疚难当，出得宫去方觉生不如死，故特来请死……

芈侣没听完就拿铁如意重重打了这家伙肩头一记，说简直一派胡言。芳大夫光明正大之人，怎会有如此阴谋。宫人却说自己必死之人，何苦蒙骗，王上不信，尽可让芳贾来对质……

翌日傍晚，楚王召来芳贾、子越和子扬纵谈国事。正酣，忽然话锋一转，对芳贾、子越道："寡人闻，你二人颇为不和，可有此事？"子越惊道："王上何出此言？子越佩服芳大夫，焉有不和之理。"芳贾也说："臣虽不苟司马为人，但素无往来，何谈'不和'。"楚王笑了："如此，你二人并无不和了。"二人齐刷刷答："正是。"

楚王于是命人押上那宫人，指道："可此人却说，芳公欲使其毒杀司马，却是为何？"二人闻言，面面相觑，傻在当场。俄顷，芳贾从容施礼道："启禀王上，臣识得此人，他便是涉嫌与公子燮及子仪合谋毒杀先王之宫人。臣从未有谋害司马之意。亦不齿险恶卑鄙伎俩，此贼定是陷害，且必受指使，请王上明察。"子越也忙说："芳大夫所言极是，臣根本不相信芳大夫会欲对臣不利。王上万不可听信此等奸人之语。"

楚王笑笑说："寡人本也不信。"说罢转向那人："你这奸贼，还不给寡人从实招来。"那人连连磕头道："王上，小人所说句句是实啊。王上想想，小人必死之人，说谎何益。这芳贾……他……他高官厚禄春风得意，当然要抵赖了……"

"胡扯！"楚王的铁如意狠狠抽过去，那家伙一头栽倒，磕掉了牙齿，满嘴冒血。楚王斥道："你这奸人，倒给寡人说说，芳大夫如何接应于你，车驾是何模样，几匹马，马匹是何颜色，接应之人是何相貌！"说着，拿眼轻轻扫了扫三位重臣，看到的都是满脸的迷惑。随即冷笑一声说："来人，刖去此贼左足，三日后刖右足，再三日割左耳，再三日割右耳，直至其招出幕后主使……"那人一听，顿时软了手脚，连呼"王上饶命"，忽而跪爬到子扬跟前说："令尹大人，小人实不堪割耳刖足之苦啊，对不住您了——"转而对楚王："王上——是令尹以小人家人为质逼小人栽害芳贾大夫，也是令尹派人接应小人的，求王上赐小人全尸，保护我家小啊……"

"混账东西！"子扬腾身而起，怒不可遏，"竟敢陷害本官——王上，此贼一派胡言。王上勿信！"说着劈手提起贼人，"你说，谁让你陷害本官？说！"那贼人道："你就别装了，王上已经识破，没有用的……我左右是死，你也死吧，省得你再来加害我家人……"

子扬越听越气，一把将其搡开，顺势抽出佩剑，只听当的一声，一股大力撞在剑上,他把握不及,剑脱手,落地,断为两截,楚王的铁如意横在当中。

殿堂里死一般寂静,那贼人忽然蹿起大喊:"勿害我家人呐!"一头撞上柱子,脑浆迸裂而死。一干人都傻在当地。子扬一句"王上"还没说完,楚王忽然大吼:"拿下子扬!"宫人一拥而上,子扬拼命挣扎,口呼"冤枉"。挣扎中,几个宫人被摔了出去。

子越忽然从背后出手,一把将子扬擒住,轻声说:"老弟且定,不可抗王命。此事我来查清。"随即按倒子扬,说:"王上,此事蹊跷,关乎国之重臣,臣请与芍大夫共同审查。"楚王想了想,看看子扬,又看看子越,轻轻点点头。

是夜,子扬被锁囚在宫中偏房,楚王命人严加把守。不料,翌日清晨却发现子扬已死,其状与楚穆王酷似。一干把守武士都说没听见什么。

子扬的死成了芈侣的一块心病。可却毫无头绪。正烦着,子越来了,说想当令尹。若敖家在朝的这一辈人里就剩他了,又是族长,握着整个若敖军。

芈侣想:他开了口,若不应,让别人做了令尹,他又怎能服帖。应了,他兴许也就满足了。便问:"那谁接任司马?"子越说:"但凭王上差遣。"芈侣说:"那就芍贾吧。你说过你是很佩服他的啊。"

接连几个月,芈侣总觉得那天子越离去的背影像一团黑雾,遮住了他的全部视野。他深深陷在这团黑雾中,苦苦思酌,却总也没有个结论。终于有一天,他忽然觉得好像被什么刺了一下,眼前黑雾骤然散去,却出了一身的冷汗。

是夜,他急召芍贾,诉说了自己对子扬之死分析结论的几条要义:其一,子扬不是自杀,应是被人施毒而死;其二,最可能的施毒时间是当晚擒拿子扬的时候;其三,最可能施毒的人是参与擒拿的子越;其四,子越有杀死子扬的动机——继任令尹,独揽若敖族权……

芍贾听罢,一张脸惊得惨白。芈侣又在条几上蘸水比画,细细部署进一步调查真相和削弱子越的步骤，并郑重嘱咐："此贼身居高位，手握重兵，武艺高强，切不可让其察觉……"随即，君臣二人展开了行动。

楚王以备战为名，令已经继任令尹职位的子越把若敖军跟王师混编。不想子越竟说若敖族军乃若敖各支自行豢养，编入王师既不合祖制，也难服若敖众人，建议遣散回各家。并说其实他早想遣散若敖军，只是子扬反对。听到"子扬"二字，楚王不经意皱了皱眉。没想到被子越看到，心里顿时颤了几颤。待到再从安插在王师的耳目口中得知有人在寻找那种害死了穆王和子扬的毒药的时候，那种颤动就变成了震动，震得他日夜不安，震得他心里一阵阵发狠。

就在楚王和蒍贾跟子越兜着圈子的时候，晋国传来了"赵盾弑君"的消息。楚国上下一片震动，很多朝臣建议会盟中原诸侯讨伐赵盾。以蒍贾为首的一干臣子则认为情势尚不明朗，主张暂缓出兵。果然，不几天，得到了确切消息——是赵盾的本家侄子赵穿因为女人问题（也有人说是别的原因）跟晋侯发生了冲突，盛怒之下杀死了晋灵公。背了黑锅的赵盾非常果断地又立了新君（晋成公），迅速压住了国内的喧哗。充分显示出了干练和实力，同时也极力表明了自己的无辜。

面对这样的局势，又鉴于子越的问题，楚王最终决定不对所谓"弑君"做任何反应。可万没想到，赵盾倒先动了手。

为重振国威，芈侣即位的第九年（公元前606年）春，赵盾辅佐新继晋侯亲率大军攻打主动与楚定盟的郑国。来势凶猛，郑国不及反抗，甚至不及求救，请和了。楚王按捺不住了——郑是寡人继位以来第一个请盟的盟友，就这么轻而易举丢了，楚国颜面何在！蒍贾虽仍不同意与晋交战，但也深知，这种情势下，楚国需要一个胜利。君臣二人仔细议了一宿，制定了楚王亲率大军征伐黄河沿岸陆浑戎部的戎族（姜戎，散居黄河南、熊耳山北之阴地，又称阴地戎）的计划——

277

该族不属晋的势力范围，与楚之间隔着别的国家。楚不触别国而专伐之，中原各国都没话说。虽路途遥远，但胜算很大。一旦得胜，便直面黄河，达到了楚历世北伐的最北端，可争气势……而同时，趁远征在外，楚王授芳贾监国专权，以削弱子越，并令其无处可诉。

计谋定下，说干就干。可点兵时出了岔子——子越报说若敖族军已被其遣回族内。楚王说大胆，都给寡人招回来！子越没敢吱声儿，勉强编补回来些老弱兵力。楚王并没再究。当时，他更加关注子越对芳贾做监国的反应。却也没看出什么异样，于是放心出发了。

战役还算顺利。蛮人都是宁死不降的，楚王也没客气，把妻子告诫的圣君之仁放到一边，狠杀了一通，黄河水为之殷红。直杀得他们怕了，跪下了，才罢手。

得胜的楚军得到王命：移动到雒邑对岸，饮马修整，准备渡河。

不日，住在雒邑的周天子（定王）得报：楚陈兵万乘于对岸，演练渡河。楚子一身戎装，耀武扬威，楚数万将士高呼"王上万岁"，声震四方……天子一听，顿时后脊梁发冷。赶紧派信使往晋、秦、齐等大国求救，一面饬令雒邑周边武装高筑城楼以防楚蛮，一面部署外逃后路。远房侄子姬满站出朝班谴责说天子如此畏惧楚蛮，岂不助其气焰，令诸侯齿冷。天子说那你说怎么办，难道你能让那蛮子不打过来。不想姬满竟说虽无十足把握，但可一试。冒犯天子，天下诸侯岂能坐视，必群起而伐之。楚子初继，肆淫乐而后勃发，平内乱而任贤能，智勇之人也，量不至失仪，敢冒天下之大不韪。微臣不才，愿渡河安抚之……又说，为天子的不能让人家白来，多少要安抚一下。天子将信将疑地依了他，赐锦袍玉冠，又拨了劳军物资，让他过去试一下，不行就赶快打招呼。还嘱咐：切莫激怒了楚蛮……

闻听天子使节来劳军，楚王很是开心，命令列队迎接，自己一身朝服，高高站在阅兵台上等。那姬满一上岸就差点儿让号角震破耳鼓。再看楚军，剑带寒光，甲胄铿锵，队列齐整，血脉贲张。他定定神，牢牢握住天子节，气宇轩昂往前走。在距楚王矗立的高台百步之处停住,转身呈面南背北方位,朗声道:"天子节到,楚子跪迎。"连说了三遍,没有动静,又高喊:"楚子何在,莫不尊天子乎?"

一直跟在楚王身边的养由基气呼呼地摘弓抽箭,楚王忙说:"不可造次。"说罢信步走下高台,大声道:"寡人闻天子遣使到来,不知何在。"众军齐声高喝:"王上万岁!王上万岁!!王上万岁!!!"声震地颤。楚王就在这呐喊声中走到了姬满身后,问:"来者何人?"姬满并不回头,一扬天子节:"天子劳军使节请楚子相见。""这里没有楚子,只有楚王。""王者,天子也。妄称王者皆欺君也。今天子命臣来劳忠勇之楚师,而非晤僭越之逆臣。既无楚子,便是臣走错了。告辞。"说罢,当真径直向营外走去。"使节留步!"芈侣高声道,"楚子请使节帐内说话。"说罢一挥手,让左右军士上前引领使节,自己一扭头,独自先回了营帐。

帐内,姬满先施一礼:"姬满问楚子安。"芈侣忙道:"使节一路辛苦,寡人未能远迎,还望见谅。"姬满说:"鄙乃闲臣,怎敢劳诸侯相迎,适才楚子所迎并非使节,乃姬满也。今请楚子拜谒天子使节。"芈侣暗暗咬了咬牙,到底还是跪下施了礼。

礼毕宴罢,芈侣领姬满检阅军队。姬满夸赞道:"楚军威武,盖天子之福也。"芈侣应:"效忠天子乃诸侯本分。"随即话锋一转:"寡人闻,天子朝堂陈有九鼎,以定天下,不知确否?"姬满反问:"楚子因何此问?"芈侣漫不经心地道:"我楚疆域日广,也欲铸鼎定之,然不知当怎样大小轻重,故而请教。"姬满闻听,大笑,笑罢,面朝雒邑方向站定,正色道:"楚子所问之鼎源自上古。时禹王圣德,夏盛,诸侯拜服,贡金铜而铸九鼎,喻天下九州。鼎上铸画世间万物,日月风云,山川草木,神鬼百兽,无所不有,乃使众生知风物,明善恶。夏桀失德,九鼎迁殷商,佑六百年宗祀。纣暴虐,九鼎又迁至我大周,乃天子神器,非真命者,不可知其轻重也。"

芈侣撇撇嘴说:"不过九只鼎而已,哪里来这许多说道。使节莫不见我楚无尽之师。一战下来,折断的矛戈可填沟壑,若尽融而铸之,岂止九鼎!"

姬满对雒邑方向抱拳行礼道:"我大周以德服四方,德重,则国昌,鼎纵轻而天下无虞;德轻,则国颓,纵有万钧之鼎,亦无以为立国之本矣。昔成王卜周历三十世,凡七百年。今虽暂衰,然天命未改,其期远矣,非他人所能图也。"

芈侣听罢,绕到正面,对姬满深施一礼:"使臣高节,寡人敬服。朝廷但有使臣在,则鼎必久,国必昌矣。"

送走姬满,楚王对身边将领说:"周尚有如此之人,其运未亡,不可夺也。"于是命令拔营起寨,班师回朝。

之前开战时,他已发现若敖族军尽是老弱残兵,知道是子越耍奸,就故意让若敖兵冲在前头送死,此时已所剩无几。于是下令:沿途征服弱小诸侯,尽收其物。就这么打打走走,走走打打地折腾了大半年,死去的若敖兵空出来的战车装满了缴获和洗劫来的不计其数的物资。

大军风风光光入了楚境,却不见有人迎接。楚王正纳闷,却忽然发现驻守边关的兵士全换成了若敖军,于是叫人唤了守将来见。一问才知是令尹的安排。就又问何时换防,原驻军调向何方。守将支支吾吾说不出个道道。楚王心头不禁一沉:这个芳贾,不是让他放手削弱子越吗,怎么搞的?情形不对啊!

他敏锐地感到,国内形势并没像自己计划的那样发生转变。可又不清楚到底是什么样子。光盘问一个小小守将肯定不行。于是赶忙派出几十路人,分往不同方向探听。又专遣轻装精兵直奔郢都了解芳贾动向。骨子里,他有一种自己不愿设想、更不愿相信的担心,那就是芳贾,他始终无比信任的芳贾,没有遵照命令行事。

他一边焦急地等待回报,一边催促队伍加紧赶奔郢都。前军来报:发现小股不明身份车队急急向国境方向奔去。他当即亲领百乘尖兵拦截。远远望见的车队满目疮痍,首车上,一人挥动旗子高声叫着什么,显然也看见了他们。近些再看,不禁一惊——虽然旗子已破烂不堪,可还能认出是他严令不得王命不可打出的"江舟军"旗号。他坚信,就算芍贾跟子越合了流，就算发生了天大的事情，江舟军都不会叛变。可他们为什么私自打出了旗号呢？他们遇到了什么不得不违抗王命的情形了呢？

再走近些，听见挥舞旗子的人声嘶力竭地喊："来者可是王上随军？"天呐，那不是唐狡？楚王打马驱车，飞速迎去。唐狡也看见了他，隔着上百步就纵身跳下车，就地跪倒，带着哭腔喊："王上——王上啊！"楚王下车冲到近前，一把搀起，急问："何故如此？"唐狡没回答，指指后面："君夫人和……二位王子在此。"

楚王从车里搀出骨瘦如柴、乌丝散乱的樊姬和两个儿子的时候，心里已经基本知道发生了什么事。樊姬抱住丈夫，哭得浑身发抖。楚王将其紧紧搂住，回头往大营赶。樊姬告诉他，令尹作乱，杀了芍贾，囚了所有王室成员。自己和两个儿子幸得唐狡拼死相救，才逃出郢都。一路被追杀，为保他们母子，江舟军几乎折损殆尽……楚王即令：前军呈战斗队列火速直扑郢都，遇追逐叛军，格杀勿论。

回营不多时，最早派出打探的队伍回来了。接着是第二批，第三批……几天下来，基本摸清了叛军动向，休息过来的樊姬也细细道明了事情始末——

芍贾调查子越罪行细节，不慎走漏风声，双方亮了底。芍贾调王师秘捕子越未成，便黉夜请樊姬带王子出宫以防不测，被子越拦截，子越剽悍不可挡，芍贾退守王宫。子越控制了郢都，领重兵攻打王宫，擒押了王室。樊姬及二位王子按芍贾安排趁夜逃出郢都，途遇闻讯前来接应的唐狡。随即又被子越追上。叛军抛来芍贾头颅恐吓江舟军。唐狡率军奋战。江舟军勇猛，出乎叛军所料，这才幸而得脱……

楚王听罢，竟笑起来，惊得樊姬心里发颤。笑罢后说："也好。痛痛快快打一仗，总好过猜忌暗害。这子越虽罪大恶极，却也爽快！"说完直接站起身，一掀帐帘走了。这一走，就是十几天不见踪影。

就在这十几天里，他的王旗带着无坚不摧的劲旅，带着收复失地的决心，流星般划过楚国的辽疆沃土。王旗指处，扑向北部边境的叛军诸部一一被击破,尸横遍野,弃甲塞道。子越通过侥幸逃生者的描述大致了解了楚王的动态,将自己的队伍做了调整,集结主力挡在了王师的必经之路上。

楚王前军在皋浒(今湖北襄阳西)遭遇早已埋伏等候的叛军主力,一场激战下来,双方伤亡都很惨重。楚王在被合围前一刻及时派出传信兵马往中军报信,自己指挥余部收缩到江岸一座无名小山上奋力抵挡,几番压住叛军进攻势头。楚王派人给子越传话:愿封西南国土及邻边属地予若敖,并奏请天子,立其为楚之属国。请放归所囚王室众人。子越听了仰天大笑,命来人带回楚王庶弟人头,并带话说:若敖既反,誓夺楚也,请王禅位。一日不允,子越便诛一人,无论老幼妇孺。

芈侣怒而拔剑,命全军尽出突围。自己居高架鼓,擂鼓助阵。鼓声铿锵,激发着王师将士的斗志,震撼着若敖叛军的意志,悠悠回荡在横遭涂炭的楚国大地。

见楚王擂鼓,子越只身驱车赶到阵前,斩杀十余名王师将士头颅,穿于长矛,挥舞冲杀,状如恶兽,当者披靡。王师被其凶残所慑,前进的脚步不由发颤。

军士报:逆首凶悍至极,我军正在后退。芈侣说:"子越那贼来了,不能退!"手里加力,鼓点愈发紧密起来。那报信的军士刚起身欲退,面门忽然开裂,一支粗大重箭被喷涌的鲜血冲出,带着尖利的呼啸和飞洒的血珠扑向芈侣,芈侣惊得心险些跳出胸膛,抬手一挡,鼓槌几乎脱手,箭偏飞,钉于鼓架,咄咄颤动。周围军士尽皆惊呼。惊魂稍定,楚王大叫:"好个子越!养由基何在?""末将在!"养由基应声蹿上擂鼓台,未等楚王再开口,就骤而惊呼:"王上小心!"楚王同时听到破风之声,错步扭身,箭头冷森森擦额而过,钻入身后丈余远的山石,带着一缕飘飘散散的发丝。一摸额头,竟隐隐有血渗出。"好箭!"庄王和养由基异口同声喝道。

两箭下来,王师肝胆俱颤。楚王抹一把额头,低声问:"养由基可知暗箭来处?"养由基侧身闪到鼓架后:"王上勿惊,末将在此,决不会再让他来第三箭。"楚王心中有了底,高举鼓槌冲众军高喝:"先祖武王有镇国三箭,若敖盗走其二,今已尽破,若敖休矣!"王师将士见王上无恙,心里先自稳了一大半。再听此言,顿时信心百倍。整盔束甲,乘着他们的王愈发坚定的鼓声,一往无前地拼杀而去。

子越两射不中,心里也有点儿发虚。倒不是因为那什么"镇国三箭"的鬼话,而是纳闷自己的神武之箭怎么竟会接连落空。他不相信,上天真的会护佑芈侣这小子。他更不相信,自己的箭还能第三次落空。他轻轻带车横穿阵营,换了个位置,再次张弓搭箭。忽而瞥见鼓架旁侍童般的少年。他见过那少年,是芈侣宫中的一个玩伴。好你个不知死的芈侣,死到临头了还想着玩儿!

他缓缓拉满弓弦,将一个伟大武者的毕生信念聚集在指间,化为穿金裂石的可怕力量,他要用这力量粉碎楚王的生命及其所有的意志和权力。

他松开弓弦,静心聆听着山上的鼓声和箭飞出的风声,憧憬着鼓声戛然而止的瞬间。鼓架旁的少年忽然擎出弓箭,飞快地做了个拉弓放箭的姿势。真是孩子!可还没等笑出来,就听见远远的"呲"的一声,自己射出的利箭被劈成两支,羽毛般跌向山石。他简直不敢相信自己的眼睛,惊愕地望向那不起眼的少年。

一望之下,更让他惊愕的事发生了——两股犀利的阴风迎面扑来!就在他看清那飞至眼前的两个黑点的刹那,他明白了什么。可为时已晚。

当被养由基所发的双箭同时穿透咽喉和眉心的时候,子越心里的权谋杀戮似乎顷刻间全被洗白,只剩下一个武者对另一个武者的钦佩。倒下的瞬间,他的嘴角竟浮现出了一丝微笑,似乎在说:作为一个武者,我子越死得不冤。

失了主将的叛军顿时乱成一团,纷纷退却。次日,王师中军赶到,失魂落魄的叛军再没了抵挡的勇气。须臾间,上万柄兵器弃落在地。不几日,散落的叛军余部也纷纷投降。大军的归路上,长长地跪着俘虏，从主战场一直到郢都城门。

回到郢都，楚王举办大典追祭芳贾、死难王室成员和阵亡将士。下令尽诛若敖氏，焚尸示众。霎时间，数千颗人头落地，焚尸之烟弥漫郢都上空，经月不散。

浓烟散尽时，没有了奸佞，没有了大族，没有了叛乱的楚国上空现出了如洗的碧蓝。楚王将若敖氏属地分封给有功将士；任大夫虞丘为令尹，王室成员公子子佩为司马。并严令：自此后，任何人不得豢养家兵，违者与若敖氏同罪。

尘埃落定，楚王率领一批骨干将领，带上宫人和祭器酒器去了江舟军原驻地，拜祭死难将士，对随行的人们讲述了江舟军的故事。然后就地撑起大帐，摆上宴席，与这些生死与共的军人们痛痛快快喝起酒来。直到天黑还未尽兴。宫人要撤去酒宴，楚王不允。宫人谏道："周礼有定，日落后不得饮酒。"楚王听了哈哈大笑，说："周礼乃为周人所定，他们不是一直叫我们蛮夷吗！既是蛮夷，何须遵他。你问问他们——"他指指兴致醺醺的将领们，"他们谁知周礼？不照样打胜仗。"宫人无奈，只好退下，由着他们继续闹。

酒意酣浓的楚王叫出吵着跟过来的宠妾许姬给大家斟酒。那许姬平素喜好舞戈弄剑，立志要练一身好武艺，战时随王护驾建功，平时在宫内保卫樊姬姐姐。芈侣很喜欢这副秉性，就纵着她随行军中。

这会儿，她笑盈盈着箭装而出，引得一干已经半醉的将领一片唏嘘。芈侣说如何还是这般打扮，快去换了宫装来。

楚地湿热，宫廷女装较为袒露。那许姬换成宫装后更是艳光四射、撩人心魄。看得众将两眼发直。面对几十双直勾勾的目光，许姬落落大方，一挽宽袖，露出半截玉臂，轻弯纤腰——斟酒。夜风袭来，但见烛火跳跃，胸襟飘摇，酥胸隐现。大家伙儿都忘了饮酒，眼神再从那姣姣之躯上收不回来。

芈侣看着这些质朴直率的弟兄们的傻样儿，不禁笑了。蹾蹾酒盏，说："喝酒喝酒，看得差不多得了。他日，寡人也给你们每人寻他几个好媳妇。"

　　说笑间，忽然一股劲风袭来，烛火骤然熄灭。众人的惊呼还没落地，就听许姬一声尖叫，接着是一记清脆的抽打皮肉的声音和坛坛罐罐翻滚跌落的乱响。芈侣正待问，许姬已经扑进他怀里，轻声急道："禀王上，座下有人趁黑非礼臣妾。臣妾击打挣脱，取其盔缨在此。"说着，一束山鸡尾羽做成的盔缨顺到了芈侣手里。

　　芈侣"大胆"二字刚待出口，又缩了回去——这些人跟自己出生入死，谁可也没拿自己的命当过命啊。此番失态之举多半也就是酒后乱性。如若追究，难掌其度，重了伤人心，轻了失威仪。可自己的威仪跟将士们的忠心相比，到底孰轻孰重呢……这偶尔的失仪跟叛逆谋杀相比又孰轻孰重呢……

　　他握着那束盔缨，迟迟没有主意。宫人取来火种，摸索着进了帐，正待重燃蜡烛，芈侣定了定神，下了决心，道："暂勿点灯，熄灭火种。"宫人照做了，帐内一时间沉寂难耐。只听他说："今夜畅饮，犯了周礼，本求纵欢。寡人已命爱姬除去武装，公等还背着那一身甲胄做何？不如我等皆卸盔解甲，摘去盔缨，暂且忘却沙场，再痛饮一番如何？"

　　众将不明所以，却也都喝得发热，于是群声响应。芈侣就笑了，说："如此，我等先去缨除甲再掌灯，是时再看彼此是何样貌。"说着，自己先脱去了外袍。

　　再点起灯时，大家谁也不认识谁了：互相都没见过不穿甲胄的模样，于是，指点着笑成一片："原来你小子这么瘦啊！""我也没想到你老兄是个胖子。"……

　　找不到自己盔缨的唐狡却怎么也笑不起来，心里七上八下——自己被酒力推着，如同沉入梦境，不知怎么就趁黑一把把许姬搂进了怀里。待到挨了耳光才醒悟，顿时凉透了心。这可是欺君重罪啊！他想上前请罪，却又觉得实在丢不起这个人。大丈夫战死沙场不足惜，毁于女色岂不惹人耻笑？就是死了，也是个胆大好色之徒……想到这儿，他迟疑了，生平第一次想要做个小人了——那许姬如不指认自己就好了,要是没记住自己的模样就好了,或许,可侥幸逃脱……他不明白王上为何不让点灯,又为何让众人除缨卸甲。待到发现自己盔缨不在了,才隐约明白了些,久久望着豪饮着的王,心头被一股从没有过的说不清道不明的滋味浸泡着。

终于,大家都累了,一干粗汉就地醉倒,起了鼾声。芈侣一搂许姬,说:"他们都醉了,我们到别处玩去。"说着拥着女人向帐外走去,途中悄悄丢下了那只盔缨。

一直偷偷注视着的唐狡看见自己的盔缨从王的袖子里飘落,霎时明白了王的苦心,心中涌起无限的感激,竟身不由己地一跃而起,跪到了芈侣面前。

芈侣住步看他,说:"你还没醉?那好,寡人命你把这一干醉鬼全部安顿好。哎,寡人要去寻好事了,别跟着啊……"言罢,不由分说出了帐,驾上也不知是谁的车,消失在清丽的月色中。

唐狡默默拾起盔缨,冲着王远去的方向,叩首不止,泪流满面。

第二二章　任贤兴邦败宿敌　称霸自谨远逸趣

又过了两年，赵盾病故，晋侯（成公）主政，遣使与中原各诸侯国修好，意图孤立楚国，继而以武力征服那些表面附晋暗地亲楚的小国。对此，楚国给予了坚决而又收发有秩的反击。经历了征伐陆浑戎和平叛大战的楚军再不怕任何阵仗，意气风发地跟着他们的王东征西讨，和强大的晋国在绵延数千里的中原腹地进行着旷日持久的拉锯战，胜多负少，且实际损失甚微。几年下来，晋对这支永不言败的"蛮军"多少生出了些顾忌，动作渐渐变小。而与此同时，沉浸在不绝于耳的赞誉声中的芈侣也感到了几分疲惫——老一辈将领日益凋零，新一代中能治军打大仗的却寥寥无几。整个军队对他本人的依赖性太大。放眼朝堂，也找不出谁能代替自己。司马子佩已尽了全力，怎奈资质有限，又始终改不了事事向他请示的习惯。伍举、苏从几位也显然不是治军的料，而且都已忙得不可开交……

后继无人的忧虑和事必躬亲的劳累使三十岁出头的他变得苍老了许多。终于有一天，在批复政报的时候伏案睡着了。蒙眬中，隐约有个身影在眼前晃，似乎是令尹。马上警醒——又有什么大事了？猛起身，刚要问，却发现竟是樊姬穿着宽大的令尹官服跪在面前，不禁哑然失笑："爱姬莫非想做官了吗？"

不料樊姬一揖到地，竟答："启禀王上，臣妾正是来求令尹之职的。"

他这回干脆笑出了声："笑话！自古至今，哪有女子做官的？"

樊姬即问:"自古至今,又有谁说过女子不能做官了?"又接着道:"臣妾以为,任用官员,应以贤能衡之,不论身份性别。妾身为长妃,管理后宫,照顾王上起居,教养子女,自觉尚还称职,且年年精选舞姬美人,使宫中新人济济,春色常在。而与此同时,令尹大人却未荐一贤,竟似还不如臣妾。因此,臣妾当更堪令尹之职……"

楚王笑开了花。当即把令尹虞丘找来,命打破等级出身界限,向民间广泛招征贤才。但有治国治军良策者,皆可入朝为官。

这在我们今天看来似乎是明摆着的道理,可在那个时候却是地动山摇的大胆举措。它等于是在向遵循了上千年的等级制和血统论挑战,等于从根本上动摇了士大夫制度。朝臣们本颇有非议,但听说如果招贤不力,王上就要改任君夫人为令尹。他们知道,王是说到做到的,接下来还不定能出什么花样呢,也就住了嘴,忙不迭地往民间招贤去了。

不出俩月,各地各级推荐来了上千人。其中当然有言过其实被轰回去的,但朝堂上还是多了许多新面孔。有民间文士,有躬耕在田间的农人,甚至还有世族大夫的奴隶。其中有个叫孙叔敖的,来自边远的东南海边,其公正、大义和智慧在民间被广为传颂,通过层层选剔,很快来到了楚王面前。

楚王饶有兴味地向孙叔敖求证那些听来的其为民请命,智斗贪官,造福乡里的传奇故事。孙叔敖说都是乡人抬爱,不置可否。楚王又问师从身世,孙叔敖说都是家学,父亲就是老师。楚王就又问父亲是谁,以前干过些什么。孙叔敖说父亲是蒍贾。楚王脑子嗡的一下,走下台阶仔细审视着这个比自己大不了几岁的中年人。

"你再说一遍,你父亲是谁?"

"蒍贾。"

"那你何以不姓蒍?"

"此乃后改之名,叫惯了。草民原名蒍菁。十年前随父母离开郢都至江县,四年前郢都动乱,家父被杀,叛军赶至江县追杀,即带老母逃亡，遂定居东海……"

还没说完，楚王一把擎住他，眼里闪出动情的晶亮："芍大夫后人，芍大夫后人！让寡人好生惦念啊！……"当日，孙叔敖被任为工正，继承其父芍贾事业，主任水利城塞建设，兼管治军。同日，被选拔出来的近百名民间人才一一被委任了官职。楚国人这回真的相信"只要有才能就可以做官"了。于是不断又有人被推荐上来，其中不乏领兵治军的能人。不出一年，楚国的吏治完全变了样，层层有能人，人人尽其能，军事生产方方面面都是一片蓬勃气象。

那富有传奇色彩的孙叔敖自那天后就没怎么在朝堂上露面，楚王再想找他聊聊竟都没寻到合适的机会，却不断从四面八方听到他的功绩和"爱民如子"的称颂。终于有一日，令尹虞丘来报：孙叔敖主修的"期思陂"治水工程竣工，解了楚国腹地百年水患。更可嘉者，偌大工程，不仅如此迅速完工，且无一民工死亡……虞丘老头子很兴奋，甚至恳切地说，孙叔敖实在是大才，自己年纪大了，常感力不从心，愿保举其接任令尹，还盼王上一如既往，不拘一格，大胆任用……

楚王被老虞丘的诚挚深深感动，经过一番慎重商议，采纳了他的意见。从此，楚国在孙叔敖及其领导的新官僚集团的带领下，以飞跃式的步伐走向繁荣与和谐。

就在孙叔敖踌躇满志治理自己至爱的国家时，芈侣的王者生涯踏入了第十六个年头（公元前599年）。刚入冬，一直顶着晋国的压力跟楚国交好的陈国发生了令人啼笑皆非的变故：

前面提到，郑伯姬兰有个艳绝人寰的庶女，因与哥哥乱伦嫁到了陈国，被唤作"夏姬"。这夏姬嫁到陈国不几年，丈夫夏御舒就因过度沉迷淫欲英年早逝了。夏姬和幼子夏徵舒住在陈国国都郊外，虽足不出户，却也引来了无数猎艳者。那夏姬自幼跟哥哥乱伦，自是春光难耐之人，床帏之功更是举世无双，于是照单全收，来者不拒。可毕竟只有一副身子，怎么也满足不了络绎不绝、有增无减的贪恋。于是就有人被冷落了，就有人被轮空了，也就有人不满了。他们互相嘲讽，极尽所能往美人的视线里挤，久而久之，就生出了妒忌，甚至生出了仇隙，以至于后来，夏姬的家门口干脆变成了角斗场，整个陈国被个夏姬搞得神魂颠倒，一塌糊涂。

就在这神魂颠倒中，似乎春色永驻的夏姬渐渐成熟了，口味也高了，只接待高官显贵，还寻得了靠山，把才十几岁的儿子忽悠成了大夫。可日益成人的夏徵舒却不知自己的地位是亲娘在床上摩挲叫唤出来的，对家里的淫乱丑事一天比一天鄙夷难耐。终于有一天，那无状的陈国国君妫平国（灵公）和大夫孔宁、仪行父彻底激怒了这个年轻后生。孔宁和仪行父早就是夏姬的常客，因争风吃醋，被好色的国君发现了好事，就以治罪相要挟，让他们带上自己一起玩。君臣三人跟夏姬同榻恣欢已经不是头一遭了，只是那天夏徵舒偏巧在家。喝得醉醺醺的三个男人就拿孩子开玩笑，比着说更像谁，把个夏徵舒弄得昏头涨脸，怒气冲天。年轻人的狂野不驯瞬间爆发成可怕的烈火，三个男人还浑然不觉。肆意淫乐间，夏徵舒突然闯入，一把掀开一丝不挂的母亲，照准床上乱刃疯砍。陈国国君当场毙命，孔宁被砍伤了腿，仪行父更是遍体鳞伤。亏得夏姬拼死阻拦，二人才得以光着屁股逃之夭夭。陈国大乱。

这对淫贼在楚王芈侣面前哭诉时却把陈国国君的死说成了完全不同的故事：陈伯体恤夏姬孤苦，并念及与郑国的关系，意图收为姬妾，本是好事。可夏徵舒权欲熏心，借机索要高位，陈伯念其尚幼，未允，夏徵舒竟因此弑君谋逆……明知是鬼话，楚王却未揭破——他敏感地意识到，不管出自什么原因，陈国内乱都是大举进兵中原再好不过的借口。于是安抚了二人，亲提大兵，以平叛诛逆为由扑向陈国。

闯了大祸吓得直往妈妈怀里钻的夏徵舒哪见过这阵势。漫说是弑君的罪臣，除几个部下外，根本没人听他的，就是主政大臣也没法应对强楚的攻势。结果，只几天工夫，没人指挥的陈国军队就缴了械，陈国大小城池插遍楚国王旗。陈国群臣绑了夏徵舒，齐刷刷跪在楚王脚下，求命乞和。那夏姬也被押来听候处置。

芈侣看看脸色煞白的夏徵舒,再看看夏姬,惊问:"他是你儿子?"夏姬点头。他命夏姬抬起头。这一抬不要紧,阅尽美色的楚王倒吸一口冷气——跟眼前这张脸相比,后宫的国色天香都成了垃圾。他久久怔在那儿,若不是身边的王室老臣巫臣(申公)提醒,还不知要怔多久。楚王自知失态,讪讪地问:"敢问夫人……春秋几何?"

夏姬幽幽望过来,眼光倏又飘远,好像很费力地在回忆什么,良久,才诺诺答道:"君上恕罪,贱妾……实在想不起来了。"

话一出口,楚王越发不知所措了,赶忙驱车昂然离去。

十八名刽子手一齐松开手中绳索,丈方巨石沉重地坠向石台,五花大绑平躺在石台上的夏徵舒瞬间被砸成肉饼。夏姬盯着石头缝隙涌出的血肉,直挺挺晕厥过去。一道诏告下来,陈国成了楚国的"陈县",所有官员一律免职,等待安排。

巫臣夤夜求见,说要给王上讲故事。楚王一听来了兴致,披上衣服迎出来。

巫臣讲道:"有个农人放牛回来,经过别人田地,牛吃了庄稼,那家人很生气。放牛的农人也觉得自己有过,就问:该怎么赔你呢……"说着,他郑重地看住楚王,问:"臣斗胆敢问王上,若王上是那被吃了庄稼的人家,欲如何索赔?"

"那还不简单,吃了多少,就让他赔多少就是。"

"这家人可没王上这么厚道……您猜怎么着——他要人家把牛赔给他。"

"笑话——这也太贪心了。要这样,谁还敢跟他做邻居……"还没说完,楚王的笑容就僵在了脸上,半晌,若有所思地说:"多谢叔父开导,寡人明白了……"

翌日,楚王发诏收回前命,复陈国国体。同时派人传令郢都:放晋大夫解扬归国,换回在晋国做人质的故陈国国君之子子午。

后来,这个子午被楚王立成了新的陈国国君。陈国一干朝臣也都官复原职,交由新君差遣了。自此,陈国成了楚国在中原的坚定盟友。

一切停当，楚王拔营起寨，准备回国。巫臣来报：夏姬夫人求见。楚王断然道："不见。"巫臣提醒说夏姬乃郑国公主。楚王说："若非郑国公主，必诛。"巫臣劝道："她孤苦一人，王上何必计较，给个发落便是。"楚王就说那你去问她，愿入楚还是愿归郑，反正不能再留在陈国。俄顷，巫臣回："夏姬愿入楚侍候王上。""入楚可以，但寡人绝不再见那妖妇。叔父自去安置，找个老成持重者嫁了，以免再生事端。"

就这样，记不得自己多大年纪的夏姬蒙着面纱，坐着申公巫臣的车去了楚国，经巫臣保媒嫁给了王室鳏夫连伊襄老。后来，跟连伊襄老的壮年儿子黑腰厮混败露。羞愧难当的丈夫绝望地战死在沙场。族人告到王廷，楚王斩了黑腰，逐夏姬归郑。几年后，夏姬跟早已对自己垂涎三尺的巫臣私奔了。巫臣因而彻底背弃了楚国。

随着陈的附楚，中原小国有不少都主动来请盟，一时间，晋陷入了赵盾时代以来最孤立的境地，除了宋和郑，几乎没有了真心实意的盟友。孙叔敖提醒楚王：称霸中原的时机已基本成熟，当迅速制伏宋、郑，彻底孤立晋。针对宋、郑，孙叔敖也提出了方略：宋较远，实力稍强，跟晋也更紧密，且已十年没交过兵，难知究竟。郑较近，易于有所动作，又刚刚背弃了因夏姬刚刚与楚缔结的"辰陵（陈邑，今河南睢县西北）之盟"，有现成的出兵借口。夏姬虽臭名昭著，可毕竟是当今郑伯的妹妹，真打起来，郑还是应该有所顾忌的。制伏郑，就等于铺平了伐宋的路，伐宋，就等于正式向晋挑战。那场三代楚王为之翘首、为之心悴的决战也就呼之欲出了……

战略谈罢，又谈战术。选拔先锋、进军步骤、兵源兵力、后勤补给……楚王听罢，竟没什么可补充的。只做了一条修改：由自己担任先锋，令尹主帅中军。

隔年（公元前597年）春，楚军和他们的王按照令尹孙叔敖的部署，向恩怨交织、亦敌亦友的郑国进发。果如所料，郑对跟楚对抗存有顾虑，不知是背了盟约心亏，还是舍不得美不胜收的妹妹，反正没向晋国求援，自己组织军民抵抗。可根本不是对手，楚军几个大跨步就逼到了都城。郑伯姬坚（襄公）这才看出，楚国这次是来真格的，要赶尽杀绝，于是横了心，带领军民坚守。还当真坚持了三个月，直到城里粮草尽绝，自己都饿得走不动路了，才后悔没向晋求救。饿着肚子琢磨了两天两夜，终于命令守城兵士放下武器，打开城门。自己光起膀子，牵上城里唯一一头为给他孙子喂奶而活下来的母羊出了城，徒步走到楚王的车驾前，跪下请求罢兵，请求保持郑的国体，请求不要杀他的百姓。楚王把他搀起来，说哪有那么严重，我们还是亲戚呢（那时夏姬是楚王族叔连伊襄老的妻子）。

　　楚攻郑引起了晋国高层的争论。起先，因为郑没求救，晋不明底细，未敢轻动，却不想楚竟把郑逼得摇摇欲坠。晋国群臣坐不住了，朝堂开了锅——以大夫栾书为首的一派主张先不动，郑若降楚，等楚撤走再小示惩戒，重新争取回来。楚若灭郑，再奏请天子，会盟伐之。而以大夫先縠为首一派则主张立刻举倾国之兵，连郑带楚一块儿打。争着争着就急了，就互相攻击起来了。刚继位的晋侯（景公）看不到争论的前景，干脆自己拍了板：派兵解郑国之围，楚军撤了自然好，楚军不撤就回来，也算对郑国和中原诸侯有了交代。见两个领兵大臣打得不可开交，深知让他们谁当主帅都不行，于是选中了老成持重的荀林父。厚道的荀林父没摸透国君的心思，也不敢问，一面点兵准备出发，一面盘算着一路上怎么节制那个好战的先縠。

　　慢慢悠悠到了黄河边，却得到了郑已降楚的消息，于是决定先撤回，等楚军走了再伐郑。不想先縠竟不遵命，擅自领中军左翼过了河。荀林父虽然气恼，可也不忍放任自流，于是不顾栾书等"楚方盛，楚子德贤昭然，恩威遍于中原，上达天子，不可轻犯"的劝谏，带着大军也过了河，追上先縠，好说歹说压住进程，在敖山、鄗山之间（今河南荥阳北）扎了营。这一来，本在郔地（今河南郑州北，当时属郑国地界）暂驻，欲回兵休整的楚王动了与晋开战的心思。可孙叔敖坚持伐宋战略，主张不理会晋军。伍举反驳说晋君新立不稳，晋军内部分化，一旦打起来必乱。难道等他们调整好了再战？如坚持伐宋，晋趁我军疲惫打来怎么办……说得孙叔敖不禁也有些犹豫。迟疑间，楚王果断决定：调头北进，呈对峙阵形，备战。

号令一出，楚国大军上下齐动。晋军见楚军迎来，内部又起了争执。荀林父嘴上不说，心里却暗暗有些怯。恰在此时，郑国大夫皇戌来访，说郑降楚是迫不得已，骨子里并没有背弃晋，楚军打了小半年，很疲惫，不像看上去那么强大。如果开战，郑国坚决站在晋这一边……先縠及其支持者这下更有了说辞。可栾书等仍坚持己见，话里话外有抱怨不该渡河的意思。荀林父不爱听了，说大家一起出来，就要一起行事，怎么可以扔下谁不管呢。说话间，楚王按孙叔敖"先礼后兵"意图派来的使臣也到了。皇戌连忙躲开，遭了荀林父的白眼。楚使向晋军将领们说：楚国气郑国背约，教训一下，没打算大动干戈……话没说完，晋军主战阵营就有几个跳出来斥责，说这架打定了，说什么都没用，现在知道怕了，早干吗来着……楚使苦笑，只得冲荀林父深施一礼，把后边的话咽回去，走了。主战方一片哄笑，栾书等人一时没了说辞，荀林父被哄笑震得耳根发麻，更是没有主意。楚王听了使者描述，轻轻一笑，命返回晋营，把话讲完。这回荀林父老爷子面子有点儿挂不住了，说我们一定好好商议，咱两家还是不打为好……回头教训先縠等人，说人家楚子是君，我们是臣，本就不应对垒，人家现在这么有诚意，咱不依不饶的不太合适吧。

先縠等人见老头子变了脸，暂时噤了声，可实在按捺不住放手一搏的野心。他们摸透了荀林父的脾气，认定只要打起来，老头子就不会不管。于是，私底下撺掇兵士挑战骂街，激怒楚军。

这种命令到了基层军士那儿还能有准儿。很快，叫骂演变成偷袭。纪律严明的楚军忍得下挨骂，可却不能打不还手。于是出现了小规模战斗，并且在无人约束的情况下迅速扩大。晋将魏锜和赵旃竟不经请示，斗气般调遣了数百乘战车兀自攻来。终于惊动了楚王。

芈侣并不知道之前的过程，认定了晋不宣而战，心下"腾"地燃起怒火。那是一个戎马半生、战无不胜的王者的愤怒，是一个历经三代、蓄势待发的国家的愤怒，那愤怒一下把条几掀出了帐外，更引领着一支仅三十余乘的敢死尖兵,烈火般扑向晋军。王剑指处,晋军人仰马翻,溃不成军。

孙叔敖闻听楚王亲身赴险,毅然决然命令全军掩杀过去。楚国军队排山倒海地冲向毫无准备的晋军大营。荀林父还没来得及弄清怎么回事,就让家将拥着上了溃逃的战车。老头子真是仁义,到了这时候还点名呢,说一起出来,生死也要在一起,谁也不能落下。老头子也无愧一个成熟的将领,如此混乱的局面下,仍组织了几次像模像样的反击。

然而大势已去,无力回天。晋军潮水般溃败,争先恐后爬上渡河回家的船。也不知是哪个只想保存自家实力的将领吼了一声:"快渡河啊,先渡回去的有赏——"这下可好,争船顷刻变成了抢船。没抢上去的丢了兵器,死扒着船舷不放,上了船的怕船被拖沉,竟拿手中兵器砍扒船舷战友的手指。顿时,惨叫连天,无数晋军落水,被沉重的铠甲拖进河底。河面上只留下他们吐出的最后的气泡和成斗成筐的断指。

没跑了的晋军看看血淋淋的黄河和一望无际的同伴尸体,再看看气势汹汹追来的楚军,毫不犹豫地放下了武器。楚军没怎么费力就占领了滩涂,向船上的败军万箭齐发。砍人手指的那帮半数中箭落水,也让铠甲拖进了河底,只留下血水和气泡。

后来,史家把这场战役叫"邲之战",并认定为楚王芈侣称霸的标志。那一战,晋军主力折损过半,远远超过城濮之战楚国的损失。晋元气大伤,从此一蹶不振。

楚王本想乘胜渡河,兵临晋国城下,被孙叔敖以"螳螂捕蝉,黄雀在后"的故事谏止。他们深知伐晋在政治上万不可行,于是遣散晋军俘虏,祭罢黄河,班师回国。

同年冬,楚军乘邲之战的胜利征伐宋旁边的小国萧。宋国会盟蔡国来救,协助萧国打了几次反击,俘虏了楚公子丙和大夫熊相宜僚。为换回人质,楚王做了退兵的承诺。不想那蛮野的萧国竟觉得楚国怕了自己，得意忘形地把人给杀了。楚王怒不可遏，指挥大军将萧国团团围住。冬夜漫漫，大雪纷飞，楚国军士冻得瑟瑟发抖。楚王亲自巡营，一一安抚勉励，大家于是重新抖擞精神，发力猛攻。

宋和蔡一见事坏，招呼都没打就溜了。萧国哪里顶得住楚军，没几天就降了。

楚王没再计较萧国的不是，反而给予了安抚。蔡国见状，也赶忙跑来认错请盟。楚王照允。至此，中原诸侯除宋和个别几个小国以外，全部成了楚的同盟者。

军事节节胜利的同时，在孙叔敖制定的安民富民政策引导下，楚人焕发出了前所未有的创造力，生产突飞猛进，法制严明，官吏清廉尽责，出现了"路不拾遗，夜不闭户"的安定景象。而战败的晋国则接连内乱，再没了结盟图霸的心力。中原小国们死心塌地地跟了楚国。芈侣一改先祖遗风，不再一味索要钱粮物资，而是鼓励民间往来，甚至鼓励通婚和移民。逢上谁家闹了饥荒，还给予慷慨的周济。更让楚国的能工巧匠传授先进的生产技术过去。

诸侯们第一次得到了来自大国的战争保护以外的恩惠，都对楚国满怀感激之情，报以真诚的尊重和友好。他们的国君、大夫走马灯似的往郢都拜见楚王。他们甚至在拜见时施行了以往只对天子才施行的礼仪。

面对崇拜，芈侣分外谦谨，对诸侯更是亲和有加，视若兄弟。内心深处，父祖的夙愿每时每刻都在鞭策着他——不征服宋国，就算不上真正称霸。他不断告诫自己，诸侯越是奉承，就越不能居功自傲，私底下步步为营地做着伐宋的准备。正当此时，齐、鲁使臣经宋来访，代表国君向楚子问安，并表示敬意。群臣为前霸主齐国和周公一脉的鲁国不远千里来拜而异常兴奋，连孙叔敖都说这是楚国有史以来从未有过的荣耀。

芈侣对一片赞誉充耳不闻，却从齐、鲁使臣身上看到了伐宋的机会。他找来令尹司马等一干重臣一议，都觉得可行，于是，他下定决心，即刻行动。

按计划，楚王亲率大军攻打宋国。宋国坚决应战。但这只是一次试探性的攻击。楚军只是点到为止，刚刚拿捏在宋军开始吃力的当口收了兵。通过此战，芈侣试出了宋军的实力，同时也算是打了招呼，为后边的动作做了铺垫。

转年，芈侣令在穆王"田孟诸"时得罪过宋国的大夫申舟出使齐国，并命令在经过必经之路宋国时不申报，直接通过。这等于是在向宋挑衅。骨子里，他希望，宋国容忍这个挑衅，那至少说明他们对楚国是有所忌惮的。

面对楚的挑衅，宋国内部出现了不同意见。有的主张装作没看见，而以主政大臣华元为首的多数派则不能容忍。华元更向自己的国君陈述了其中的利害，说如果我们容忍了，宋国几辈子的老脸就丢光了，也就成了名存实亡的空壳。如果我们追究，楚国必定来伐，尚有一线希望。就是完蛋，也完蛋得像模像样。

最终，华元占了上风，宋国杀了申舟。攻伐宋国的借口有了，芈侣于是齐整兵马，浩浩荡荡地踏上了他一生中的最后一次征程。

这回的阵势可大大不同于一年前。宋国君臣看着那一眼望不到头儿的楚国战车，心头像被楚军的炊烟遮得乌涂涂的天空一样灰暗，这才知道自己有多么轻敌，多么草率。可事已至此，愁也无益，赶紧想办法要紧，便火速派遣大夫乐婴齐往晋国求救。经历惨败的晋全没了和楚再度交锋的勇气，连象征性尽尽道义的意思都被众口一词的"还是等楚衰落些再说"的劝谏打消了，于是以"虽鞭之长，不及马腹"的老话搪塞宋使。

宋使不干，摆出宋对晋多年来的忠实，着实也让晋侯感动了一番，最后派经验丰富的大夫解扬只身赴宋，让宋国君臣放心，晋国救兵随后就来。

晋国上下都知道，这其实等于是让解扬去送死。解扬自己也明白，话别时颇有些为国捐躯的悲壮。老人家就这么一路悲壮着到了宋国，

297

却已进不去都城——

楚军每隔一天就攻一次城。宋国军民不分老幼,尽皆投入了抵抗,还发明了各种防御武器。楚军打得很艰苦。旬月下来,死伤惨重。

面对宋国如此顽强亡命的抵抗,楚军中有人开始给楚王吹风,说不如缓缓再说。芈侣虽也不曾经历这般情况,可却十分清楚——这场战争不像以往跟诸侯间发生的那些从利益角度出发的战争,也不是跟晋国这样的大国的实力和智慧的比拼,而是一场不折不扣的气势的较量。退,就输了气势。况且,如果此时退了,申舟就枉死了,他的家人也不能答应。为君者又怎能辜负臣子效死的忠心。所以,不能退!所以,他严厉压制住了暂退后图的言论,下令暂缓攻击,原地休整,采取围困战术。

解扬来时,围困刚刚开始。他被楚军抓到营中,见到了楚王。故人见面,芈侣很高兴,给予了盛情的款待,言语客气,招呼周到,可就是不让其离开楚营半步。解扬问:"如此围困下去,什么时候是个头呢?"芈侣说:"待宋乞降为止。"又问:"依君上睿见,宋人何时会乞降?"芈侣答:"粮尽水绝。"老头听了,不禁倒吸了一口凉气。

不几日,芈侣命兵士就地开荒,准备种粮,以示长期围困之意。可城池外沿土地贫瘠,又时值秋凉,哪种得出什么粮。楚国大军其实靠的还是雄厚家底和国内源源不断的输送维持给养。

应该说,交战双方谁也没想到对方竟这么能坚持。围困持续了近九个月的时候,楚国军士闻到了城里溢出的焚烧死尸的焦臭味儿。他们知道,宋国人已经开始拿死难者当柴火了。那么,他们的充饥之物也就可想而知了。楚王感觉是时候了,写了劝降书,让解扬站上巢车(状似鸟巢的高架战车,用于瞭望和攀登)向城内朗读,打破宋国军民待援的梦想……

解扬应声而上,可上去后并未宣读劝降书,而是冲城内大喊说晋国救兵马上就到,请大家坚持。楚王赶忙一把揪下来,责问为何失信,答应念劝降书,却上去胡言乱语。解扬说自己并未失信,所说就是晋侯让转给宋国的话,自己是奉晋侯之命出使的,如今不辱使命,是守信之举，随即反问楚王，如果臣子慑于威迫，不执行使命，君上难道会以为这臣子是个守信之人吗？

楚王听了，眉宇间流露出一丝赞许之意，当晚即派人送解扬回国。

宋国当真已到了易子而食、折骨为柴的境地。主政大夫华元终于按捺不住，黢夜只身冒险出城请和，向楚王和一干楚国将领据实陈说了城内情况，并提出楚军后撤三十里，令宋以结盟姿态请和。楚王不允。华元沉默半晌，坚定地说："那就请杀了我，再进城杀尽所有百姓吧，宋国绝对会战斗到最后一个人，最后一口气……"

看着华元坚定的神情，楚王心底不禁生出几分敬佩，思忖良久，提出了附加条件——请华元大夫一同回楚，也好日夜讨教。不料华元想都没想，竟慨然应允。

楚军一丝不苟地履行了约定，华元也兑现了自己的承诺，跟去了郢都。

至此，中原诸侯尽皆成了楚的盟友，楚对中原的军事行动也落下了帷幕。

凯旋途中，传来令尹孙叔敖病逝的消息。楚王惊愕万分，不敢相信。连问三遍，呆呆怔住，继而晕厥，一连数日未醒。

醒来后的楚王似乎完全变了一个人——形销骨立，委顿憔悴。回郢都不久，就大病一场，养了大半年才恢复了精神，但人看上去已是苍老衰弱了很多。

失去了孙叔敖的楚国，仍在他制定的各项制度下有条不紊地运作着。只有楚王芈侣一个人变了样——不再像过去那样机敏好动，话也少了，总是一副沉思的样子。直到华元送来了一面古琴，他才又显得活跃了些。

那琴名叫"绕梁"，音色极深远，当真好似缠绵于梁上，久久不去。楚王连连称奇，把玩弹奏，渐渐高兴起来。后来，竟爱不释手了。

琴声中，他忆起欢乐的儿时，祖父坚实的怀抱，父亲和老师温暖的笑容。琴声中，他似乎回到了意气风发的少年，重逢了朝夕相处的玩伴，生死与共的战友。琴声中，他的思绪飞回了血染的疆场，飞回了茫茫的征程，游遍了楚国的万里江川……

他沉浸在琴声中，忘了眼前的一切，直到樊姬愈发消瘦的身影跪进视线，才轻轻醒来。不等发问，樊姬就深施大礼："王上，臣妾请大王赐死。"

他一惊，忙问缘故。樊姬簌簌滚下满眼热泪，道："妾闻，昔夏桀酷爱'妹喜'瑟，乃至杀身；纣喜听靡靡之音，以至丧国。今王上迷恋此琴，旬月不朝，置江山子民于不顾，失政也。妾不堪日后家国破碎，故欲先死，求王上成全……"

楚王愣在当地，静静地听妻子的啜泣，好久没有应答。

翌日，他整束上朝。朝毕，回到后宫正待抚琴，却忽而记起妻子的哭谏，便恋恋不舍地放下。岂料，夜间竟被抚琴之瘾撩拨得不能成寐，直挨到天亮。

浑浑噩噩挪出寝宫的芈侣依依不舍地把"绕梁"琴端详了好久，终于没去碰。临出门时又停住，双眼一合，轻叹一声，唤来宫人，从怀里抽出铁如意递过去，低沉但却坚决地吩咐道："捶毁此琴。"

一片铿锵声中，千古闻名的"绕梁"古琴支离破碎，就此绝响。

即位第二十四年（公元前591年）的夏天，楚王芈侣病逝，葬于郢都城外，享年四十二岁。

同年，其子熊审继位，史称楚共王。

楚庄王继承祖先遗志，一生争战图强，"并国二十六，开地三千里"，书写了楚国从"筚路蓝缕"迈向繁荣富强的漫漫征程中最精彩最辉煌的篇章，成为当之无愧的春秋霸主，并为后世传颂、景仰。

楚庄王死后十二年（公元前579年），在送"绕梁"琴的宋国大夫华元的斡旋下，楚、晋构筑了停止互相征伐的约定，史称"华元弭兵"。

又过了三十三年（公元前546年），也是在宋国的积极倡导下，晋、楚、宋、鲁、郑、卫、陈、蔡、曹、许、齐、秦、邾、滕十四国在宋国签订盟约，尊楚、晋两国为共同霸主，史称"向戌弭兵"。

此后，中原战事平息了半个多世纪，再没出现过新的"霸主"。

公元前475年，也即楚庄王死后的第一百一十六年，春秋时代结束，中国古代社会进入到更加铁血无比、更加豪情冲天的战国时代。

"春秋五霸"竟系何人？（代后记）

春秋时期，始于周平王的"东迁洛邑"，止于"三家分晋"。由于孔子修成的史书《春秋》，记录了鲁隐公元年（公元前722年）到鲁哀公十四年（公元前481年）的历史，其时间跨度与这段历史大致相当，后人便把这一时段称为"春秋时期"。

春秋时期，是中国历史上社会经济急剧变革，政治局面错综复杂，军事斗争层出不穷，学术文化异彩纷呈的一个动荡时期，是中华古代文明渐次生长的重要时期。

在内乱和戎族入侵的交织打击之下，公元前770年，周平王被迫放弃旧都镐京，依仗郑等诸侯的力量迁都到洛邑。此举标志着周王室严重衰弱，天子号令天下的时代一去不复返。周都"东迁"，也是周朝之西周、东周的分水岭。

平王东迁以后，王室的力量进一步衰微，诸侯争霸、大夫专政与夷夏斗争急剧膨胀。一些诸侯国君不再对周王室唯命是从了，他们有的相互攻伐，有的竟蚕食周天子的土地（郑庄公一手演绎的"周郑互质"，就给了周天子颜色看看）。周桓王十二年（公元前708年）爆发的繻葛之战，郑军"箭射天子"表明：这时的周天子仅仅保存着"天下共主"的虚名而已了。

春秋时期，见诸史书的诸侯国名有一百二十八个，比较重要的不过十几个，它们主要是位于今天山东的齐、鲁，位于今天河南的卫、宋、郑、陈、蔡，位于今天山西的晋，位于今天北京及其周围地区的燕，位于今天陕西的秦，位于今天河南南部、安徽南部和两湖的楚，位于今天江苏中南部的吴和位于今天浙江一带的越。这些比较大的诸侯国凭借其实力，用战争来扩充领土，迫使弱小国家听从其号令，并互相争夺，形成了诸侯争霸的局面。

"春秋五霸"，在中国历史上非常有影响，他们缔造的不仅仅是一个时代的概念。然而，"五霸"竟系何人？两千多年来一直争议未休。《左传》载，鲁成公二年（公元前589年），晋、齐交战，齐败。齐侯派宾媚人到晋国请和。晋侯提出了苛刻的条件，宾媚人在辩驳中要求晋侯以"四王""五霸"为榜样，接受宝物和割地而不要灭亡齐国。晋侯同意了。这便是可以查到的最早的"五霸"之说了。由于没有讲明"五霸"是谁，后人便自然产生了诸多猜测——

墨子（《所染》）、荀子（《王霸》）认为是齐桓、晋文、楚庄、吴阖闾、越勾践；

左丘明（《左传》）、司马迁（《史记》）认为是齐桓、宋襄、秦穆、晋文、楚庄。赞同的有赵岐（《孟子·告子》注）、应劭（《风俗通义·皇霸》）、高诱（《吕氏春秋·当务》注和《淮南子·氾论篇》注）、陆德明（《左传·成公二年》释文）、颜师古（《汉书·地理志上》注）、司马贞（《史记·十二诸侯年表序》索引）、张萱（《疑耀》）、毛奇龄（《四书剩言》）、吴汉翀（《春秋提要》）、杨伯峻（《孟子·告子》注）等；

班固（《白虎通义》）认为是齐桓、晋文、秦穆、楚庄、吴阖闾，同时又认为是昆吾、大彭、豕韦、齐桓、晋文。赞同后者的有服虔（《左传解谊》）、高诱（《战国策·齐策一》注和《吕氏春秋·先已》注）、应劭（《风俗通义·皇霸》）、崔譔（《庄子·大宗师》注）、杜预（《左传·成公二年》注）、颜师古（《汉书·异姓诸侯王表序》注）、孔颖达（《左传·成公十八年》正义）、杨士勋（《穀梁传·隐公八年》疏）、丁公（《孟子手音》、何燕泉（《疑耀》）、王端履（《重论文斋笔录》）、陈立（《白虎通疏证》）等；

颜师古（《汉书》注引）认为是齐桓、宋襄、晋文、秦穆、吴夫差；

王褒（《四子讲德论》）认为是齐桓、晋文、秦穆、楚庄、越勾践；

阎若璩（《四书·释地三续》）认为是齐桓、晋文、楚庄、吴阖闾、越勾践；金景芳（《中国奴隶社会史》）亦从此说；

全祖望（《鲒崎亭集外编》）认为是齐桓、晋文、晋襄、晋景、晋悼；

朱起凤（《辞通》）认为是郑庄、齐桓、晋文、秦穆、楚庄；

……

众说纷纭，莫衷一是。

如前所述，在中国历史上最先使用"五霸"一词的，是宾媚人，时间是鲁成公二年，即公元前589年。更有价值的是：宾媚人搬出了"五霸"以后，真的说服了晋国。这说明"五霸"在当时各国诸侯心目中是有说服力的。由此看来，"五霸"，早在成公二年就已被认定了。换言之，到公元前589年以后去找"五霸"的做法，就是完全错误的。同时，晋景公也应排斥在外，因为宾媚人在讲这番话时，对象就是晋景公。宾媚人要求晋侯以"五霸"为榜样，景公若是"五霸"之一，宾媚人是不可能那样讲的。

如果能够确定"五霸"的下限在晋景公时代，那么，包括了晋景公以后才现身的吴阖闾、吴夫差、越勾践、晋悼公等人的"五霸"说，则都不能成立。

那么，"五霸"的上限呢？应当强调指出，"霸"字在中国古代第一次出现，是在鲁庄公十五年（公元前679年）："春，复会焉，齐始霸也。"（《左传》）此前，史籍中没有"霸"字，即在齐桓公之前，中国历史上没有"霸主"的概念。

班固的《白虎通义》为什么会将上古的昆吾、大彭、豕韦都列入"五霸"呢？这里可能有两个因素：一是对宾媚人讲的"四王之王也，树德而济同欲焉；五伯之霸也，勤而抚之，以役王命"有所误解。班固大概认为"五霸"既然与"四王"相对应，如果"四王"时及三代,那么"五霸"亦可扩至夏、商、周。这就画地为牢了;二是误解了《国语·郑语》中史伯的一句话:"昆吾为夏伯矣,大彭、豕韦为商伯矣。"班固认为这是夏、商存在过霸主的铁证。其实,宾媚人的话里并不存在人员时代上的必然对应关系,讲的只是一种三代与"五霸"之间在统治思想上的承续关系。请看——

夫成天下之大功者,其子孙未尝不章,虞、夏、商、周是也……其后皆为王公侯伯。祝融……其后八姓于周未有侯伯……昆吾为夏伯矣,大彭、豕韦为商伯矣。当周未有。……融之兴者,其在芈姓乎?……蛮芈蛮矣,唯荆实有昭德,若周衰,其必兴矣。姜、嬴、荆、芈,实与诸姬代相干也。姜,伯夷之后也,嬴,伯翳之后也。伯夷能处于神以佐尧者也,伯翳能议百物以佐舜者也。其后皆不失祀而未有兴者,周衰其将至矣。

在这里,史伯立论的主题是"夫成天地之大功者,其子孙未尝不章",认为虞、夏、商、周都是如此,只有祝融在夏、商有为伯者。而至周时就没有了,并推测,祝融之后,在周衰之际可能会有崛起者,大概会是"蛮芈"。史伯还谈及了伯益、伯翳的后代,并也做了些预测。可见,史伯在谈到昆吾、大彭、豕韦时,不是在讨论其是否为"霸",而是在谈上古名门望族之后的兴衰。因此,这里的"伯"不能当"霸"讲,而只能当三代封爵公、侯、伯、子、男中的"伯"讲,是"爵位"。况且,"霸"字晚出,既不见于甲骨文、铭文,也不见于《尚书》《诗经》,怎么能妄断昆吾、大彭、豕韦当时为霸主呢?

郑庄公是霸吗?虽然郑在东周初期最桀骜不驯,他不但灭了虢、郐等国,而且还公然与周天子对抗。但毕竟郑是小国,身处四战之地,国内矛盾又尖锐,在"霸业"上一直没有实质性的进展,所以《左传》与时人对郑庄公从未以"霸"相许,他怎么能算"五霸"之一呢?郑庄公确有称霸的野心,但终究不过是拉开春秋争霸大戏序幕的一个枭雄。

这样，齐桓之前的昆吾、大彭、豕韦、郑庄四人也要排除，同时，与这四人有关的"五霸"说亦应排除。

既然"五霸"的活动年代，在齐桓公始霸以后到晋景公时宾媚人提出"五霸"一词之前，"五霸"只能叫"春秋五霸"，"三代五霸"说已无法成立。

现在，较为合理的唯有齐桓、晋文、秦穆、宋襄、楚庄为"春秋五霸"之说。此五人的事迹均在"齐始霸也"之后与晋景公时出现"五霸"一词之前，但此说的软肋在于宋襄公能否算"霸"？这也是此"五霸"说一直受人诟病的缘由。

宋襄公是齐桓之后晋文之前在诸侯争霸最激烈年代的一个较为醒目的人物。他争霸的时间很短。尽管他确实干过几件得意的事，但很快就一命呜呼了。《左传》与时人都未以"霸"许之。查《左传》可知，时人明确以"霸"相许的共有四人：在《庄公十五年》中说齐桓，"始霸也"；《僖公二十七年》说晋文，"取威定霸""一战而霸"；《昭公三年》追述晋文、晋襄，"昔文、襄之霸也"；《文公三年》说秦穆"遂霸西戎"。而楚庄之"霸"，虽然《左传》未有明载，但看看事实——晋、楚"邲之战"之前，霸主名义属晋，但自晋襄公以后，其霸主地位已名存实亡；而楚自成王开始，国力渐强，至庄王时则更加强盛。从战前晋国重臣士会、栾书对楚庄王的分析可看出：晋若不与楚接战，就是承认了楚是霸主；同楚战，若败，楚就更是霸主了。而"邲之战"的结果是楚国大胜！还有另一个最有力的旁证，就是《左传·成公十八年》明载：晋悼公"   所以复霸也"。注意，悼公是"复霸"！说明晋国在文、襄之后，确曾失霸，那么，晋失之"霸"落至谁手了呢？看看"邲之战"，楚庄为霸就毋庸置疑了。

后人在"五霸"问题上的理解多有偏颇。最重要的是"五霸"与"霸"的关系。"五霸"是一个特定的历史范畴，"霸"则比"五霸"的外延更广。在中国春秋史上，"五霸"只有五个人，而"霸"则有多个人。以"霸"相许的，在《左传》中除"五霸"外，晋悼公亦有"复霸"之称，《史记》也曾以"霸"许越王勾践……以至当后人每每看到"霸"的时候，就想将其纳入"五霸"的范畴，于是，忽略了时间范围而只看"业绩"的各种"五霸"说，就应运而生了。因此，即便晋襄公有"昔文、襄之霸也"，晋悼公有"复霸"之谓，但晋悼公晚于景公，自不在话下；而全祖望将晋襄公列入"五霸"，使晋侯占得四席，实在有专为晋国张目之嫌，此举之狭隘与画地为牢之勉强，似乎比宋襄公"入围"还要引人不忿一些。

故此，我们还是采纳了比较主流的"五霸说"：齐桓、宋襄、秦穆、晋文、楚庄。

上述关于"五霸"诸说的内容，我们援引了孙景坛先生的《"春秋五霸"在历史上的确切所指新说》一文的部分材料和观点（原文发表于《南京社会科学》1994年4月号）。我们绝无掠美之心，只是借机将其公诸同好，使之发扬光大，帮助更多的人一起开阔眼界，站在更高的角度看待那些此前也许始料不及的情况，我们认为这也是孙先生希望看到的。当然，对辛苦备尝、孜孜以求的孙先生，我们必然要深怀感激地深躬致谢："您辛苦啦！"

但愿久已远去的争霸活剧，在我们笔下能够多显现出几分壮丽与壮烈，引发读者的兴致，去探寻更深广的东西，那才是我们期待的。

高　苏